미국의 힘

예일 로스쿨

미국의 힘 예일 로스쿨

ⓒ 봉욱, 2009

초판 1쇄 인쇄일   2009년 11월 12일
초판 5쇄 발행일   2021년 1월 31일

지 은 이   봉욱
펴 낸 이   박해진
펴 낸 곳   도서출판 학고재
등   록   2013년 6월 18일 제2013-000186호
주   소   서울시 마포구 새창로 7(도화동) SNU장학빌딩 17층
전   화   02-745-1722(편집) 070-7404-2810(마케팅)
팩   스   02-3210-2775
전자우편   hakgojae@gmail.com

ISBN   978-89-5625-102-8   03360

미국의 힘
예일 로스쿨

Yale Law School

미국 사회를 움직이는 예일 로스쿨 이야기

봉욱 지음

학고재

평생 바른 길을 걸어오신
존경하는 아버지께 이 책을 올립니다

한 젊은 검사의 작은 소망

『미국의 힘 예일 로스쿨』을 출간한 지 10년이라는 시간이 흘렀다. 많은 학생들이 이 책을 읽고 법률가의 꿈을 가지게 되었다는 편지를 보내왔고, 예일 로스쿨로 유학길에 오른 법학도들도 있었다.

예일 로스쿨에서 공부를 마치고 귀국한 1997년도 겨울은 너무나도 쓰라렸다. 우리나라를 덮친 IMF 외환위기 사태는 국민소득을 반토막내고 열심히 일해온 가장들을 서울역 광장의 노숙자로 내몰았다. 지하도 한편에서 종이 박스를 깔고 앉아 소주병을 기울이던 중년 남자들은 작은 시빗거리에도 울분의 주먹다짐을 하였다. 보험금을 타내기 위해 부모가 자식의 다리를 불구로 만들어버린 비극도 벌어졌다. 법무부의 형사정책 담당 검사로서 생계형 범죄대책을 마련하는 과정에서 나라의 비참한 현실과 맞닥뜨렸을 때 가슴 속 깊이 뜨거운 응어리가 솟구쳤다.

'대한민국이 왜 이렇게 되었을까? 우리나라의 리더 중 하나인 법률가들은 어디서 무엇을 하고 있었는가? 검사인 나는 어떤 생각을 하며 일해왔고 앞으로 무엇을 해야 하나?'

반성의 일기를 한 장씩 써나갈 때 예일 로스쿨에서의 경험과 추억들이 새롭게 가슴으로 다가왔다. 성적과 석차가 없어도 밤을 새워 책을 읽느라 눈이 벌건 채 교실에 들어오던 학생들, 철거민과 에이즈 환자, 불법 밀입국자와 가정폭력 피해자들의 권익을 보호하기 위해 머리를 맞대고 고민하는 모습들, 남미와 중국의 법률가들을 초청하여 날카로운 질문을 퍼붓고 뜨거운 가슴으로 봉사하며 세상을 바꿀 것을 꿈꾸던 젊은이들.

동아시아 전문가로 발돋움하기 위해 중국, 일본을 거쳐 우리나라를 찾아와 한국법을 익히던 푸른 눈의 여학생 앤, 벤처 기업가의 꿈을 위해 로스쿨 졸업 후 거친 실리콘밸리로 몸을 던진 교포 학생 에릭, 회사법 최고 전문가가 되기 위해 예일 로스쿨 J.D. 과정과 MIT 경제학 박사 과정을 동시에 이수하던 한국 유학생 알버트, 세계적 투자은행 골드만삭스의 펀드 전문 변호사로 미국과 한국을 바쁘게 오가는 교포 2세 진우, 중년의 나이에도 젊은 학생들과 나란히 땀을 흘리던 《시카고 트리뷴》지의 중견기자 주디의 모습도 생생하게 다가왔다.

예일 로스쿨에서 체험했던 경험들을 고시원 쪽방에서 푸른 청춘을 불태우고 있는 후배 법대생들과 나누고 싶었다. 정의와 진실을 되찾아 대한민국의 법질서를 바로 세우기 위해 묵묵히 자기 몫을 다하는 젊은 검사들과 함께 고민하고 싶었다.

10년이라는 시간이 흘러, IMF 경제위기를 극복한 대한민국은 이제 세계 10위권 경제 강국으로 발돋움하기 위해 애쓰고 있다. UN의 수장으로 대한민국 외교관이 선임되어 세계 곳곳을 누비며 평화의 메시지를 전하고 있다. 대규모 양민학살 사건을 단죄하기 위해 아프리카 수단의 현직 대통령에 대해 체포영장을 발부한 ICC^{국제형사재판소}의 재판소장으로 우리나라 재판관이 리더십을 발휘하고 있다. 아프리카와 세계 곳곳의 오지를 찾아 봉사하는 한국인이 늘어나고, 많은 어린 학생들이 고국을 떠나 낯선 이국땅에서 당당히 경쟁하고 있다.

세계 자본주의의 지표 역할을 자처했던 미국의 월스트리트는 투자은행 리만브러더스의 파산 이후 세계 금융위기의 진원지로 지목되고 있다. 과도한 탐욕과 통제받지 않은 이기심이 재앙의 근원으로 거론된다. 위기를 극복하고 새로운 질서를 창조하기 위하여 공공의 이익을 먼저 생각하는 '따뜻한 리더십'이 요구되고 있다.

법조 현장에서 필요한 법률가의 자질도 달라지고 있다. 육법전서의 암기만으로는 부족하고 사회 변화와 경제 현상에 대한 깊이 있는 통찰과 전문 지식을 요구한다. 실무 검사들도 형사법 외에 금융, 증권, 회계, 디지털 포렌식, 인간심리 등을 공부하기 위해 애써 시간을 내고 있다. 사법시험 합격 후에도 전문 분야 박사학위나 미국 공인회계사 자격을 취득하기 위해 노력하는 이들이 많다. 법률시장이 개방되면 우리 안방에서 미국과 영국의 변호사들과 경쟁해야 한다.

급변하는 사회 현상에 걸맞은 한 단계 높은 법률가를 키워내기 위해 우리도 로스쿨 제도를 도입했다. 왜 로스쿨인가? 사법고시 대신 수준 높은 교육을 통해 법률가를 양성해보자는 것이다. 손꼽히는 전문성과 유창한 외국어로 대한민국의 국익을 지키는 통상 전문 변호사, 다양한 사회 경험과 인간에 대한 이해와 애정으로 약자의 하소연에 귀 기울일 줄 아는 검사와 판사, 금융과 회계에 대한 전문 지식으로 무장하고 최일선 경제 현장에서 활약할 기업 법률 전문가. 한국형 로스쿨은 이런 인재들을 키워내야 한다.

　미국의 로스쿨은 빌 클린턴과 버락 오바마를 비롯하여 미국 사회를 움직이는 리더 그룹을 배출하고 있다. 미국의 역대 대통령 44명 중에서 법률가 출신은 토머스 제퍼슨, 에이브러햄 링컨, 프랭클린 루스벨트 등 모두 27명이다. 법률가 출신이 61퍼센트가 넘는 셈이다. 미국에서는 대법관들도 판결을 통해 국가의 중요 정책에 직접 관여한다. 루스벨트 대통령이 뉴딜 정책을 펼치려 했을 때 위헌 결정을 내려 제동을 걸려 했던 곳도 미국 연방대법원이다. 흑인과 백인이 같은 학교에 다닐 수 없던 차별 구조를 타파한 것도 대법관들이다. 이들 법관들은 모두 로스쿨 출신이다. 입법부와 행정부에도 많은 법률가들이 중심적인 역할을 하고 있다.

　미국을 움직이는 사람 대부분이 로스쿨 출신이라는 사실이 무척 신기했다. 법률 문구 하나 고치는 것을 놓고 격론을 벌이고, 이것저것 따지다가 결국은 자기 잇속만 챙긴다고 비판받는 법률가들이 어떻게 미국이라는 큰 나라를 움직여갈 수 있을까? 결손 가정 출신인 클린턴과 아프리카 케냐인 아버지를 두고 인도네시아에서 성장한 오바마가 어떻게 미국 대통령에 당선될 수 있었을까? 미국의 최고 엘리트라는 사람들은 도대체 무슨 생각을 하고, 어떤 꿈을 꾸고 있을까? 이들을 길러낸 미국 최고의 로스쿨에서 우리가 배워야 할 점은 무엇일까?

예일 로스쿨에 머무르면서 그 궁금증을 조금씩 풀어갈 수 있었다. 세계를 향한 폭넓은 시야를 갖게 하는 다양한 강의, 알찬 실무수습 프로그램, 활발한 봉사활동과 직업윤리 교육을 통해 사회의 지도자를 길러내는 그들의 교육 시스템과 그에 걸맞은 학생들의 태도가 잘 어울렸다. 직접 경험한 예일 로스쿨은 단순히 미국 로스쿨 1위라는 명성에 자만하지 않고 끊임없이 노력하고 열정을 쏟는 곳이었다. 그들의 모습을 지켜보면서 한편으로 부럽기도 했지만 나 스스로 마음을 다잡는 계기가 되었다. 우리가 그들보다 못할 게 무엇인가!

이 책에는 '공익을 위해 봉사하는 삶, 고통받는 사람들을 도와야 한다는 사회적 책임감'을 강조하는 예일 로스쿨에서 보고 듣고 느낀 체험들이 담겨 있다. 사회가 요구하는 지식을 익히기 위해 치열하게 공부하고, 실제 현장에서 발생한 문제들을 풀어내기 위해 지혜를 모으고 발로 뛰는 그들의 모습이 그려져 있다. 지금까지 미국 문화와 사회를 소개하고 비판한 글은 많았지만 장차 미국을 움직여나갈 최고 엘리트들의 모습은 별로 알려지지 않았다. 10년의 세월이 흘렀지만 예일 로스쿨이 품고 있는 이상과 학생들이 추구하는 가치, 이를 실현하기 위해 애쓰는 교수와 학생 들이 수놓는 이야기들에는 큰 변함이 없다.

우리의 젊은 후배들이 대한민국에 새로운 변화의 숨결을 불어넣기 위해 겸손하게 봉사하고 세계를 향해 당당히 설 날을 기다리며 부족하기만 한 경험이지만 함께 나누고자 한다. 우리도 미국을 뛰어넘어 한 번 멋지게 해보자는 꿈과 기개를 함께 가질 수 있기를 바란다.

그리고 새로 출범한 우리 로스쿨들이 대한민국의 미래를 짊어지고 갈 인재의 산실이 되기를 소망한다. 탁월한 전문성과 투철한 사명감에 글로벌 마인드를 겸비한 아시아 대표 법률가들을 양성하는 메카로 발돋움해서 지구촌 곳곳의 젊은이들이 청운의 꿈을 품고 우리나라에 찾아올 날을 기대해본다.

개정판이 나오기까지 애써주신 학고재 출판사에 감사의 말씀을 드린다. 예일 로스쿨에서의 값진 경험을 나누어준 최해원 교수와 정영진 변호사, 소중한 자료와 사진을 제공해준 명재혁 박사와 예일 로스쿨 행정실에 감사드린다. 그리고 한평생을 바르게 살아오시면서 사랑과 믿음으로 이끌어 주신 아버지와 어머니, 사위도 꼭 같은 자식이라며 믿고 격려해주신 장인어른과 장모님께 마음 깊이 감사드린다. 아울러 뜻깊은 조언과 따뜻한 애정으로 나태해지려는 나를 끊임없이 독려해준 아내에게 누구보다도 고맙다는 말을 전하고 싶다.

2009년 가을

봉욱

차례

1부

미국의 힘, 예일 로스쿨

예일 로스쿨의 대한민국 검사

검찰은 매년 열 명 정도의 검사들을 미국에 보내 형사 실무를 익히거나 형사법, 지적재산법, 기업법 등을 연구하게 한다. 외국 연수를 탐탁지 않게 여겼던 예전과는 다르게 국제적인 형사 사건이 늘어나고 각종 입법 과정에서 선진국의 사례가 중시되면서 법무 검찰 업무에서도 국제적 감각이 필요해졌기 때문이다. 현장에 있는 대부분의 검사들은 이 기회를 놓치지 않기 위해 영어 공부를 하느라 진땀을 뺀다.

나 또한 검사 초임 시절, 새벽에 시간을 내서 영어 공부를 했다. 여주지청에 근무할 때는 매주 일요일에 모의 토플 시험 문제를 풀어나갔는데 발령받은 지 석 달 후 치른 시험에서 미국 로스쿨 연수 대상자로 선발되었다.

미국 로스쿨은 우리나라 법과대학과는 달리 학부를 졸업한 다음 입학할 수 있는 '대학원 과정'이다. 단순히 학문을 전수하기보다는 법률 전문가를 양성하는 곳이다. 실무 법조인들이 맨투맨 방식으로 소수 후배 실무가를 길러내던 것이 발전해서 로스쿨로 자리 잡은 것이다. 교육 내용도 법률 이론보다는 실제 판례와 실무연습이 중심이 되고 있다.

기본 과정인 3년의 J.D.^{법학사: Juris Doctor} 과정을 마친 후 변호사 자격시험에 합격하면 변호사로 활동할 수 있게 된다. 주로 외국 학생들이 수료하는 1년의 LL.M.^{법학석사: Master of Law} 과정도 있다. 뉴욕주 등 일부 주에서는 LL.M. 석사학위만으로도 변호사 자격시험을 볼 수 있다. 미국과 캐나다가 이러한 대학원 과정인 로스쿨 제도를 운영해왔는데 일본과 우리나라도 법학 전문대학원 시스템을 도입했다. 반면 프랑스, 독일, 영국, 호주, 홍콩, 싱가포르, 러시아 등 많은 나라들은 학부 과정의 법과대학 제도를 가지고 있다. 이들 나라에서는 대부분 실무연수와 별도의 시험을 거쳐 변호사 자격을 취득하도록 하고 있다.

나는 미국 로스쿨 연수 대상자로 선발된 후 지망 학교를 두고 고민하던 중 클린턴 당시 미국 대통령이 예일 로스쿨 출신이라고 소개된 신문 기사를 떠올리게 되었다. 예일대학은 외국인에게 무척 보수적이어서 입학 허가를 잘 내주지 않는다는 이야기를 들었지만 미국 대통령이 다닌 학교라니 한번 도전해보자는 생각이 들었다.

학교를 결정한 후 예일 로스쿨 출신 중 아는 사람이 있는지 이리저리 수소문해보았다. 김앤장 법률사무소의 신희택 변호사와 노영재 변호사, 그리고 이화여대 법대의 홍성필 교수가 이곳 출신이라는 것을 알게 되었다. 이들을 통해 예일 로스쿨은 미국에서도 가장 우수한 학생들만 입학하는 학교임을 알게 되었다.

하버드 로스쿨이 한 학년에 600명 정도 학생을 선발하고 외국인 학생들이 대부분인 LL.M. 과정만도 150명 정도 되는 데 비해 예일 로

낙타가 바늘구멍을 통과하는 것만
큼 들어가기 어렵다는 예일 로스쿨
정문

스쿨은 소수 정예를 고집한다. 한 학년 학생 수가 200명도 안 되며,
LL.M. 과정은 학생 수가 20명도 채 못 된다고 한다. 소수 정예를 고집
하는 만큼 교수와 학생들은 친구처럼 지내고, 입학 심사 담당자들도
일대일 접촉을 선호한다고 한다. 그래서 담당자와 직접 전화통화를
하면 좋은 결과가 있을 것이라는 얘기를 들었다.

　'직접 전화하라고?'

　외국인과 이야기를 나눈 기억이 까마득해 겁부터 났다. 하지만 영
문지원서를 보낸 다음 용기를 내 담당자와 전화통화를 했다. 그리고
몇 달 후 예일 로스쿨에 객원 연구원^{Visiting scholar}으로 머무를 수 있다는
답신을 받았다. 예일 로스쿨에서 공부하는 최초의 대한민국 검사가
된 것이다. 나중에 알고 보니 모교인 서울대 법대 교수님들께서 적극

적으로 추천해주신 데다가 한국의 현직 검사라는 신분도 입학 허가서를 받는 데 큰 도움이 되었다.

입학 허가서를 받자 이제 내가 머무르며 부대껴야 할 곳이구나 하는 생각이 들면서 갑자기 예일 로스쿨이 어떤 학교인지 더 자세히 알고 싶었다. 김지수 변호사의 『미국 로스쿨 가이드』를 펼쳐보았다.

"예일 로스쿨은 미국 코네티컷주 뉴헤이븐시에 위치하고 있다. 1801년에 설립된 사립학교이며, 최상위 학교다. 매년 200명이 입학하는데, 총 605명의 학생 중 소수 민족은 아시아계 53명, 아프리카계 47명, 히스패닉 37명, 아메리카 원주민 4명으로 구성되어 있다. 기본법을 중심으로 모든 법률 분야가 고루 우수하고, 82학점 중 19학점이 필수 과목이며 과목낙제만 없으면 졸업 가능하다."

미국 상하원, 사법부, 행정부, 주요 싱크탱크think tank, 대규모 로펌에서 수많은 시민단체에 이르기까지 미국 사회를 이끌고 있는 많은 지도자가 학창 시절을 보냈고, 전 미국 대통령 클린턴과 그의 아내 힐러리가 젊은 시절 열정을 불태운 곳.

1996년 8월 15일, 예일 로스쿨을 가기 위해 미국행 비행기에 올랐다. 그곳에서 나는 미국의 '준비된' 최고 엘리트들의 세계를 선도해나가겠다는 포부와 최고가 되겠다는 결의, 그리고 꿈과 열정을 느낄 수 있었다.

■ 미국 사회를 이끌고 있는 예일 로스쿨의 주요 졸업생들

이름	졸업연도	직위
빌 클린턴 (William Jefferson Clinton)	1973	42대 대통령
제럴드 포드 (Jerald R. Ford)	1941 (LLB)	38대 대통령
힐러리 클린턴 (Hillary Rodham Clinton)	1973	국무부 장관, 클린턴 대통령의 부인
클래런스 토머스 (Clarence Thomas)	1974	연방대법원 대법관
새뮤얼 알리토 (Samuel Alito)	1975	연방대법원 대법관
소냐 소토마요르 (Sonia Sotomayor)	1979	연방대법원 대법관
스테판 슈웨벨 (Stephen Schwebel)	1954 (LLB)	국제사법재판소(헤이그) 의장 (1997~2000)
데임 로잘린 히긴스 (Dame Rosalyn Higgins)	1962 (JSD)	국제사법재판소(헤이그) 의장 (2006~2009)
게리 하트 (Gary W. Hart)	1964	상원의원 및 민주당 대통령 후보 지명자
조셉 리버만 (Josept Lieberman)	1967	상원의원 및 전 민주당 부통령 후보
알렌 스펙터 (Arlen Specter)	1956 (LLB)	상원의원
로버트 루빈 (Robert E. Rubin)	1964	재무부 장관 전 시티그룹 회장
로버트 라이시 (Robert Reich)	1973	노동부 장관
마이클 무케이시 (Michael Mukasey)	1967	법무부 장관 겸 검찰총장
제임스 울시 (James Woolsey)	1968	CIA 국장
칼라 힐스 (Carla Anderson Hills)	1958	무역대표부 대표, 주택 및 도시개발부 장관
앨런 더쇼비츠 (Alan M. Dershowitz)	1962	하버드 법대 교수
스티븐 브릴 (Steven Brill)	1975	법조 TV 및 잡지 《The American Lawyer》지 대표
매리언 라이트 에들먼 (Marian Wright Edelman)	1963	어린이 보호기금 창시자 및 의장
제프 그린필드 (H. Jeff Greenfield)	1967	CBS 방송국 논설위원

확고부동의 1위, 예일 로스쿨

미국의 주간지 《유에스뉴스 앤 월드 리포트》는 매년 미국의 대학 순위와 로스쿨 순위를 발표한다. 학생 선발 기준 25퍼센트, 취업률 20퍼센트, 교육 자원 15퍼센트, 명성 40퍼센트를 기준으로 산정하는데 예일 로스쿨은 순위가 발표된 첫 해부터 변함없이 1위 자리를 고수해오고 있다. 로스쿨에 입학하려면 누구나 치러야 하는 로스쿨 적성 시험 LSAT: Law School Admission Test의 평균 점수도 176개 대학 중 가장 높다. 예일 로스쿨의 뒤를 이어 하버드 로스쿨과 스탠퍼드 로스쿨이 2위 자리를 놓고 늘 각축을 벌인다.

예일 로스쿨 입학은 낙타가 바늘구멍에 들어가는 것만큼 어렵다. 워낙 적은 수의 학생을 뽑기 때문이다. 입학 시험 평균 점수가 미국의 모든 로스쿨 중에 가장 높고, 입학 허가율은 7퍼센트 정도로 가장 낮다. 예일 로스쿨 측에 따르면 입학생 중 70퍼센트 이상이 하버드 로스쿨로부터 입학 허가를 받고도 예일 로스쿨에 온 학생들이라고 한다.

그런데 미국의 《내셔널 주리스트》라는 법률 잡지가 《유에스뉴스

▪ 2009년도 미국 로스쿨 순위(US News & World Report)

순위	로스쿨 명	종합평가	학부성적 (25등~75등)	LSAT성적 (25등~75등)	학생대 교수비율
1	예일대	100	3.81~3.97	169~177	6.8
2	하버드대	95	3.74~3.95	170~176	10.0
3	스탠퍼드대	93	3.76~3.94	168~172	8.6
4	컬럼비아대	88	3.58~3.82	170~175	9.3
5	뉴욕대	87	3.56~3.85	169~173	9.6
6	버클리대	84	3.70~3.92	164~170	12.3
6	시카고대	84	3.57~3.79	169~173	9.7
8	펜실베이니아대	82	3.46~3.88	166~171	11.6
9	미시건대(UOM)	81	3.54~3.82	166~170	12.4
10	듀크대	80	3.55~3.85	165~170	10.2
10	노스웨스턴대	80	3.40~3.81	166~172	9.1
10	버지니아대	80	3.56~3.89	166~171	13.5
13	코넬대	78	3.24~3.84	166~168	9.9
14	조지타운대	75	3.43~3.79	166~170	12.1
15	UCLA	74	3.49~3.87	164~169	11.6
15	텍사스대(오스틴)	74	3.42~3.82	164~168	12.9
17	반더빌트대	73	3.52~3.86	164~169	13.4
18	남가주대	72	3.48~3.71	165~167	11.5
19	워싱턴대(세인트루이스)	69	3.20~3.70	162~168	11.1
20	보스턴대	66	3.48~3.82	163~166	11.8

앤 월드 리포트》지의 로스쿨 평가 기준이 잘못되었다고 주장하면서 이 잡지의 권위에 도전했다. 학생들의 진짜 관심사는 전혀 반영되지 않았다는 것이다. 학생들이 원하는 것은 크게 세 가지인데 첫째는 강의 수준이고, 둘째는 졸업 후 취업, 셋째가 학교의 취업 알선 대책이다. 학생과 교수 간의 관계, 실무 변호사들 사이에서의 평판, 변호사 시험 합격률, 학교의 위치, 강의 수, 도서관의 장서 보유량, 졸업 후 받

예일대학 설립자의 동상 앞에서
아버지와 함께

는 첫 봉급 수준 등이 나머지 희망 사항들이다. 이렇게 기준을 달리하
자 로스쿨 평가 순위는 크게 달라졌다.

　하지만 새로운 기준으로 평가해도 1위는 역시 예일 로스쿨이 차지
했다. 버지니아 대학이 2위, 윌리엄 앤 매리 대학이 3위였다. 유명 대
학으로는 시카고 대학이 5위, 스탠퍼드 대학이 7위에 포함되었을 뿐이
다.

　예일 로스쿨이 한 해도 빠짐없이 미국 로스쿨 1위 자리를 놓치지
않는 것은 훌륭한 교육 시스템을 바탕으로 매년 가장 우수한 학생들
을 유치하고 있기 때문이다. 뛰어난 교수진과 알찬 강의, 내실 있는 실
무수습 교육과 봉사활동, 다정다감한 교육 환경 등이 잘 어우러져 있
다. 하지만 무엇보다 근본적인 요인은 학교의 기본 철학과 비전이다.
예일 로스쿨은 학생들을 단지 법률가로 키우는 것이 아니고, 국가의

리더를 길러낸다는 교육 철학을 가지고 있다. 자신을 낮춰 봉사하고, 남을 위할 줄 아는 참된 리더십을 길러내는 것이 예일 로스쿨의 교육 목표이다.

예일 로스쿨 학장과의 미팅

학기가 시작되고 며칠이 지난 어느 날 앤서니 크론먼 학장이 아시아계 학생과 객원 연구원들 20여 명을 학장실로 초청했다. 그다지 크지 않은 학장실에는 작은 뷔페식 식사 테이블이 마련되어 있었는데 학장은 입학을 축하한다는 말과 함께 편안하게 이야기를 나누자고 했다.

대부분이 신입생들이라 학교 공부며 로스쿨의 이모저모에 대한 이야기들이 오고 갔다. 나는 예일 로스쿨이 미국에서 최고의 법과대학원이 된 비결이 무엇인지 물었다.

"최고의 학생들이 있기 때문입니다."

학장의 대답은 간단했다.

"예일 로스쿨의 역사는 1801년부터 시작되는데 처음에는 나무 집에 강의실 하나만 있었습니다. 조그만 방으로 된 도서관이 있었지만 볼만한 책은 몇 권 없었다고 합니다. 하지만 초창기부터 예일 로스쿨을 이끌어간 교수들의 생각은 확고했습니다. 학생 수가 적어도 최고의 학생들만 모아 진정한 리더를 만들자는 것이지요."

참석한 학생들은 모두 귀를 기울였다.

"학생들을 위해 해줄 수 있는 모든 것을 다하자는 학사 관리 방침이 오늘날의 예일 로스쿨을 만들었습니다. 20세기에 들어와 일부 교수들은 학교가 번창하는 만큼 학생 수를 대폭 늘리자고 제안했습니다. 그렇지만 열띤 논의 결과 소수정예주의를 계속 지향하기로 했습니다. 이들에게 참된 지도자가 갖추어야 할 지식과 덕성, 바른 자세까지 가르치자는 것이었습니다.

예일 로스쿨에서 법조문만 배울 것으로 생각하면 잘못된 생각입니다. 예일은 행동하지 않는 죽은 법률가를 원하지 않습니다. 예일 로스쿨은 더 좋은 사회를 만들기 위해 노력하고, 우리 사회를 올바르게 이끌어갈 수 있는 자질을 갖춘 참된 지도자를 원합니다."

학장의 말에 학생들은 고개를 끄덕였다. 모두들 익히 알고 있는 내용이었지만 각오를 새롭게 하는 눈치였다. 특히 그날은 미국 사회에서 소수 민족으로 서러움을 겪는 아시아계 학생들을 위한 자리였기에 학생들은 자신들의 장래를 다시 한 번 생각하는 계기가 되었다.

클린턴, 힐러리의 꿈과 예일 로스쿨

도서관에 들어서면 높은 벽면을 돌아가며 예일 로스쿨이 배출한 유명 인사들의 초상화가 걸려 있다. 다른 사람들은 얼굴만으로 누군지 알 수 없었지만 눈에 띄는 곳에 걸린 빌 클린턴의 초상화는 금세 눈에 들어왔다.

클린턴은 불우한 어린 시절을 보냈다. 하지만 열악한 환경에서도 고등학교를 졸업할 때까지 전 학년을 우등생으로 졸업했다. 그는 어려서부터 다른 사람들이 자기를 싫어하는 것을 참지 못했으며 어떻게든지 그들을 자기편으로 만들어야 직성이 풀리는 성격이었다. 이런 성격 때문에 남보다 더 열심히 공부했던 것이다.

그 뒤 워싱턴에 있는 명문 조지타운 대학을 졸업하고 영국의 옥스퍼드 대학에 유학한 다음 예일 로스쿨에 입학했다. 클린턴은 로스쿨에 다니면서도 코네티컷주 상원의원을 도와 선거 운동에 열심이었다. 로스쿨을 졸업한 뒤 아칸소 주립 법과대학원 교수를 거쳐 주 검찰총장이 되었으며 1978년에는 32세로 최연소 주지사가 되었고 1992년

11월 3일 46세로 미국 제42대 대통령에 당선되었다. 클린턴 대통령은 그야말로 아메리칸 드림의 표상이다.

대통령이 된 클린턴은 워싱턴 정계의 관습을 그대로 따르지 않았다. 권위에 도전하는 새로운 시도와 자유로운 토론을 통한 국정 운영은 국민들에게 신선한 감흥을 주었다. 참모들과 밤늦게까지 긴 토론을 벌였으며, 인수위원회 시절에는 20시간이 넘는 회의 장면을 방송에서 생중계하기도 하였다. 클린턴의 자유롭고 창의적인 '예일 스타일'은 버락 오바마 대통령의 냉철하고 효율성을 강조하는 '하버드 스타일'과 비교되고 있다.

시카고 근교에서 자란 힐러리 로댐 클린턴은 웰즐리 여대를 졸업할 무렵, 법을 통해 세상을 변화시키고 싶다는 생각에 로스쿨에 지원서를 냈다. 그녀의 자서전『살아 있는 역사』에 의하면 하버드와 예일대에서 입학 허가를 받게 되지만 하버드 로스쿨의 칵테일 파티에서 차갑고 오만한 하버드 로스쿨 교수 한 명을 만난 후 마음에 두었던 예일을 바로 택하였다고 한다.

예일 로스쿨에 입학한 힐러리는 '뉴헤이븐 법률 구조단'에서 활동하며 학대받는 아이들을 법적으로 보호하는 일에 발벗고 나섰다. 로스쿨 졸업 후에는 예일 출신의 흑인 여성 변호사 매리언 라이트 에들먼이 창립한 '어린이 보호기금'에서 일하며 사회에 첫발을 내디뎠다. 클린턴과 결혼한 이후에는 평생을 동반자이자 정치적 파트너로 활동하면서 아칸소 법대 형법 교수, 로펌 변호사, 어린이 보호재단 공동창업자, 퍼스트레이디로 활약했다. 힐러리는 그 후로도 뉴욕주 연방 상원의원, 민주당 대통령 후보 경선 출마자, 국무부장관 등으로 끊임없이 도전하는 여성상을 만들어가고 있다. 클린턴이 불우한 가정 환경과 상류 계층의 뿌리 깊은 텃세를 뛰어넘어 어린 시절부터 키워온 꿈을 실현했다는 점은 그의 인간적인 약점과 스캔들로 얼룩진 과거를 덮을 수 있었다.

클린턴과 힐러리가 그들의 꿈을 실현시킨 데에는 예일 로스쿨의 힘이 컸다. 자기가 좋아하는 분야에 마음껏 몰입할 수 있게 해주고, 더 좋은 사회를 만들기 위해 봉사할 것을 강조하는 예일 로스쿨의 학풍은 젊은 시절 클린턴과 힐러리에게 큰 영향을 미쳤다.

성적이 없는 학교

예일 로스쿨은 학생들의 성적을 매기지 않는다. 그렇기 때문에 수석 졸업이나 우등 졸업의 개념도 없다. 모두가 똑같은 '예일 로스쿨 졸업생'일 뿐이다.

초등학교 시절, 성적표에 부모님의 사인을 받아 선생님께 갖다드려야 했던 것을 시작으로 대학 졸업, 사법연수원 수료 때까지 늘 성적과 등수라는 굴레에 얽매어 있었던 나에게는 무척 파격적인 제도였다. 학교 측에 성적을 매기지 않는 이유를 물어보니 예일 로스쿨에 입학한 것으로도 이미 그 사람의 능력이 충분히 입증되는데 성적이 무슨 의미가 있냐며 오히려 반문했다. 놀라운 자부심이었다.

예일 로스쿨에도 시험은 있다. 학생들은 과목마다 교수가 내는 문제에 답안을 작성하고 과제 리포트를 제출한다. 졸업 후 로펌 채용때 기준이 되는 1학년 1학기 공통 과목 시험은 합격 또는 불합격으로만 결정되는데, 지난 수십 년 동안 불합격을 받은 학생은 한 명도 없었다고 한다. 그래서 로펌에서도 예일 로스쿨 졸업생이라는 점만을 보고 채용을 결정할 뿐 성적이나 석차는 문제되지 않는다. 1학년 2학기부터는 공식적으로는 Honor/Pass/Low Pass/Fail이라는 평가 체계가 있기는 하지만 학생들이 실제 받는 가장 낮은 평가는 Pass이며 석차를 매기지 않는다.

성적과 석차를 매기지 않아 학생들이 공부를 소홀히 할 것이라고 생각하면 잘못이다. 예일 로스쿨 학생들은 동료들과 경쟁을 벌이는 것이 아니라 자기 자신과 싸우면서 치열하게 공부한다. 마음먹고 하는 공부와 성적을 염두에 두고 하는 공부는 하늘과 땅 차이구나 하는 생각이 들었다. 성적이라는 굴레에 얽매이지 않은 학생들이 각종 학회와 서클 활동에 흠뻑 빠져 자기가 진정으로 하고 싶은 공부에 몰두하는 모습이 부러움을 안겨주었다.

로스쿨 수업은 예습을 하지 않으면 따라가기 힘들다. 교수는 일방적으로 강의하는 것이 아니라 문제 제기만 한다. 이에 대한 토론은 학생들 몫이다. 학생들이 자원해서 이야기하는 경우가 대부분이지만 교수가 중간중간 특정 학생을 지적해서 질문하기도 한다. 침묵을 지키고 있는 학생들이 주로 표적이 된다. 학생들이 교수에게 질문을 할 때도 교수는 그 질문에 바로 대답하기보다 먼저 다른 학생들의 생각을 묻는 경우가 많다.

유학 초기에 영어 실력이 모자라 교수의 강의를 겨우 알아듣던 시절이 있었는데 교수가 용케 그걸 알아채고는 질문을 던져 당황한 적이 있었다. 하지만 그날 이후 느닷없는 교수의 질문에 대비해서 더욱 열심히 강의 준비를 하게 되었다.

수업은 토론 중심으로 진행되기 때문에 한 학기가 지나면 누가 똑똑똑한지 그대로 드러나게 된다. 학생들은 성적을 매기지 않아도 자존심이 걸린 문제라고 생각해서 수업 준비를 철저하게 한다. 충혈된 눈으로 강의실에 들어오는 학생들을 여러 번 본 적이 있다. 영어가 문제되지 않는 미국인들조차 기본 교재와 과제물을 빠짐없이 읽기가 벅찬 것이다.

성적을 평가하지 않는 수업 결과는 대단했다. 학생들 사이에는 치열한 경쟁에서 비롯될 수 있는 미묘한 긴장 관계가 전혀 없다. 불가피하게 수업에 빠지게 된 경우에는 다른 학생들이 정성 들여 작성한 강의 노트를 흔쾌히 나누어주었다. 서로 돕고 나누려는 이들의 따뜻한 마음은 힘든 로스쿨 생활에 큰 힘이 되었다.

학생들끼리 허물없이 지내는 분위기는 학생과 교수 사이에도 그대로 유지되었다. 학생들은 편한 마음으로 교수실을 찾아가고, 도서관에서도 교수와 학생이 친구처럼 이야기하는 모습을 자주 볼 수 있었다. 조금만 생활하다 보면 학교 전체에 따스한 기운이 감돌고 있음을 느끼게 된다.

이와는 달리 하버드 로스쿨의 분위기는 아주 대조적이다. 학생 수가 각 학년에 600명 정도 되고 일등부터 꼴찌까지 등수가 매겨지기 때문에 학생들 간에 경쟁이 치열하다. 예일 로스쿨이 소수 정예 학생들을 대상으로 폭넓은 공부와 공익에 대한 봉사, 사회를 이끌어갈 리더를 양성하는 데 중점을 두고 있다면, 하버드는 다수의 학생들을 선발하여 경쟁을 통해 효율적이고 논리적인, 유능한 법률전문가를 길러내는 특징을 가지고 있다. 하버드는 교수와 학생과의 관계도 보수적이고 딱딱하기 때문에 학교생활이 무미건조해지기 쉽다. 하지만 미국에

서 가장 먼저 설립된 로스쿨로 전통과 실력을 자랑하고 있으며, 학생

수가 많아 졸업 후 형성되는 사회적 영향력은 무시할 수 없다.

아프리카 법률자문 동아리

예일 로스쿨 학생들이 가입하는 학회나 동아리는 무척 다양하다. 법률잡지 편집, 환경 운동, 사형수를 위한 변론, 종교 모임, 인종이나 민족별 동아리뿐만 아니라 게이, 레즈비언 모임 등 50개가 넘고 정치적 성격을 띤 동아리도 있다.

학생들의 관심사는 다양하고 활동 폭도 넓다. 학교 근처에 있는 중·고등학교를 찾아 법에 대해 강의하고, 교도소를 매주 방문하여 재소자들과 이야기를 나누면서 그들의 고통을 이해하고 개선책을 찾아보려고 머리를 짜내기도 한다. 지역 주민들을 위한 라디오 법률 방송 프로그램을 직접 짜고 인터뷰 대상을 정하느라 고심하기도 하며, 중국의 판사와 반체제 인사들을 초청하여 강연을 듣고, 남미의 대법원장을 불러 세미나를 벌이기도 했다.

아프리카의 에티오피아에서 최근 독립한 에리트레아^{Eritrea} 정부와 유대 관계를 맺고 그 나라가 안고 있는 여러 법률 문제에 대해 상담해주는 학생들도 있었다. 오랫동안 기아에 허덕여온 에리트레아에서 실제

예일 로스쿨이 발간하는 학회지 중 하나인
《법과 인문과학》의 표지

발생한 문제를 다루기 때문에 학생들의 태도는 진지했고 학생들을 지도하는 교수들도 책임감을 가지고 임했다. '다이애너DIANA 프로젝트'라는 세계 각국의 인권 관련 정보를 총망라하는 데이터베이스를 인터넷에 구축하는 일에 열중하는 학생들도 있고 제3세계의 정치 망명객들이 미국에 머무를 권리를 얻도록 도와주는 그룹도 있었다.

아시아 법률 포럼에서의 작은 경험

눈부신 9월의 어느 날, 교정의 잔디밭에 앉아 아내가 준비해준 샌드위치로 점심을 먹고 있을 때였다.

"Beautiful day, isn't it?"

"… yes."

갑작스레 다가온 여학생의 말에 당황한 나머지 그저 미소만 짓고 있었다.

"학생이세요?"

"객원 연구원입니다."

"어디서 오셨나요?"

"한국에서 왔습니다. 검사로 일하고 있지요. 형사 정책 분야를 전
공하고 있습니다."

"저는 로스쿨 신입생이에요. 프린스턴 대학에서 동아시아 관계에
대해 공부했는데 중국과 일본에 여러 해 머문 적이 있어요."

"중국어와 일본어를 잘하시겠네요?"

"조금요."

짧은 대화에서 그 여학생의 이름이 앤^{Ann}이라는 것을 알게 되었다.
그런데 앤은 며칠 후 복도를 지나가는 나를 붙잡고 다시 말을 걸어왔
다. 자기를 기억하냐는 것이다.

낯선 미국 땅에서 처음으로 말을 걸어온 여학생인데 잊을 리가 있
겠는가. 앤은 내게 '아시아 법률 포럼'에서 한국의 형사사법 제도에 대
해 강연을 해줄 수 있느냐고 물었다. 아시아 법률 포럼은 우리나라를
포함해서 중국, 일본 등 동아시아에 대한 학술 세미나를 주로 했는데
동양인 학생뿐만 아니라 백인 학생들도 많이 참가하는 모임이었다. 영
어도 잘 못하는 내가 해낼 수 있을지 걱정되었지만 우리나라를 알리
는 좋은 기회라 생각하고 승낙했다. 나는 어떤 이야기를 해야 우리 모
습을 제대로 알릴 수 있을까 고민하다가 다른 유학생들의 충고대로
한국의 실상을 그대로 전하기로 했다.

강연장에는 한국 학생들을 포함해서 일본과 필리핀에서 유학 온

학생들, 아시아 법률 포럼을 주도하는 많은 외국인 학생들이 참석했다. 나는 우리나라 형사사법 제도가 실제 운용되는 모습과 그와 같이 형성된 문화적 배경에 대해 설명했다. 한반도의 위치와 크기, 지난 천년간 큰 변화없이 한반도를 영토로 유지하며 살아온 역사, 씨줄과 날줄처럼 연결되어 있는 인간관계, 서로의 관계와 체면을 중시하는 분위기, 그 안에서 법률 문화는 어떤 모습을 띠게 되는지 이야기했다. 유창한 영어 실력은 아니었지만 우리나라를 제대로 알려야 한다는 마음에 한껏 목소리를 높였다.

학생들은 우리나라의 법치주의와 법률 문화, 검찰과 사법부의 역할 등에 관해 질문을 했다. 한국의 전통과 문화에 대해 생각했던 것보다 훨씬 많은 정보를 가지고 여러 분야에 걸쳐 관심을 보이는 것에 나는 매우 놀랐다.

지구상에서 외국어를 가장 못하는 국민은 어디일까? 정답은 미국인이다. 그들은 영어밖에 할 줄 모른다. 이 말을 처음 들었을 때 미국인들은 자기들이 최고라는 착각에 빠져 외부 세계로는 전혀 눈을 돌리지 못하는 우물 안 개구리라고 생각했다. 자신들이 차지한 전리품들이 내뿜는 화려한 광채에 도취되어 다른 나라에서 내놓는 새로운 기술과 사상을 습득하지 않기 때문에 시간이 흐를수록 한계를 드러낼 것이라고 막연히 주장한 적도 있다. 미국에는 자기 이름을 영어로 쓸 줄 모르는 성인들이 점점 늘어나고, 중·고등학생들의 수학 능력이 아시아 학생들보다 형편없다는 신문 보도에서 위안을 받았던 것도 사실이다. 그러나 예일 로스쿨에서 만난 미국인들은 이러한 나의 편견을 여지없이 깨뜨렸다. 이들은 북미와 남미 대륙, 유럽은 물론 멀리 아시아와 아프리카 대륙까지 깊은 관심의 눈길을 두고 있었다. 세계를 이해하려는 학생들의 욕구는 강했고 이러한 학생들의 의욕을 뒷받침해주는 학교 측의 배려도 컸다.

내 것뿐만 아니라 남의 것, 바깥에 대해서도 많은 관심을 기울이는 모습들이 부러운 만큼 그동안의 내 모습에 대해서도 깊이 반성하게 되었다. 우리는 미국이나 유럽 사람 들이 우리의 역사와 문화에 대한 이해가 부족하다고 얼마나 안타깝게 생각했는가. 특히 우리 문화를 중국이나 일본의 아류로 생각하는 것에 대해 얼마나 분개했는가. 그러면서도 우리는 동남아시아나 아프리카 국가들을 얼마나 이해하고 있는가.

나 역시 생각의 중심에는 언제나 내 것, 우리 것만 가득했다. 우리 바깥에 있는 것들에 대해서 관심이나 애정을 기울였던 기억이 별로 없다. 외국에서 전쟁이나 큰 재앙이 발생하여 많은 사람들이 죽었다는 신문보도를 접했을 때에도 그저 먼 나라, 남의 나라에서 일어난 일로 생각했다. 오히려 남의 재앙으로 우리가 얻게 될 경제적 이득은 없을까 생각했다. 내 것만을 생각하다 보니 남에 대한 배려도 소홀했다. 그러면서 남이 나를 존중해주기를 바랐으니 얼마나 이기적인가.

예일 로스쿨 학생들의 세상에 대한 관심과 이에 대한 학교의 배려 뒤에는 전 세계를 자신의 영향력 아래 두려는 제국주의적 야욕이 숨겨져 있다고 이야기할 수도 있다. 그러나 대륙과의 통로마저 막힌 작은 공간에서 티격태격하는 일상사에 익숙한 이방인의 눈에는 커다란 세계 지도를 놓고 격론을 벌이는 그들의 모습이 부러울 수밖에 없었다.

두 눈은 세계로, 행동은 내가 사는 곳에서

예일 로스쿨은 미국 동부 코네티컷주의 뉴헤이븐이라는 중소 도시에 위치하고 있다. 코네티컷주는 미국에서도 평균 소득이 가장 높은 주이기 때문에 뉴헤이븐시 인근 지역의 소득은 미국에서도 최고 수준이지만 뉴헤이븐시 자체는 경제적으로 여유 있는 곳이 아니다. 일부 지역은 슬럼화된 곳도 있다. 과거 도시가 융성했을 때 몰려든 노동자들이 도시가 쇠퇴하자 실직자로 전락하면서 우범지대를 만들었기 때문이다.

예일대는 학교가 자리 잡고 있는 뉴헤이븐시와 밀접한 관계를 유지하고 있다. 하버드 대학이 위치하고 있는 보스턴의 케임브리지시가 하버드 대학을 빼고 생각할 수 없는 것과 마찬가지다. 학교는 단순한 소비 주체로서 또는 캠퍼스 문화의 생산자의 역할에 그치지 않는다. 학교는 지역 사회에 그 이상의 의미를 가지고 있다. 지역 문화의 중심지이고 지역 주민들과 삶을 나눈다. 또한 주민들을 위해 많은 이벤트를 벌인다. 학교가 주관하는 음악회나 축제에는 지역 주민들도 마음껏 참가할 수 있고 일반인들에게 개방되는 학술 세미나도 많다.

　예비 법률가들인 예일 로스쿨 학생들도 뉴헤이븐시에 기여하려고 노력한다. 내가 연수하고 있을 당시 예일대에서는 학교 소유의 토지 위에 무단으로 지은 집들을 철거하고 이를 개발하는 프로젝트를 수행하고 있었다. 로스쿨 학생들은 철거 빈민들을 위한 자금 지원과 주택 제공 문제 등을 해결하기 위해 백방으로 뛰어다녔다. 학생들은 지역 빈민구제사업을 벌이기도 했다. 자선기금을 마련해서 집 없는 사람들에게 쿠폰을 나눠주어 지정된 가게에서 음식과 생필품을 구입할 수 있도록 하는 것이다. 이 쿠폰으로는 생활에 꼭 필요한 물품들만 구입할 수 있고, 술이나 담배 같은 소비품은 구입할 수 없도록 되어 있었다.

　지역 시민운동을 연구하는 학생들도 있다. 자신들이 관심 있는 분야에서 인적 네트워크를 어떻게 구성하고, 조직 운용과 기금 모금 활동은 어떻게 해야 할지에 대해 지역 시민 운동가들의 체험을 듣기도 하고, 학생들끼리 의견을 나누기도 했다.

　예일대학이 있는 뉴헤이븐시는 예일대학을 빼놓고는 존재하지 않는다. 그렇기 때문에 시의 법원, 검찰청, 교도소, 각종 시민단체들도 학생들이 마련하는 각종 프로그램에 협력을 아끼지 않는다. 로스쿨에서도 학생들의 자발적인 봉사활동을 적극 지원한다. 법대 교수들과 전문가들이 학생들을 직접 지도하고, 필요한 경우 재정적 지원도 이루어진다. 학생들의 참여를 장려하기 위하여 이런 활동들을 학점으로 인정하기도 한다. 학생들은 지역을 위한 봉사활동을 통해 산지식을 쌓고 이웃을 돕고 참여하는 기쁨을 맛본다. 학생들의 눈은 인권과 환경, 법치주의 등 여러 분야에서 세계로 향해 있지만 구체적인 실천 자체는 그들이 두 발을 딛고 있는 뉴헤이븐시에서 이루어진다.

우리나라도 야학과 농촌봉사활동이라는 값진 전통을 가지고 있다. 한때 이 같은 활동이 운동권 학생들의 전유물인 것처럼 인식되어 교수님과 학부모들이 학생들을 애써 말리던 시절도 있었다. 대학 1학년 여름, 농촌봉사활동을 다녀오기 위해서 부모님을 한참 설득했던 기억이 떠오른다. 이제는 그러한 정치적 상황은 해소되었지만 학생들의 열정이 점점 엷어지는 것이 아닌가 걱정된다. 특히 법대생들의 경우 사법시험 준비로 2학년 때부터 외부 현실과는 담을 쌓은 채 도서관이나 고시원에 틀어박혀 지내게 되는데 이러한 처지에 봉사활동을 위한 시간을 낸다는 것은 좀처럼 생각하기 어렵다.

참된 공부는 단순히 책이나 강의를 통해 지식을 습득하는 것이 아니다. 직접 행하고 마음으로 느껴야만 자기 것이 된다. 법학이라는 학문은 현실 문제를 해결하는 방법을 탐구하는 것인데 현실을 외면하면 죽은 공부가 될 수밖에 없다.

밀입국자들과 함께 보내는 여름방학

예일 로스쿨을 졸업하고 나면 다수의 졸업생들이 뉴욕, 워싱턴, LA 등에 있는 대규모 로펌에서 근무하거나, 연방대법원이나 항소심법원에서 사법 보좌관 Judicial Clerk 으로 경력을 쌓는다. 나머지 졸업생들은 관공서, 공공기관, 학교 등을 선택한다. 2007년 졸업생 중에서는 41퍼센트가 사법 보좌관직을 택했고, 40퍼센트가 로펌이나 기업체로 갔으며, 16퍼센트가 공직과 공공기관에 정착했다. 교직으로 직접 간 경우는 3퍼센트 정도다.

그러나 사법 보좌관이나 로펌 변호사의 길을 택한 사람들이 계속해서 그 길로만 가는 것은 아니다. 법원의 사법 보좌관이나 로펌 변호사를 거친 다음 연방 검사나 교수가 되는 사람도 많다. 연방 검사보가 되기 위해서는 2년 정도의 실무 경험을 요구하는 주가 많다. 예일 로스쿨에서 강의를 맡고 있는 교수들 역시 바로 교수가 된 사람은 거의 없고 대부분 실무 경험을 가지고 있다. 법원, 검찰, 변호사, 법과대학 교수직이 모두 열려 있어 서로 빈번하게 교류하는 것이 미국 법조계의 특징이기도 하다. 예일 로스쿨의 경우 교직과 공직, 공익에 봉사하는 삶을 강조하기 때문인지 졸업 후 각종 사회단체의 간부, 고위 공직자, 정치인으로 활약하는 사람들이 많다.

로스쿨에서는 실무에서 바로 활용할 수 있는 지식을 학생들에게 가르친다. 졸업 후에도 우리나라의 사법연수원과 같은 실무연수 과정을 별도로 거치지 않는다. 이론만이 아니라 실제 문제가 되었던 사례들을 가르친다. 민법이나 형법과 같은 기초법도 법원의 판례를 놓고 강의가 진행된다. 이론은 문제에 대한 해답들을 꿰어주고 설명하는 역할을 할 뿐이다.

그러나 진짜 살아 있는 지식은 강의실에서 배우는 것이 아니라 현장에서 몸으로 부딪치면서 익히는 것이다. 예일 로스쿨은 분쟁이 벌어지는 현장으로 직접 뛰어드는 실무수습 과목Clinic Course이 탄탄하기로 유명하다.

학생들은 환경법 연습 시간에는 전공 교수뿐만 아니라 환경 공무원, 시민단체의 운동가들과 함께 지역의 환경 분쟁 해결에 직접 참여한다. 검찰 실무연습 과정에서는 검찰청에서 검사들을 도와 수사에 참여하고, 재판 준비도 한다. 가정 폭력 실무수습 과목에서는 가정 폭력의 피해자인 아이들을 도와 법정을 오가고, 에이즈 환자를 돕는 과목에서는 환자들에게 법적 조력을 주기 위해서 유사한 과거 사례를 찾기도 한다. 세입자들의 권익 보호를 위한 실무수습 과목도 있다.

이와 같은 실무수습 과목에서는 실수가 용납되지 않기 때문에 담당 교수의 엄격한 지도가 있음은 물론이다. 다른 로스쿨과는 달리 예일 로스쿨에서는 실무 지도교수들도 석좌 교수급으로 연륜과 실력을

로스쿨 복도에는 각종 실무 수습 강좌와 봉사활동 내용을 알리는 벽보가 가득 붙어 있다

갖춘 분들이 많다.

석 달 정도의 여름방학은 현장 실습을 위한 절호의 기회다. 여름방학은 1학년과 2학년 때 한 번씩 총 두 번이 있다. 2학년 여름방학 때에는 대부분 졸업 후 일하게 될 직장을 생각해서 로펌이나 법무부 등에서 실무 경험을 쌓지만 1학년 때는 그렇지 않다. 대부분의 학생들이 1학년 여름방학에는 장래 직업과 관계없이 정말 하고 싶었던 일을 찾아 나선다.

교포 2세인 김진우 군과 최해원 군은 우리나라를 찾았다. 미국에 있는 로펌에서 연수를 받으면 돈도 더 벌고 실무에 필요한 지식도 많이 익힐 수 있지만 우리 문화를 배우고 싶은 마음에 한국의 로펌에서 실무연수를 했다. 재미교포 여학생 제니퍼 역시 명동성당 옆에 있는

천주교 인권센터에서 인권 관련 봉사활동을 하며 여름을 보냈다.

허성준토마스은 양육권 문제를 다루는 뉴욕시의 한 공익 단체에서 여름방학을 보냈다. 부모의 양육권이 박탈된 아이들은 시에서 운영하는 보호소에 수용되는데 할머나나 다른 친척들이 아이를 데려가려고 해도 시에서는 아이를 잘 돌려주지 않는다고 한다. 알코올 중독이나 어린이 학대 등으로 부모 역할을 못 하는 사람들이 많기 때문에 이들 친척도 믿을 수 없는 것이다. 그러다 보니 진심으로 아이를 잘 키우려고 하는 친척도 아이를 데려올 수 없는 경우가 생긴다. 공익단체에서는 이러한 선의의 친척들을 도와주는 역할을 했다. 허성준은 이 일을 통해 가족의 소중함을 절실하게 느꼈다고 한다.

미국과 멕시코의 국경지대를 찾아 밀입국자들의 인권 보장을 위해 땀 흘리는 학생도 있었다. 3,170킬로미터에 달하는 미국과 멕시코 국경 지대에는 2만 1,000명의 국경순찰대원이 차가운 감시의 눈길을 보내고 있다. 멕시코 국경도시 주변에는 3중 철책이 철통같이 세워져 있다. 첨단 추적 장비, 야간 탐색등, 적외선 감지기, 지하 탐지 장비, 헬리콥터 등이 총동원되어 밀입국자들을 차단한다.

2008년도 한 해에만 66만 1,766명의 멕시코인들이 멕시코 국경을 불법으로 넘다가 미국 국경순찰대에 검거되었다. 386명은 불법 밀입국 과정에서 목숨을 잃었다. 2007년도에 발표된 멕시코 의회보고서에 따르면 1994년 미국의 국경 통제 강화 정책이 시행된 이래 4,500명의 멕시코인이 밀입국 과정에서 숨졌다. 멕시코 대통령이 캘리포니아 주지사를 방문해서 '좀 더 인간적인 국경 통제 정책'을 펼칠 것을 요청했지만 불법 밀입국자에 대한 미국인들의 시선이 싸늘하기 때문에 경찰관들 역시 이들을 험하게 다룬다. 멕시코 국경 지대에는 여러 인권 단체들이 활약하고 있다. 예일 로스쿨 학생들은 이들과 함께 밀입국 자들의 기본적 권리를 보장하기 위해 노력하면서 인간 생명의 존엄성에 대하여 다시 한 번 생각한다.

국제법 전문가인 고홍주 교수와 학생들은 쿠바 소재 관타나모 미국 해군기지에 억류된 아이티 난민들의 정치적 망명권을 인정받기 위해 미국 법무부를 상대로 소송을 벌였다. 관타나모에 억류된 아이티 난민의 미국 입국을 위해 로스쿨의 학생들과 변호사, 번역 전문가 등 100여 명은 1년 6개월간의 뜨거운 소송 과정에서 2만 시간 넘게 열정을 쏟았다. 소송은 로스쿨의 실무수습 과정 중 하나인 '로웬스타인 국제인권법 클리닉'을 통해 이루어졌으며, 사회적 약자에 대한 무료 변론을 지원하는 예일 법률서비스 기구^{Yale Legal Services Organization}에서도 전폭적으로 지원의 손길을 내밀었다. 이 모든 과정은 『치열한 법정』이라는 책으로 출간되었다.

책을 쓴 브란트 골드스타인 변호사는 예일 로스쿨 출신의 작가인데 고홍주 교수의 로스쿨에 대한 철학을 다음처럼 설명하면서 끝맺는다.

"예일 로스쿨처럼 우수한 학교의 재능 있는 학생들은 사회에서 가장 고통받는 이들에게 봉사할 의무가 있었다. 아이티 난민들만큼—터키의 고문 피해자들, 티벳의 종교적 난민들도 마찬가지이지만—가장 명석한 학생들의 도움을 절실히 필요로 하는 경우는 없었다. 그러한 어려움을 겪는 사람들이 세상에서 살아남을 수 있는 확률은 가장 낮았다. 고 교수는 예일이 총잡이나 양성하는 다른 로스쿨과 같은 길을 가는 것을 원치 않았다. 그는 봉사를 위하여 공부하는, 한 단계 높은 수준의 도덕적 목표를 가진 로스쿨을 상상했다."

멕시코 국경 지대와 뉴욕의 아동 보호소, 명동성당의 인권보호센터에서 보고 듣고 느끼는 모든 것들은 학생들이 훗날 직업 법조인으로 활동할 때 이들을 움직이게 하는 큰 힘이 될 것이다.

우리의 경우 법과대학을 졸업하고 사법시험에 합격하더라도 바로 실무를 담당할 수 없다. 법률 서적과 육법전서를 다 이해해도 실제 발생하는 법률 문제를 해결할 만한 교육을 받지 못했기 때문이다. 사법연수원 2년 과정을 통해 실무 교육을 마쳐야만 어느 정도 가능해진다. 미국과는 달리 법과대학에서는 이론을 배우고 실무는 사법연수원에서 배우는 시스템이기 때문이다.

물론 이 방식도 나름대로 합리성을 가지고 있다. 법률학 이론의 발전에는 도움이 될 수 있다. 그러나 사법시험에 합격하여 사법연수원에 들어갈 수 있는 학생들은 극소수에 불과한 상황에서 대부분의 법과대학 학생들은 아무런 실무연습도 받지 못한 채 사회에 나오게 된다.

이럴 경우 법대를 졸업하더라도 법률가로서의 역할을 제대로 해낼수 없다. 법학이라는 학문이 우리가 처한 현실의 법률 문제를 해결하기 위한 것이라면 문제 해결 능력을 키워주지 않고 바로 사회로 내보내는 것은 문제이다. 그렇기 때문에 실무연습 교육은 법과대학에서 가장 시급하게 보강되어야 할 부분이다.

법이 없으면 인간 복제도 불가능하다

인간 복제에 대한 충격적인 뉴스들이 쏟아지고 있다. 남자의 정자를 쥐의 정소에서 배양한 후 인간의 난자와 수정하여 아기를 만들고 사람의 귀를 쥐의 몸에 붙여 키우기도 한다. 게놈 프로젝트가 진행되면서 인간 유전자의 비밀이 하나하나 밝혀지고 있다. 이제 마음만 먹으면 똑같은 사람을 무한정 복제하고 사람과 동물의 유전자를 섞어놓을 수 있다. 사람의 뇌만 빼고 나머지 신체 부위는 자기가 원하는대로, 입맛에 맞춰 바꿀 수 있을지 모른다. 자기가 원하는 외모와 키 등 신체 조건까지 마음대로 조절할 수 있는 것이다.

이런 가능성은 생명공학자들이 실현시킬 것이다. 그렇지만 법률가가 없으면 인간 복제도 이루어질 수 없다. 그와 같은 실험이 과연 허용될 수 있는지, 허용된다면 어떤 조건에서 허용되어야 하는지, 그 방법은 어떠해야 하는지, 이 모든 기준을 법이 정한다. 인간 복제도 법이 있어야 가능한 것이다. 자연과학자들의 탐구욕과 호기심에는 끝이 없지만 그 호기심의 한계는 법률가들이 정해줘야 한다.

법률학은 인간 사회의 질서에 대한 규칙과 분쟁 해결의 준칙에 대하여 탐구하는 학문이다. 돈 문제, 재산 문제, 가정 문제 등 일상사에 관한 문제뿐만 아니라 바로 우리가 살아가는 세상이 안고 있는 여러 문제들에 대해서도 해답을 제시하려는 노력을 기울여야 한다.

생명공학을 예로 들었지만 그 외에도 사회가 발전하면서 새롭게 등장하는 문제들은 무척 많다. 인터넷상에서 표현의 자유는 무한정 보장되는 것인지, 인터넷에 게재된 사진과 글도 지적재산권이 인정될 수 있는지, 인터넷에 대한 통제가 인정된다면 그 조건과 방법은 어떠해야 되는지 등 인터넷으로 대표되는 정보통신 혁명에 있어서도 그에 적합한 규칙이 제대로 갖춰져야 한다.

세상은 빠르게 변하고 있다. 세상이 변하면 세상을 움직이게 하는 룰도 변한다. 세상은 변하는데 룰이 그대로 있으면 사회가 제대로 돌아갈 수 없다. 법률가들은 그 룰을 제대로 만들기 위해 고민해야 한다. 이것이 4년간 법학을 공부하면서 가장 목말라 했던 부분이다. 헌법, 민법, 형법, 민사소송법, 형사소송법, 상법, 조세법, 법철학, 경제법, 법과 경제 등 여러 가지 기본법과 응용법을 수강했지만 급변하는 우리 사회가 안고 있는 문제들, 다가올 미래를 위해 필요한 지식에 대해서는 좀처럼 들을 기회가 없었다. 법률 서적을 읽으면 왠지 모를 갑갑함이 느껴졌다.

예일 로스쿨의 연수 생활은 그와 같은 갈증을 해소해주는 시원한 샘물과도 같았다. 이곳에서는 국가의 역할과 개인의 자유 사이의 긴장 관계, 국제적인 인권 분쟁, 인종과 성에 따른 갈등, 낙태를 비롯한 생명의 문제, 종교와 가족, 동성애, 결혼 문제 등에서부터 컴퓨터공학,

생명과 종교 문제, 우주과학과 생명공학 등 각종 분야에 관한 토론이 벌어지는 예일 로스쿨의 학생 식당

우주과학, 생명공학 등 과학기술의 발달에 따른 새로운 규칙 정립의 문제에 이르기까지 우리 세대가 안고 있는 여러 실천적인 문제에 대한 논의가 활발하게 이루어졌다. 토론은 강의실과 세미나실뿐만 아니라 학생 식당과 방과 후 파티 장소에도 이어진다.

개설 과목과 세미나 주제들도 다양하다. 필수 과목은 헌법, 계약법, 민사소송법, 불법 행위법, 형사법, 법조윤리 등 여섯 과목뿐이고, 나머지는 모두 선택 과목이다. 세계화와 법, 기후변화와 법, 중국 법치주의의 현황, 사회보장제도에 대한 재검토, 변호사를 위한 회계학, 각국의 기업 지배구조, 벤처기업 조직과 운영, 교육법, 망명자와 법, 식품의약품법, 종교와 법, 군사법원과 군법, 의료법, 스포츠법, 장애인과 법, 가상공간에서의 개인의 권리 등 실로 생생한 내용의 강좌와 세미나들이 마련되어 있다.

정하여 세미나 수업을 지도하도록 한다. 물론 이런 과목에도 학점이

    개설된 강좌가 없을 경우 학생들은 학교 측에 특정 주제에 대한 강
좌 개설을 요청할 수 있다. 주로 세미나 강좌인데, 일정 수 이상의 학
생들이 세미나 계획서를 제출하면 학교에서는 가장 적합한 교수를 지
정하여 세미나 수업을 지도하도록 한다. 물론 이런 과목에도 학점이
부여된다. 학생들은 교수들이 가르치는 것만 배우는 게 아니라 자기
들이 배우고 싶은 분야에 대해 학교에 강의 개설을 요청할 수 있다.
그래서 수업이 살아 있게 된다.
    학생들은 현실 문제를 생생하게 반영하는 강의와 세미나를 통해서
법이 왜 필요한지, 그 법을 어떻게 만드는 것이 좋을지, 그 법을 어떻
게 해석하는 것이 올바른지에 대해 현실감 있게 고민하게 된다.

미국을 이해하는 관문, 미국 헌법

예일 로스쿨에 개설된 과목이 너무 많아서 수강 과목 선택을 놓고 고민해야 했다. 형사정책을 전공하는 입장에서 형사법을 충실하게 들어야 했지만 그 외에도 관심이 가는 과목이 한두 과목이 아니었다. 수강 신청은 일주일 동안 여러 강의를 들어본 다음 결정할 수 있었는데 첫 학기에는 몇 개 과목을 듣고 나서 헌법과 형사소송법, 환경법연습 세 과목을 선택했다. 나머지 과목들은 그때그때 세미나에 참석하는 것으로 만족하기로 했다.

미국 헌법은 미국을 이해하는 첫 관문이기 때문에 꼭 수강하라고 모두들 조언했다. 미국 헌법은 200여 년 전에 만들어진 법인데, 미국 사회는 지금도 그 법에 따라 움직인다. 삼권분립제도, 대통령제, 법원의 위헌법률심사제도 등은 역사상 미국 헌법에 의해 처음 탄생한 제도들이다. 지금도 미국 헌법은 살아 숨 쉬고 있다.

미국 헌법이 만들어진 배경을 살펴보자. 미국 건국의 아버지들이 헌법을 만들기 위해 고심했던 1780년대 중반의 미국 경제 상황은 최악이었다. 비록 독립전쟁에서 영국을 이기고 나라를 세울 수 있었지만 전쟁으로 온 국토는 황폐화되었다. 그 와중에 가진 자와 못 가진 자 사이의 갈등은 극심했다.

전쟁 중에 미국 정부는 많은 국채를 발행했다. 농민이나 노동자들은 그들이 가지고 있는 곡물과 노동력을 제공했지만 바로 돈으로 받지 못하고 국가로부터 돈을 받을 권리, 즉 국채를 받았다. 그런데 배가 고픈 이들은 가지고 있던 국채를 싼값에 여유 있는 계층에게 넘기고 말았다. 그러고는 당장 필요한 식료품을 구입했다. 하지만 생활은 점점 더 어려워졌고 나중에는 빚더미에 앉게 되었다. 독립이 되자 빚을 받아 내려는 자산계층과 빚 독촉에 시달리는 없는 이들 간의 갈등은 위험수위에 다다랐다.

굶주림에 견디다 못한 농민들은 1786년 반란을 일으켰다. 이에 놀란 주 정부는 가진 사람들의 재산권을 제한하는 법률을 앞다투어 제정했다. 자산계층이 크게 반발했음은 물론이다. 다수 빈민들과 소수 자산가의 대립으로 잘못하면 나라가 깨어질지 모르는 상황이었다. 주 정부는 다수를 차지하는 빈민들을 무시할 수 없는 입장이었지만 주의 대표자들이 모인 연방 차원에서는 자산가들의 입김이 우세했다. 많은 대표자들은 자산계층이었다. 당시 헌법 제정에 있어 핵심 쟁점은 주 정부의 독자성을 강조할 것인지, 아니면 주를 무시하고 중앙 정부를 강화할 것인지의 여부였다. 많은 사람들은 연방 정부의 성립 자체를 거부했다.

이러한 상황에서 알렉산더 해밀턴, 제임스 매디슨, 존 제이와 같은 미국 헌법의 아버지들은 절묘한 권력 배분의 원칙을 고안했다. 다수를 차지하는 농민과 노동자 들의 영향을 강하게 받고 있던 지방 정부가 자산가들의 재산권을 함부로 침해할 수 없도록 지방 정부를 적절히 제어할 수 있는 중앙 정부를 만들어냈다. 연방 정부와 주 정부가 국가의 권력을 나누어 가지는 연방 제도를 채택한 것이었다. 중앙 정부는 자산계층의 이익을 보호하기 위해 조세권, 상업 통제권, 서부 지역 통치권 등을 가지도록 했다.

그러나 중앙 정부가 너무 강력해질 경우 또다시 개인의 권리를 침해할 것을 우려하여 중앙 정부에 권력이 집중되는 것 역시 철저히 막는다. 중앙 정부의 권한 자체를 입법권, 사법권, 행정권으로 나누어 어느 한 기관이나 집단이 중앙 정부의 권한을 자기 마음대로 행사할 수 없도록 해놓았다. 그리고 결혼과 이혼, 상속, 도시계획, 일상 범죄 처벌 등 개인의 일상사를 규제할 수 있는 모든 권한은 중앙 정부가 아닌 주 정부에 부여하였다. 연방 정부도, 주 정부도 자기 마음대로 모든 것을 할 수 없도록 해놓은 것이다. 이 모든 장치는 근본적으로는 개인의 자유와 사유 재산권을 보호하기 위함이었다. 무엇보다 개인의 가치를 먼저 생각한 것이다.

오늘날에도 미국 헌법의 아버지들이 가지는 권위는 절대적이다. 그들이 헌법을 만든 진정한 의도가 무엇이었는지 연구하고 분석하는 것이 미국 헌법학자들의 가장 중요한 과제 중 하나다. 알렉산더 해밀턴과 제임스 매디슨 등 헌법의 아버지들이 연방헌법 제정을 옹호하기 위해 기고한 글을 묶어 놓은『연방주의자 신문*Federalist Papers*』이라는 소책자는 헌법 시간에 필수 부교재로 사용되고 있다.

백악관 인턴 직원 르윈스키와의 스캔들로 클린턴 대통령에 대한 탄

핵 심판 문제가 뜨겁게 달아올랐을 때 국민이 뽑은 대통령을 의회가 물러나게 할 수 있는지에 대하여 찬반론이 펼쳐졌다. 이때 찬반론자 모두가 미국 헌법의 아버지들을 자기편으로 끌어들이기 위해 안간힘을 썼다.

미국의 정치가 삼권분립과 대의정치를 바탕으로 안정적인 모습을 보이는 것은 헌법이라는 뿌리가 튼튼하기 때문이다. 웬만한 정치적 위기가 있더라도 큰 골격에는 변함이 없다.

헌법은 필수과목이라 로스쿨 1학년 학생들과 함께 수강했다. 예일 로스쿨은 브루스 애커먼, 아킬 아마르, 잭 볼킨, 제드 루번펜트와 같은 쟁쟁한 헌법학자들로 유명하다. 형사소송법은 주로 2학년, 3학년 학생들이 듣는다. 담당 교수들을 찾아가 이들 과목을 수강하고 싶다고 하자 모두 흔쾌히 좋다고 했다. 특히 형사소송법을 가르치는 노＊ 교수는 한국에서 온 검사라고 하자 큰 관심을 보였다. 나의 지정 좌석도 마련되었다. 옆에는 모두 낯선 외국 학생들이었지만 마음이 좋아 보이는 학생들과 함께 한 학기를 지냈다.

인도네시아 말 할 줄 아세요?

"오늘은 사법부의 역할과 위상에 대해 생각해봅시다. 대통령이 권한을 행사할 때에도 법을 따라야 합니다. 이는 법치주의의 기본입니다. 그런데 그 법을 만드는 것은 입법부의 역할입니다. 대통령이 아무리 막강한 권한을 가지고 있어도 입법부에서 법률을 만들어 제동을 걸면 속수무책이 됩니다. 대통령도 그렇고 입법부의 구성원인 국회의원도 모두 국민이 직접 선출합니다. 그들은 국민으로부터 직접 권한을 위임받습니다."

헌법 강의를 맡은 폴 거워츠 교수는 또박또박 말을 이어갔다.

"그런데 사법부는 어떻습니까? 연방대법원의 대법관들은 대통령이 임명합니다. 그것도 한번 임명되면 임기가 종신입니다. 자기를 뽑아준 대통령이 물러나더라도 대법관은 죽을 때까지 자신의 권한을 행사할 수 있습니다. 거기다가 연방대법원의 9명의 대법관들은 입법부에서 다수결을 거쳐 만든 법을 무효라고 선언할 수 있습니다. 막강한 권한입니다."

미국 연방대법원의 권한은 대단하다. 우리나라를 포함한 독일, 프랑스 등 대륙법 계통의 경우에는 전통적으로 행정부의 힘이 강력하지만, 영미법 계통에서는 사법부의 비중이 크다. 예로부터 법원의 판례들로 법이 형성되어온 전통 때문이다. 미국 건국 초기에 제퍼슨 대통령이 약자인 농민 위주의 정책을 펼치려 했으나, 초대 대법원장인 마셜은 번번이 제동을 걸었다. 루즈벨트 대통령의 뉴딜 입법에 대해 대법원이 위헌 판결로 맞선 전례도 있다.

"그런데 여러분, 과연 연방대법원이 대통령이나 입법부보다 우월한 지위를 부여받는 것이 타당한가요? 대법관들은 국민들로부터 직접 신임을 받은 사람들이 아닙니다. 거기에다가 종신직이기 때문에 국민의 뜻에 맞지 않는 대법관이 있다고 해도 우리 헌법상 그를 물러나게 할 방법이 없습니다."

법원에 위헌법률 심판 권한을 주어 법률에 대한 최종 판단 권한을 주는 이유는 무엇일까? 대통령과 국회의원은 국민이 뽑지만 대법관은 대통령이 임명한다. 민주적 정당성으로 따지자면 대통령이나 국회의원이 대법관보다 한 수 위다. 법률 지식이 더 뛰어나기 때문에 그렇다고 이야기할 수 있을까? 하지만 행정부나 입법부의 구성원들 중에도 뛰어난 법률가가 많기 때문에 전문 지식에 있어 사법부의 구성원들보다 못하다고 할 수는 없다.

"그러나 사법부가 입법부나 행정부의 독주에 제동을 걸기 위해서 그들을 견제할 필요가 있다고 주장할 수도 있습니다. 여러분들은 사법부의 위상에 대하여 어떻게 생각합니까? 서로 이야기해봅시다."

학생들의 갑론을박이 벌어졌다.

미국 법치주의의 최후 보루인 연방대법원

"민주주의의 기본은 다수결 원칙에 있다고 생각합니다. 의견 대립이 있을 경우에는 다수 의사를 따라야 하는 것입니다. 법률은 각 주를 대표하는 국회의원들이 다수결로 확정시킨 것입니다. 다수 의사에 따라 만든 법률을 단지 몇몇의 대법관들이 무효로 하는 것은 민주주의 원칙에 맞지 않는다고 생각합니다. 왜 극소수 대법관들의 의견이 다수 국회의원들의 생각보다 우선되어야 합니까? 이것은 대법관들에게 특권적 지위를 부여하는 것으로 만인 평등을 전제로 하는 민주주의 원칙에 맞지 않는다고 생각합니다."

"다수 의사라고 하여 무엇이든지 할 수 있다는 생각은 위험합니다. 다수의 의사가 국가의 근본적인 가치체계를 깨뜨리려고 할 때에는 이를 저지할 수 있는 제도적 장치가 있어야 합니다. 국가의 근본적인 가치 체계는 결국 헌법이 아니겠습니까? 따라서 헌법을 위반한 법률은 무효라고 선언할 수 있는 장치가 있어야 합니다. 역사적으로 보아도 히틀러나 무솔리니 등 독재자들은 모두 국민 다수의 의사를 가장하여 그들의 독재 체제를 구축하지 않았습니까? 독재를 막기 위해서는 다수를 견제할 수 있는 장치도 필요하다고 생각합니다.”

“견제 장치가 필요하다는 점에 대해서는 동의합니다. 하지만 그 역할을 왜 9명의 대법관들이 해야만 합니까? 국회와 언론을 통해서도 충분히 견제할 수 있다고 생각합니다. 네덜란드나 뉴질랜드와 같이 위헌법률심사제도가 없는 나라도 훌륭하게 민주주의를 발전시키고 있지 않습니까? ”

“역사적으로 보더라도 사법부가 과연 전체 국민을 위한 결정을 했는지에 대해서는 의문이 듭니다. 1960년대 들어 흑백 문제에 대한 진보적인 결정을 하여 많은 지지를 받았지만, 뉴딜 정책에 반대했다든지 기타 여러 재산권에 대한 판결들을 보면 소수 가진 사람들의 이익을 위해 결정한 사례들이 훨씬 많았다고 생각합니다.”

학생들은 정치 이론과 역사적 사례들을 들며 토론을 벌였다. 여러 주장이 쏟아져나왔지만 그중 한 학생의 주장이 설득력 있었다.

“소수의 법관들이 다수 의사인 법률을 무효로 만들 수 있는 것은 사실 민주주의의 예외라고 할 수 있습니다. 그러나 다수에 의한 독재로 민주주의 자체가 깨진 역사적 경험을 생각해보면 다수 의사를 견제할 수 있는 장치가 필요하다고 생각합니다. 그런데 과연 누가 이 역할을 수행할 수 있느냐를 생각해보면 사법부가 가장 타당하다고 생각합니다. 첫째로, 사법부는 법에 대해서 전문 지식을 가지고 있습니다. 둘째로, 사법부에는 아무리 큰 권한을 주더라도 국가를 무너뜨리거나 쿠데타를 일으킬 능력이 없다는 것입니다. 사실 후자가 중요하다고 생각합니다. 대통령이나 국회의 다수파가 나쁜 마음을 먹으면 행정권이나 입법권을 통하여 헌법 자체를 파괴시킬 수 있지만 법원은 누군가가 법정의 문을 두드려야만 나설 수 있습니다. 법원이 앞에 나서서 변란을 꾀할 수는 없는 것입니다. 따라서 헌법을 보장하는 최종적인 권한을 사법부에 준 것은 타당하다고 생각합니다.”

법과 제도를 문구만으로 해석해서는 진정한 의미를 알 수 없음을 깨닫게 해준 멋진 답변이었다.

미국 로스쿨의 토론 시간에는 법률 지식뿐만 아니라 정치학, 경제학, 사회학, 윤리학적 지식들이 총동원된다. 학생들이 학부에서 다양한 분야를 전공했기에 가능한 일이다. 정치학, 정책학, 경제학, 역사학 등을 전공한 학생들도 많았고 그 외에도 교육학, 컴퓨터공학, 영문학, 심리학, 철학, 화학 등으로 학부의 전공 내용은 다양하다. 아주 특이한 분야에 정통한 학생들도 있다.

법률문헌 데이터베이스 검색 방법인 LEXIS와 Westlaw 프로그램을 한참 배우고 있을 때였다. 도서관 지하 2층에 있는 학습실에서 컴퓨터 자판을 두드리며 필요한 자료를 검색하고 있었다. 애써 자료를 찾은 다음 마지막 인쇄 단계에 접어들었는데 아무리 엔터키를 눌러도 작동이 되지 않았다. 하필이면 그때 학습실에는 안내요원도 보이지 않고, 학생들도 없었다. 힘들여 찾은 자료를 날리기는 싫어서 화면을 그대로 고정시켜 놓고 어떻게 할까 고심하고 있는데 백인 여학생 한 명이 학습실에 들어왔다. 잘됐구나 싶어 도움을 청했다. 검색 프로그램에서 몇 가지 선택 사항을 변경시키더니 바로 프린터로 출력해주었다. 고맙다는 말을 했더니 조금 있다가 말을 붙여왔다.

"Can you speak Indonesian?"

나를 인도네시아 사람으로 보았는지 여학생은 이렇게 말을 걸었다.

"No. I'm Korean."

알고 보니 여학생은 자기가 인도네시아 말을 할 줄 알기 때문에 인도네시아 말로 의사소통이 가능한가 싶어서 물은 것이었다. 인도네시아 문학을 공부했다는 그녀는 인도네시아 언어와 문화에도 조예가 깊었다. 로스쿨에 인도네시아 문학에 정통한 학생까지 있다는 사실이 놀라웠다.

아시아 법률 포럼을 주도했던 앤이라는 여학생은 프린스턴 대학에서 동아시아 관계를 전공한 후 예일 로스쿨에 입학하기 전에 일본과 중국에서 2년간 머무르며 동아시아에 대해 공부했고, 로스쿨 3학년 때는 스탠퍼드 대학에 교환 학생으로 가서 한국학을 연구했다. 한국어와 한국 법을 익히기 위해 우리나라를 찾아 연세대학교 어학당에서 공부하기도 했다. 한국, 중국, 일본 동아시아 3국의 안전 보장 관계에 대해 공부를 계속하고 있는데 언젠가는 미국 정부의 동아시아 정책 수립에 깊이 관여할 것으로 생각되었다.

좋은 로스쿨에는 훌륭한 교수가 많다는 것도 강점이지만 그보다 더 중요한 것은 다양한 전공을 가진 뛰어난 학생들과 함께 공부할 수 있다는 점이다. 수업 시간에도 교수의 강의보다는 학생들 간의 대화가 더 많은 부분을 차지하기 때문이다. 학교에서도 학생을 선발할 때 다른 학생들에게 도움이 될 수 있는지에 대해서도 비중을 둔다. 다양한 전공의 학생들이 자신들의 전문 지식을 바탕으로 서로의 시각을 넓혀주는 데 큰 도움을 주고 있었다. 서로가 스승이 되는 것이다.

  인문학, 경제학, 동아시아 관계 등 각 분야의 두터운 전문 지식 위에 다시 법률이라는 갑옷을 입고 있는 이들에 비해서 우리는 육법전서六法全書라고 하는 얄팍한 홑옷만 입고 대적하는 것은 아닌지 걱정된다.

얻으려면 베풀어라

"여러분은 어떤 법률가가 되고 싶습니까?"

법률 봉사활동프로 보노: pro bono work• 전문 변호사는 강의 첫 시간에 학생들에게 이런 질문을 던졌다.

"사회적으로 큰 영향력을 지닌 법률가? 대형 로펌의 오너 변호사? 명망이 높은 대법관? 아니면 미합중국의 대통령? 어느 쪽을 택하겠습니까?"

학생들은 변호사의 질문이 의외라는 듯 곳곳에서 웅성거렸다.

"어느 자리에 있느냐는 중요하지 않습니다. 진정한 법률가는 법을 통해 사회에 봉사할 줄 아는 그런 사람이라고 생각합니다. 오늘날 법률가를 바라보는 사회의 시각은 결코 곱지 않습니다. 왜 그럴까요? 그 것은 우리가 해야 할 일을 제대로 못하기 때문입니다."

로펌 소속 변호사들은 일 년에 정해진 시간만큼 법률 봉사활동을

● 프로 보노는 변호사를 선임할 여유가 없는 개인 혹은 단체에 대해 보수를 받지 않고 법률 서비스를 제공하는 것을 말한다. 라틴어 문구인 '공익을 위하여(pro bono publico)'의 약어이다.

해야 한다. 로펌에서는 회사별로 봉사활동 위원회를 두고 있고, 전공인 법률 지식을 도구로 사회에 봉사한다.

예일 로스쿨에서는 학생들이 나중에 로펌에 들어가 변호사로 일할때 봉사활동을 충실히 할 수 있도록 법률 봉사활동을 위한 전문 강좌를 두고 있다. 강의 시간에는 이 분야에 정통한 실무 변호사나 시민단체 변호사들이 그들의 경험을 들려주며, 로펌 변호사로서 무엇을할 것이고, 어떤 방식으로 봉사하는 것이 효율적인지에 대해 학생들끼리 의견을 나누도록 한다. 주로 졸업을 앞둔 3학년 학생들이 이 강의를 듣는다.

존 그리섬이라는 검사 출신 소설가가 쓴『그래서 그들은 바다로 갔다』는 마피아와 결탁하여 돈세탁을 일삼는 비인간적인 로펌에 관한이야기다. 이곳에 나오는 미국 로펌과 미국 변호사의 이미지는 암울하고 칙칙하며 온갖 암투와 비리에 얽혀 사회 정의 실현에 장애물이 되는 존재로 비치고 있다. 같은 작가가 쓴『거리의 변호사』에서도 대형로펌의 비인간적인 면이 부각되어 있다. 로펌 변호사들은 약육강식의자유시장 경제 체제하에서 기업과 부유층의 이익만을 대변하며 그 과정에서 자신들의 잇속을 챙긴다고 생각하면 그와 같은 비난과 질시를이해 못 할 바도 아니다.

그러나 미국의 로펌들이 가진 자들의 이익만을 추구하는 것은 아니다. '프로 보노 20대 로펌' 소속 변호사들은 1인당 연평균 84시간, 한 달 평균 7시간가량을 공익 활동을 위해 할애한다. 그 정도의 시간이 뭐가 대단하냐고 말할 수도 있다. 변호사로 버는 엄청난 돈을 생각하면 그 정도 봉사는 아무것도 아니라고 폄하할 수도 있다. 하지만 바뿐 직장 생활에서 매주 2시간씩 순수하게 봉사하는 시간을 낸다는 것이 쉬운 일만은 아니다.

실질을 중시하는 이곳 사람들은 철저하게 자신들의 이익을 위해 생활한다. 개인주의와 자유주의가 그들 문화의 뿌리다. 모든 것의 기본은 바로 나, 개인이다. 국가나 조직이 간섭하지 않고 그대로 두면 개개인이 자기 할 일을 찾아서 최선을 다하고, 보이지 않는 손이 작용해서 사회를 발전시킨다는 믿음이 깔려 있다. 다만 내가 중요한 만큼 다른 사람도 존중해줘야 한다는 최소한의 룰은 지켜야 한다.

자유와 개인을 중시하는 이들 문화가 비정한 시장 경제 체제와 결합하면서 부익부 빈익빈 현상이 심화되는데 신자유주의가 팽배한 1970년대 중반 이후 그 격차는 점점 더 심하게 벌어지고 있다. 미국의 부자들은 우리의 상상을 넘는 엄청난 부를 거머쥐고 있다. 그렇지만 뉴욕이나 워싱턴뿐만 아니라 미국 어느 도시를 가보아도 칙칙한 옷가지를 걸친 채 추위와 배고픔에 떨고 있는 노숙자들을 많이 볼 수 있어 명암이 분명하게 대조된다.

2008년도 미국 전역에는 약 160만 명의 노숙자들이 임시 숙소를 이용하고 있고, 그중 가족이 노숙자인 경우도 51만 명이 넘는다고 한다. 미국인들은 이러한 현상을 불가피한 현실로 생각한다. 가난은 개개인의 게으름 탓이지 사회의 잘못이 아니라는 것이다. 간혹 LA 폭동과 같은 사태가 벌어지기는 하지만 이는 극히 예외적인 상황이다.

어떻게 그럴 수 있을까? 이곳의 가난한 사람들은 마냥 순종적이기만 한가? 이에 대해 교묘한 통제 정책에 의한 것으로 해석하기도 하고, 가난한 소수 인종끼리 서로 적대시하게 만들어 사회적 불만을 우회적으로 터뜨리게 하는 전략을 구사하고 있기 때문이라고 주장하기도 한다. 여러 가지 설명이 있을 수 있으나, 그중 하나는 가진 자들이 끊임없이 없는 사람들을 위해 자기 것을 내놓기 때문이라는 것이다.

국가도 부자들이 기부 등으로 재산을 사회에 환원하도록 유도하기 위해 높은 상속세를 부과하여 철저하게 징수하는 반면 재산을 사회에 환원시키면 큰 갈채와 찬사를 보낸다. 록펠러 재단이나 카네기 재단이 이렇게 생겼다.

각종 자선단체들은 부자들이 희사한 거액의 기부금으로 운영된다. 빌 게이츠나 워런 버핏, 조지 소로스와 같은 거부들이 엄청난 금액을 희사했다는 신문 기사들을 심심찮게 볼 수 있다. 어느 장애자가 휠체어로 미국 대륙을 횡단한다고 하면 미국 전역에서 격려 성금이 답지한다. 미국 공화당의 상속세 폐지 움직임에 대해서 미국 최고의 부자들인 빌 게이츠와 워런 버핏이 강력하게 반대한 것도 유명한 일화이다. 그들은 세습되는 부가 사회의 건강한 발전을 가로막는다고 주장했다.

자원봉사활동도 정착되어 있어 많은 사람들이 무보수로 봉사하는 것을 시민의 의무로 여긴다. 통계에 의하면 전체 인구의 약 25퍼센트에 해당하는 3,700만 명이 다양한 형태로 연간 240억 시간의 자원봉사를 하고 있다.

예일 로스쿨은 무엇보다 '봉사하는 법률가상'을 강조한다. 예일 로스쿨 학생들은 각종 실무수습 클리닉 과목과 봉사활동 동아리를 통해 못 가진 사람들을 위한 지원활동에 직접 참여한다. 공익을 위한 봉사를 장려하기 위해서 졸업 후 공공 분야에서 일하는 졸업생에 대해서는 학자금 융자액을 감면해주고 있다.

빈부 격차가 점점 심해지는 미국 사회가 붕괴되지 않고 계속 유지되는 이유 중 하나는 법률가를 포함한 사회 지도층과 각계각층 모든 이들의 진심 어린 봉사와 자선 활동이 있기 때문이다. 반목과 질시가 더해가는 우리 사회에서 훈훈한 감동을 줄 수 있는 '노블레스 오블리주'를 실천하기 위해 무엇을 해야 할지 심사숙고해볼 때이다.

두어 수레의 책을 읽는다

　하버드 법대생들의 학교생활과 연애담을 그린 『하버드 대학의 공부 벌레들』이라는 소설이 베스트셀러가 된 적이 있다. 그런데 하버드 법대에서 공부를 마치고 온 어느 선배는 그 소설은 현실과 거리가 한참 멀다고 말했다. 하버드 법대에서 소설처럼 한가롭게 연애를 하고 있을 학생은 아무도 없다는 것이다. 하버드 대학은 1등부터 꼴찌까지 석차가 그대로 매겨지기 때문에 시험 준비를 위한 스터디그룹과 학회지 활동 등 엄청난 스트레스 속에서 지내게 되는데 그러다 보면 연애를 만끽할 시간은 상상도 못 한다는 것이다.

　예일 로스쿨 학생들도 무섭게 공부한다. 성적과 등수를 내는 것도 아니고 누가 강요하는 것도 아닌데도 모두 스스로 열심히 한다. 기본적으로 수업과 세미나, 각종 리포트 작성을 위해 읽어야 할 기본 교재와 자료의 양이 엄청나다. 나의 경우 학기 초에는 과목당 20쪽 정도를 읽어 가야 하니까 세 과목을 듣는 날에는 60쪽을 매일 읽어야 했다. 페이지들이 그림이나 도표도 없는 작은 글씨의 빡빡한 내용들이었다. 분량은 수업이 진행될수록 계속 늘어갔다. 신청 과목이 몇 과목 안 되었는데도 정말 벅찼다. 미국 학생들의 경우에는 여기에 작문 과제 제출, 리포트 작성, 각종 학회활동 등과 관련된 읽어야 할 자료들이 산더미 같았다.

기본 교재로는 과목당 두 권 정도의 기본서가 정해지고, 담당 교수는 그 외에도 그날 읽을거리를 알려준다. 신문 보도 내용들, 각종 책자에서 발췌한 내용들, 학술 잡지에 발표된 논문들이다. 학교 건물 지하에는 이들 자료들을 복사해놓고 학생들에게 판매하는 곳이 있다.

엄청난 공부를 통해 쌓은 전문 지식, 실무연습과 실전 경험, 폭넓은 봉사활동을 통하여 얻은 열정 등은 삼위일체가 되어 훗날 법률가로 활약할 때 큰 무기가 된다.

이제 세계는 점점 좁아져 우리끼리 할 수 있는 것은 계속 줄어들고 있다. 국제 통상 문제는 말할 것도 없고 많은 외국 기업들이 국내에 들어오다 보니 국내 문제에 있어서도 외국인을 상대해야 하는 경우가 많다. 범죄만 해도 외국 기업이나 외국인들이 관계되는 경제 범죄가 점점 늘어나고 있고, 외국 정부와 협조해야만 해결할 수 있는 국제 범죄도 증가하고 있다. 예컨대 피해자는 한국인인데 범인은 미국에 거주하는 남미인이고, 그 사건을 수사하려면 러시아에서 활동하고 있는 교포 2세를 증인으로 조사해야 하는 사례가 늘고 있다.

당장 우리나라 법률 시장이 개방되면 외국 법률가들과 직접 경쟁해야 된다. 아니, 지금도 국제 통상 문제나 외국 기업이 관여하는 기업 인수 합병 문제에서는 우리의 법률가들은 외국 법률가들과 치열하게 경쟁하고 있다.

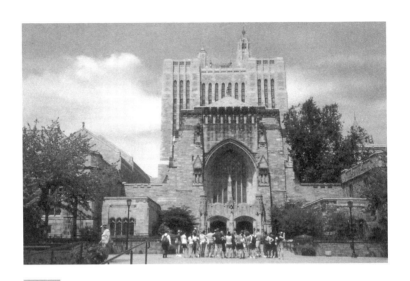

예일대학교 도서관은 미국에서도 손꼽히는 거대한 지식 창고다

WTO^{세계무역기구}와 관련된 분쟁이 발생하면 재판과도 비슷한 절차가 진행되는데, 우리 정부에서는 우리나라와 우리 기업을 대변할 수 있는 변호사를 선임한다. 이때 우리나라 로펌 변호사를 선임할 수도 있으나, 외교통상부에서는 외국의 변호사들을 선임할 때가 많다고 한다. 선임 비용이 우리나라 변호사들보다 훨씬 비싸 수십만 달러나 되는데도 말이다.

이래서는 곤란하다. 우리 젊은이들이 땀 흘려 공부하고 밤을 지새워 실력을 키워서 우리의 권리를 우리 손으로 지켜내야만 한다.

벽이 없는 교수들

아킬 아마르라는 저명한 헌법 교수가 있다. 예일대학교 학부와 예일 로스쿨 J.D. 과정을 졸업한 후 사법보좌관 자리를 거쳐 스물일곱 살의 나이에 예일 로스쿨 교수가 된 인도계 학자이다. 미국 헌법의 아버지들이 지은 『연방주의자 신문』이라는 책을 늘 손에 들고 다녔는데 움직이는 교과서라고 불렸다. 박학다식한 데다 학문에 대한 열정도 대단하여 강의실이 수강생들로 가득했다. 그 아마르 교수가 하버드 로스쿨의 형사소송법 교수이면서 O. J. 심슨의 형사 사건 변호를 맡았던 앨런 더쇼비츠 교수와 한바탕 대결을 벌인 적이 있다.

더쇼비츠 교수는 학생들을 가르치면서 실제 형사 사건에 관여하기도 했는데, 실무에서는 공격적인 변론으로 유명한 사람이었다. 민사재판에서는 심슨이 아내를 살해한 혐의가 인정되어 심슨에게 거액의 손해배상금을 물라는 판결이 내려졌지만 형사재판에서는 더쇼비츠 교수가 활약한 변호인단이 무죄 판결을 이끌어내었다. 아마르 교수와 더쇼비츠 교수 모두 예일 로스쿨을 졸업하였다.

아마르 교수와 더쇼비츠 교수 간의 한판 대결은 예일 로스쿨의 세미나실에서 이루어졌다.

"형사사법 제도에 있어 실체적 진실이 중요한가, 적법 절차가 중요한가?"

물론 엄격한 적법 절차를 지키면서 실체적 진실을 밝혀내는 것이 형사소송의 이상이겠지만, 실제 사건에 있어서 진실을 밝히기 위해 무리하다 보면 적법 절차를 위배하게 되는 경우도 있고, 진실을 밝히려는 노력들이 적법 절차라는 장벽에 걸려 좌절되는 경우도 적지 않다. 흉악한 범죄가 발생했을 때에는 절차적으로 무리가 있더라도 범인을 반드시 검거해야 한다는 국민적 요구가 거세게 표명되기도 한다. 두 가지 가치가 상충될 때 어느 쪽을 먼저 생각하느냐에 따라 수사와 재판의 모습은 상당히 달라지게 된다.

더쇼비츠 교수는 적법 절차의 중요성을 강조했고, 아마르 교수는 실체적 진실과 정의를 강변하였다. 2시간 가까이 엄청난 설전이 벌어졌는데 참석한 학생들은 더쇼비츠 교수의 실질적인 한판승이라는 결론을 내렸다.

누가 이겼느냐가 중요한 것이 아니라, 그와 같이 격의 없이 열띤 토론을 벌이는 모습이 보기 좋았다. 이곳에서는 세미나에서 선배 교수의 논문을 가혹하게 비판한다고 트집을 잡는 일도 없거니와, 당사자들도 그 같은 비판을 인격 모독으로 받아들이지 않는다. 물론 한참 공방을 벌일 때는 곧잘 열을 내며 얼굴을 붉히기도 하지만 끝날 때에는 모두들 웃으면서 악수를 하고 헤어진다.

학문 간에도 벽이 없다. 헌법 담당 교수는 헌법만 강의해야 되고,

민법 담당 교수는 민법만 강의해야 하는 그런 제한이 없다. 자신이 하고 싶은 분야, 자신이 관심 있는 과목을 찾아서 공부할 수 있고, 강의 주제로 삼는다. 예일 로스쿨에서는 교수를 임용할 때도 헌법 교수, 민법 교수, 형사소송법 교수 등 과목을 한정해서 뽑지는 않는다. 학문하는 자세와 열의가 채용 기준이다.

교수가 되면서 자신이 꼭 맡아야 할 과목이 정해져 있는 것도 아니다. 교수가 되면 자기가 원하는 내용을 연구하고 가르치면 된다. 나이 지긋한 고참 교수들이 과목 선택권을 젊은 신참 교수에게 양보하는 것도 아름다운 관행이다. 가르치는 데 품이 많이 들어 맡기 꺼려하는 과목들을 오히려 원로 교수들이 맡고, 특정 분야의 새로운 관점이 필요한 참신한 과목들을 젊은 교수들이 담당한다. 다만, 수업 결과에 대해서는 엄격하게 책임을 져야 한다. 검증 결과가 기대에 못 미치면 바로 교수 자리를 내놓아야 한다.

고홍주 교수가 가르치는 교과목은 국제인권론, 국제거래법, 국제통상제도, 국제기구론 등 국제법과 관련된 내용이 대부분이지만 소송법도 포함되어 있다. 브루스 애커먼이라는 저명한 헌법 교수는 정치철학 외에 환경법, 재산법도 가르친다. 아킬 아마르 교수 역시 헌법과 함께 형사소송법, 미국법 역사, 가족법, 행정법 등도 맡고 있다.

다른 법과대학과의 교류도 활발하다. 다른 로스쿨의 교수들이 예일 로스쿨에 교환교수로 와서 1~2년씩 강의를 하거나 특강을 맡는다. 강의에 대한 학생 반응이 좋고 교수들로부터도 좋은 평가를 받으면 예일 로스쿨의 교수로도 임용되기 때문에 모두 열심히 강의 준비를 한다. 예일 로스쿨을 졸업하고 버지니아 로스쿨 교수로 임용된 최해원 교수도 2008년도에는 예일 로스쿨에 와서 1년간 회사법과 조세법을 가르쳤다.

법학뿐만 아니라 사회과학에 대해서도 문이 열려 있다. 한때 모든 학문이 자기 영역만을 고집하던 때가 있었으나, 오늘날 전체적인 관점에서 이해하는 방향으로 다시 나아가고 있다. 인간사를 정신 따로, 물질 따로 쪼개어 보면 장님 코끼리 만지는 식으로밖에 되지 않는다. 그래서 로스쿨에서도 법과대학 교수뿐만 아니라 다른 학과의 교수들이 함께 수업을 진행한다. 실무 변호사, 검사, 판사뿐만 아니라 사회운동가, 회계사 등도 수업이나 세미나에 참여한다. 두세 명의 교수들이 합동으로 진행하는 세미나와 실무연습 과목도 많다.

교수와 학생 들이 식당이나 도서관에서 토론을 벌일 때면 누가 교수고 누가 학생인지 알기 어렵다. 수업 시간에도 한쪽이 다른 쪽에게 자신의 지식을 일방적으로 가르치기보다는 서로의 생각을 교환한다. 어떤 분야에서는 학생들이 더 많은 것을 알고 있는 경우도 있다. 수업 시간에 교수를 대하는 학생들의 태도가 너무나 당당하고 거리낌이 없어 조금 거북스러운 느낌이 들 때도 있었지만, 각자의 의견을 솔직하게 털어놓는 교실 분위기는 서로에게 자극을 주어 학문 발전에도 도움이 될 것 같았다.

교수와 교수, 교수와 학생, 학문과 학문 사이를 가로막고 있는 보이지 않는 장벽들이 모두 없어져야만 창조와 활력의 기운이 넘치는 대학 문화가 창출될 수 있다.

울어버린 신입생

여학생 한 명이 조그마한 세미나실 한구석에서 여러 학생들에게 둘러싸여 눈물을 닦고 있었다. 조금 나이 든 남학생이 어깨를 다독이며 그녀를 위로했다. 신입생인 여학생은 논문 작성법을 배우면서 지도교수에게 가혹한 비평을 받았다. 지도교수는 그녀가 작성한 리포트를 읽고 "이건 소설이지 법률가의 글이라고 볼 수 없군요. 법률 문서 작성 연습을 더 해야 합니다"라고 질책했던 것이다.

학생들이 교수와 격의 없는 대화를 나누기도 하지만 그렇다고 교수들이 학생을 자유방임 상태로 놓아두지는 않는다. 1학년 필수 과목인 헌법, 계약법, 소송법, 불법행위 중 한 과목은 지도교수와 함께 소규모 그룹으로 학습해야 한다. 한 그룹이 15명 정도 되는데 지도교수는 그룹 학생들에게 기초적인 법학 공부 방법부터 법률 문서 작성법까지 꼼꼼하게 지도한다. 지도교수의 평가와 지도 감독은 때로 가혹하리만큼 엄정하다.

로스쿨에서는 법률가로서 갖추어야 할 바른 자세를 배우기 위하여 독서 세미나를 갖는다. 지도교수의 승인을 받아 특정 주제를 정한 독서 그룹들이 만들어지는데 학점도 부여된다. 가정폭력, 교육정책, 자유와 안보, 사회변화, 빈곤과 기회, 건강과 인권 등 여러 주제들이 다양하게 선정된다. 어떤 교수는 집으로 학생들을 초대하여 함께 식사를 하면서 법률가로서의 기본자세를 가르치기도 한다.

LL.M.과 J.S.D. 과정을 통해 국제법, 국제통상법, 공정거래법을 전공한 정영진 변호사는 조지 프리스트 교수가 주관한 독서 세미나에서 경제학의 원전들을 섭렵할 수 있었다. 애덤 스미스의『국부론』, 존 스튜어드 밀의『정치경제학 원리』, 베블런의『유한계급론』, 하이에크의『법, 입법, 자유』등 천 페이지가 넘는 경제학의 고전들을 읽고 토론하는 자리였다. 예상보다 많은 30명의 학생이 참여했는데, 보수주의적 입장을 가진 학생들과 진보주의적 견해를 주장하는 학생들 간에 치열한 토론이 벌어졌다. 여러 학문적 배경을 가진 학생들이 모였기에 다양한 주장들이 쏟아져나왔다. 다수의 학생들은 책이 나왔던 시대상황을 통해 저자의 입장을 이해하고자 노력했다. 정영진 변호사는 지금도 책상 한편에『국부론』을 놓고 틈나는 대로 책장을 넘긴다.

졸업을 위해서는 소정의 학점을 이수하고 시험을 치러야 하는 한편 에세이 5편을 작성해야 한다. 약식 논문격인데, 에세이에 따라서는 유명 법학 저널에 실릴 정도로 수준이 높다. 5편 중 3편은 담당 교수의 엄격한 지도를 받아 작성해야 하고, 2편은 자유롭게 작성할 수 있다. 학교 측에서는 이들 약식 논문이 정식으로 출판되는 것을 적극 장려하고 있으며 매년 우수 작품을 선정하여 상을 주기도 한다.

직업 선택과 법조 윤리에 관한 세미나와 초청 강연도 자주 열린다.

1년에 이러한 기회가 30회가량 있다. 유명 로펌의 대표 변호사, 주 검찰총장, 연방검사, 연방판사 등 실무가들도 여러 차례 초청된다. 학생들이 올바른 가치관을 바탕으로 자신의 잠재력을 최대한 발휘할 수 있도록 학교에서는 직업 선택에 대해서도 많은 배려를 한다. 직업 상담실^{CDO: Career Development Office}이 있어 진로에 대한 자료를 제공하고 상담도 한다. 이곳에는 여러 스태프들도 있지만 두 명의 전담 변호사가 오로지 경력관리 상담을 위해 근무하고 있다. 예일 로스쿨에서는 많은 학생들이 공익을 위해 일하기를 바라기 때문에 전담 변호사 중 한 명은 공직과 공공 활동에 대한 상담을 전문적으로 다룬다. 이곳에서는 졸업 후 진로뿐만 아니라 여름방학 때 아르바이트 자리도 알선해준다.

훌륭한 법률가가 되기 위해서는 법률 지식과 실무 능력을 갖춰야 한다. 하지만 직업인으로서 기본적인 양식과 자세 역시 중요하다. 일전에 우리나라 사법연수원이 고 김수환 추기경 초청 강연을 열어 큰 호응을 얻었다. 추기경은 『레미제라블』에 나오는 장발장과 자베르 형사를 언급하면서 법보다 중요한 것은 결국 사람이고 사랑임을 강조했는데 연수생들은 기립 박수를 보냈다. 앞으로 우리나라의 로스쿨과 사법연수원에서도 직업윤리 교육에 좀 더 많은 시간을 할애했으면 하는 바람이다.

노는 것도 공부다

'너드^{nerd}'라는 영어 단어가 있다. 사전에는 '멍청이, 매력 없는 사람'으로 나와 있다. 미국에 와서 알게 된 단어 중 하나인데 공부만 하고 놀 줄 모르는 학생을 가리키는 속어이다. 공부만 하는 아이들을 조롱하는 말이기도 한데, 그만큼 공부만 잘하는 학생은 좋게 평가되지 않는 것을 의미한다.

대학 입학 때도 성적이 좋다고 합격이 보장되는 것은 아니다. 좋은 성적은 필요조건일 뿐 충분조건이 아니다. 학교 재학 시 각종 서클이나 단체에서 리더로 활동했거나, 주요 특기가 있는 학생, 봉사활동이 두드러진 학생들이 좋은 평가를 받는다. 학교 관계자에 따르면 한마디로 사회적으로 장래가 촉망되는 학생들을 선발하는 것이다. 이들은 성적이 좋다고 해서 반드시 능력 있는 사회인이 되는 것은 아니라고 말한다.

재미있는 것은 예일 로스쿨에 입학한 많은 학생들이 스스로 자신들이 중·고등학교 때 '너드'였다고 이야기한다는 점이다. 엄청난 공부

벌레였다는 것인데 그들의 이야기를 들어보면 하루 종일 공부만 하는 그런 '너드'가 아니었다. 학교 대표 수영 선수를 한 친구도 있고, 지역 오케스트라 단원으로 활약했던 학생도 있었다. 대부분이 공부 외에 자기만의 장기를 가지고 있는 경우가 많았다.

학과 수업과 동아리 활동 등 여러 스케줄로 꽉 찬 로스쿨 생활 역시 공부가 전부는 아니다. 학생들마다 각자의 생활이 다르겠지만, 모두에게 중요한 것 중 하나가 파티다. 입학 직후 로스쿨 학장이 학장실이나 관사에서 벌이는 환영 파티부터 시작해서, 교수들이나 학교 교직원들이 자신의 집에 초대하기도 하고, 여러 단체나 학생 개인이 개별적으로 여는 파티도 많다. 학교에서도 외부 인사초청 강연회나 세미나가 끝나면 꼭 작은 파티를 마련한다.

학장이나 교수들이 학생을 초청할 때에는 간단한 음식과 음료수들을 제공하는 경우가 대부분이었지만, 학생들끼리 하는 파티에서는 각자 조금씩 음식을 준비해와서 나누어 먹을 때가 많다. 서로 부담을 주지 말자는 취지다. 학교가 파티를 주관할 때에는 뷔페식으로 근사한 식사가 제공될 때도 있지만, 간단한 피자와 음료수가 전부인 때도 있다.

파티에서는 삼삼오오 모여 이야기를 즐기는 것이 대부분이다. 앉을 데가 있으면 앉기도 하지만 서너 시간씩 서서 담소를 즐기는 때가 많은데 실컷 떠들다 보면 시간이 금방 지나간다. 가끔은 댄스파티나 포커대회가 있기도 했다. 댄스파티 때는 파트너를 동반하는데 모두들 근사하게 차려 입고 나타난다. 댄스파티 다음 날에는 서로 전날의 무용담으로 이야기꽃을 피운다(아쉽게도 나는 댄스파티와 포커대회에는 참석하지 못했다).

여러 파티에서 자주 만나 오랜 시간 이야기하다 보면 저 친구가 무슨 생각을 하며 살고 있는지, 앞으로는 무엇을 하고 싶어 하는지 속속들이 알게 된다. 공부에 대한 엄청난 부담을 안고 살아야 하는 로스쿨 생활에서 정을 나누며 믿고 지내는 사이가 될 수 있는 것은 바로 건전한 파티 문화 덕분이다.

나 역시 외국인 친구들과 어울려 정감을 나눌 기회를 갖기 위해 노력했다. 한번은 우리나라의 고유 명절인 설날에 교직원들과 학생들을 집으로 초청했다. 음식은 우리 맛의 진수를 보여주려는 마음에서 함께 연수 중이던 이동신 판사 부부와 같이 마련하였다.

30평이 조금 넘는 아파트에 50여 명의 사람들이 꽉 찼다. 이야기를 나누기만 하는 것은 우리 체질에 맞지 않았기에 자리에서 일어나 모두에게 와줘서 고맙다는 인사말을 하고 음식을 준비해준 아내를 위해 노래 한 곡 부르겠다고 자청했다. '에델바이스'라는 서양 민요를 영어로 불렀다. 아내를 만난 후 처음 건네준 선물이 설악산의 에델바이스 꽃이 담긴 액자였는데 그 꽃은 전 세계에서 스위스와 우리나라에서만 발견된다는 이야기도 덧붙였다. 노래가 끝나자 환호성과 함께 큰 박수가 터져 나왔다.

그리고 이동신 판사 부부와 우리 부부가 일어나 한국의 설날 노래인 '까치 까치 설날은 오늘이고요'를 불렀다. 노래를 듣던 이탈리아 친구 안드레아가 밖으로 나가더니 자동차에서 기타를 꺼내와 이탈리아의 로맨틱한 노래를 부르자 분위기가 한껏 무르익었다. 일본인 남녀 학생 두 명이 일본 민속 노래를 부르고, 북구 유럽의 여학생 두 명이

외국 친구들과 즐거운 시간을 보냈던 설날 파티

그 뒤를 이었다. 미국 친구들도 빠지지 않았다.

그러나 하이라이트는 열정적인 남미 친구들과 아프리카에서 온 여학생의 노래와 춤이었다. 남미 친구들이 일어서 노래를 부르기 시작하는데 그칠 줄 몰랐다. 아프리카에서 온 여학생은 아프리카 토속 춤을 추기 시작했다. 리드미컬한 노래와 함께 빙빙 돌면서 추는 춤은 묘하게 사람을 끌어당기는 마력이 있었다. 즐거운 시간을 보내고 모두들 아쉬운 마음으로 파티를 마감했다.

건전한 놀이는 삶에 활력을 불어넣는다. 창조적인 내일을 위해서는 반드시 여가가 필요하다. 여럿이 함께 모여 서로의 에너지를 교환할 수 있으면 더욱 좋다. 흥겹게 웃고 떠들며 스트레스를 해소하고 좋은 추억까지 남길 수 있는 놀이 문화가 우리나라에도 많이 만들어지기를 바란다.

서러운 영어를 어찌하랴

영어 때문에 1학기 수업을 따라가는 것이 정말 힘들었다. 수업 시간에는 활발한 토론이 진행되었는데 교수와 학생 사이에 질문과 답변이 끊이질 않았다. 교수가 묻는 내용은 그래도 알아들을 만했지만 숨가쁘게 이어지는 학생들의 질문과 답변은 도통 따라잡기가 쉽지 않았다. 더욱이 학생들끼리 말다툼을 벌이거나 교수까지 흥분해서 토론이 달아오르면 대충의 분위기만 파악하는 것에 만족할 수밖에 없었다.

전 세계에서 온 학생들 중 영어로 가장 고생하는 것은 한국과 일본 학생들이다. 남미나 유럽 사람들만 해도 언어의 뿌리가 같고 단어도 유사한 것이 많아 의사소통에 큰 어려움이 없다. 동양에서도 인도, 필리핀, 홍콩 사람들은 공용어로 영어를 사용하니 문제가 없고, 중국만 해도 영어와 어순이 같아서인지 우리보다 쉽게 적응한다. 괴로운 것은 한국과 일본 사람들이다.

나는 영어 때문에 첫 학기 환경법 연습 과목을 결국 포기해야 했다. 이 과목은 각 팀별로 실전 과제를 맡아 실습하는 과목이었다. 지역 환경 운동가들과 머리를 맞대고 토론을 벌여야 했고, 현장으로 직접 나가야 했다. 실제 상황을 다루기 때문에 실수를 해서는 안 되었다. 나는 오리엔테이션에 두 번 참석하여 담당 교수와 심도 있게 상담했는데, 그 과정에서 나의 영어 실력을 눈치챈 교수는 정 하고 싶다면 이번 학기에는 강의 과목을 우선 수강하고 다음 학기에 실습 과목을 선택하는 것이 좋겠다고 충고했다. 결국, 어쩔 수 없이 포기해야 했다.

우리말을 잘하면 영어도 잘한다

영어에 대한 고민은 한 학기가 지나면서 조금씩 해결되었다. 첫 학기에는 토론에 제대로 참여하지 못했지만 다음 학기부터는 질문도 하고 적극적으로 참여할 수 있었다. 뿐만 아니라 원하던 실습 과목에도 참여하게 되었다. 1년간의 로스쿨 수강과 검찰청 연수를 거치면서 영어에 대해서 어느 정도 두려움을 없앨 수 있었다. 영어도 결국 사람의 생각을 전하는 도구에 불과하다고 생각하니 용기가 솟아났다.

미국에 와서 어느 정도 시간이 흐른 다음 식당에서 미국인 학생들과 합석을 하게 되었다. 그중 한 학생이 불쑥 "오늘날 한 민족이 두 나라로 나뉜 경우는 한국밖에 없는데, 한국 사람들은 하나가 되는 것을 원하지 않는가?"라고 물었다. 머릿속에서 이런저런 생각들이 교차하면서 영어가 맴돌았다. 하지만 생각을 정리해서 말을 시작하려고 하자 화제는 이미 다른 방향으로 흘러가버린 뒤였다.

영어를 잘한다는 것은 어떻게 말하고 듣는가 하는 방법론적인 문제가 아니고, 무엇을 말하고 어떤 생각을 전할 것인가 하는 콘텐츠의 문제임을 알게 되었다. 영어 단어를 많이 알고 유창한 어법을 구사할 수 있더라도 아는 것이 없으면 할 말이 별로 없다. 반대로 잘 아는 내용은 말도 잘되지만 들리기도 잘 들린다. CNN 방송을 듣더라도 우리나라의 남북문제나 인권 문제가 방송될 때는 귀에 쏙쏙 들어온다. 마찬가지로 누가 한국 검찰 제도에 대해 물어보면 말이 술술 풀린다.

영어를 잘하기 위해서는 말할 내용이 있어야 한다. 어느 정도의 말하기, 듣기 능력이 있는 사람이라면 한국말을 잘하는 사람이 영어도 잘한다. 영어 교육이 중요하다고 해서 국어를 소홀히 해서는 안 된다. 우리 사고의 기본 틀은 우리말이기 때문이다. 아름다운 우리말과 글을 잘 다듬어 사용할 줄 아는 사람이면 영어도 잘 할 수 있다.

귀국 후 외국에서 개최된 국제회의에 참석할 기회가 몇 차례 있었다. 국제회의장에서는 미국식 영어, 영국식 영어 외에도 인도식 영어, 아프리카식 영어와 같이 각 나라에서 온 참석자들이 각양각색의 자기식 영어를 사용했다. 어느 국제회의장에서는 발음과 억양은 매끄럽지 못했지만 회의 탁자를 손으로 쾅쾅 두드리며 자신이 하고 싶은 이야기를 다하는 아프리카 대표의 발언에 큰 박수가 터져 나왔다. 나 역시 유창하지는 못해도 내가 직접 담당했던 부패범죄 수사 경험을 발표했을 때 큰 호응을 받았던 경험이 있다. 중요한 것은 콘텐츠다.

다부지고 당찬 여학생들

아이비리그에 속하는 사립 명문 프린스턴 대학에서는 매년 겨울 첫 눈이 내리면 미국 내에서도 좀처럼 보기 힘든 행사가 펼쳐진다. 해가 떨어지기 무섭게 학교 이곳저곳에서 알몸이 된 1학년 학생들이 무더기로 학교 교정을 달리는 것이다. 선배들뿐만 아니라 교직원과 동네 사람들까지 이 장면을 지켜보기 위해 밖으로 나온다.

도대체 왜 이런 이벤트를 벌이는 것일까? 프린스턴 대학을 졸업한 여학생에게 물어보았다.

"사실 여학생들에게는 씁쓸한 추억이에요. 남녀차별의 한 단면이거든요."

예일대학이나 프린스턴 대학 등 동부 명문 대학들은 예전에는 여학생을 뽑지 않았다고 한다. 그러다가 차츰 여학생 입학을 허용하게 되었는데, 프린스턴 대학은 끝까지 이를 거부했다는 것이다. 이런저런 명목을 달다가, 누가 생각했는지 기발한 변명거리를 생각해냈다. 우리 학교는 모든 신입생들이 첫눈이 내리면 발가벗고 뛰는 전통이 있는데 여학생은 이것을 못 하니까 입학을 허용할 수 없다는 이유였다. 하지만 이에 발끈한 입학 희망 여학생들이 자기들도 그 전통을 따를 수 있다고 장담해 결국 입학허가를 받아냈다는 것이다. 물론 그 여학생들은 그해 겨울 약속을 지켰고 오늘날까지 전통으로 이어 내려오게 되었다.

예일 로스쿨의 2008년도 여학생 비율은 48퍼센트였다. 미국에서 인상적이었던 것 중 하나는 당당하고 활기찬 여학생들의 모습이었다. 수업 시간에 남학생들과 열띤 토론을 벌이는 모습도 그렇고 각종 동아리에서도 맨 앞에서 활동하는 모습들이 눈에 띄었다. 여자들이 남자들보다 언변이 뛰어난 것은 동서고금에 차이가 없지만 로스쿨 여학생들이 갖고 있는 활동력은 정말 대단했다. 내가 참여했던 환경법학회와 성서공부 모임에서도 여학생들이 회장을 맡고 있었다.

환경법학회의 회장을 맡고 있던 2학년 여학생은 매일같이 회원들에게 이메일을 발송하며 적극적인 참여를 독려했다. 일회용 컵 사용 억제를 위한 머그컵 바자회에서는 복도 한가운데 자리를 잡고 큰 소리로 판촉 활동을 벌이곤 했다. 세미나 행사와 각종 환경 보호 활동에도 열심이었다. 성서공부 모임에서도 여학생 회장을 비롯한 여러 여학생들이 영어 실력이 부족한 내가 불편해할까봐 여러 가지로 배려해주었다.

앤이라는 여학생은 아시아에 관심을 가지고 있는 학생들과 함께 아시아 법률 포럼을 만들어 이끌고 나갔다. 한국어를 배우기 위해 우리나라까지 찾은 다부진 여학생이다. 앤과는 아시아 법률 포럼에서 함께 토론을 나누기도 했고, 우리 집으로 놀러와 가족들과 함께 한국영화를 보기도 했다. '백치 아다다'라는 영화였는데, 가혹한 대우를 받는 젊은 며느리의 처지가 영 안돼 보였는지 한국 여성의 처지가 지금도 그러한지 묻기도 했다. 한번은 자기 하숙방에 우리 부부와 아이들까지 초대하여 맛있는 저녁을 만들어주어 즐거운 시간을 보내기도 했다.

일본인 여학생 중 나오코라는 LL.M. 과정의 여학생은 일본에서 혼자 건너와 유학생활을 하고 있었다. 그녀는 기숙사에서 지냈는데 수업 시간에도 적극적이었고, 파티나 모임에도 빠지지 않고 참석했다. 일본에서는 강의 시간에 학생들이 선생님 말씀을 조용히 노트에 적거나 고개만 끄덕끄덕하는 것이 전부였다고 하면서, 일본 대학에서의 교수와 학생 모습을 흉내 냈는데 그 표정이 너무나 재미있어 모두들 크게 웃었다. 그녀는 적극적인 미국의 강의 분위기를 무척 마음에 들어 했다.

미래에는 여성들의 사회적 역할이 지금보다 더욱 중요해질 것이다. 누구나 자기의 능력과 노력에 따라 평가받는 분위기가 사회 곳곳에 자리 잡기를 기대한다.

나이 든 것이 서럽지 않다

미국 학교에서는 서로 상대방의 나이를 모르고 지낸다. 나이가 많든 적든 모두 똑같은 영어로 대하고, 영어에는 존댓말이 없기에 굳이 나이를 따질 필요도 없다. 물론 미국인들끼리는 서로의 관계에 따라 말투가 틀려진다고 하지만, 외국인인 내 경우에는 젊은이들이 쓰는 속어는 아예 모르기 때문에 상대방 나이가 어떻든 말투에 아무런 차이가 없다. 스무 살이 갓 넘은 1학년 학생들이나 나이가 지긋한 학생들이나 별 차이 없이 지내곤 했다.

학생들 중에는 직장생활을 하다가 로스쿨에 다시 입학한 경우도 제법 있었다. 나와 친하게 지내던 주디라는 여학생은 저명 신문사인 《시카고 트리뷴》지의 기자로 활동하다가 법대에 입학했는데, 큰딸은 이미 결혼을 했고 작은딸은 대학에 다니고 있었다. 우리 가족이 시카고에 방문했을 때에는 자신의 집을 기꺼이 빌려주기도 했다. 시카고 북쪽 주택가에 위치한 아담한 단독 주택이었다. 3일간 신세를 졌는데 덕분에 미국의 보통 사람들이 어떻게 살고 있는지 생생하게 느낄 수 있었다.

주디는 학교생활에도 열성적이었다. 학교 식당에 앉아있을 때면 젊은 학생들에 둘러싸여 열변을 토하는 모습도 자주 눈에 띄었다. 시험을 앞두고는 정신없이 책에 몰두하면서 복도를 걸어가는 모습도 볼 수 있었다. 학교 졸업 후에는 《시카고 트리뷴》지의 중견 기자로 가족법과 의료 관련 기사를 주로 다루며 활약하고 있다.

방송법과 국제 언론학을 전공한 염규호 교수는 애리조나 주립대학의 정교수였다. 그럼에도 이곳 예일 로스쿨에 학생으로 입학하여 1998년도에 법학석사 학위를 받았다. 그는 1985년 이래 60여 편이 넘는 논문을 발표하였고 1991년도에는 미국 내 언론학 분야에서 가장 유망한 연구를 수행한 7인의 학자 중 한 명으로 선정되기도 했다. 미국으로 유학을 왔을 때 존경하던 지도교수의 이름을 따서 첫 아들 이름을 '해리'라고 지었다고 한다. 예일 로스쿨 졸업 후에는 미국 국제언론학회의 언론법회장을 역임하고 오리건 대학으로 자리를 옮겨 조너선 마셜 제1수정헌법 석좌 교수로 활동하고 있다.

이미 명문 주립대학에서 방송법을 가르치는 교수이면서 학생 신분으로 다시 입학하여 수업을 듣는 배짱과 용기가 부러웠다. 쉰 살이 넘은 나이에 20대의 젊은이들과 실력을 겨루는 모습도 보기 좋았고, 그와 같이 만학의 기회를 제공하는 대학 시스템도 부러웠다.

미국에서 생활하다 보면 곳곳에서 나이 지긋한 노인들을 자주 볼 수 있다. 쇼핑센터에 가보아도 수레를 끌거나 차를 모는 할아버지, 할머니들의 모습이 낯설지 않았다. 동네 도서관이나 박물관에 가보면 안내를 맡고 있는 사람들이 대개 머리가 하얗게 센 노인들이다. 요세미티 국립공원에 갔을 때에는 등 뒤로 커다란 카메라를 메고 자전거를 타고 가는 할아버지, 할머니 커플의 모습이 인상적이었다.

클린턴 대통령이 어릴 적 살았던 아칸소주 핫스프링스의 여행 안내소에도 고령의 할머니 한 분이 안내를 맡고 있었다. 할머니는 그 동네에서 70년째 살고 있다고 말하면서 자신의 딸이 클린턴과 고등학교를 함께 다녔다고 목에 힘을 주기도 했다. 그 할머니는 클린턴의 어린 시절 집에 꼭 가봐야 한다면서 찾아가는 방법을 일러주기도 했다.

예일에서 형사소송법을 강의했던 골드스타인 교수는 70세가 넘었음에도 청바지에 양복저고리를 즐겨 입고 강의실에 들어오곤 했다. 수업 시간에 농담도 즐겨서 교실 분위기는 늘 흥겨웠다.

우리나라에서도 법조 생활을 40년 가까이 하신 원로 변호사 한 분이 소년 시절 품었던 물리학도의 꿈을 실현하기 위해 칠순이 가까운 나이에 토플과 GRE 시험을 치르고 물리학 공부를 위해 미국 유학길에 올랐다. 청춘은 장미빛 뺨이나 붉은 입술에 있지 않고 늠름한 의지와 빼어난 상상력에 깃들어 있다는 것을 몸소 보여주었다.

강의실의 샌드위치

미국 대학 교수들은 청바지에 티셔츠를 입고 강의하고, 학생들 중에는 수영복을 입고 들어오는 사람도 있다는 이야기를 들은 적이 있었다. 그런데 1년의 연수기간 동안 그런 차림의 교수나 학생은 한 명도 보지 못했다. 교수들은 수업 시간에 모두들 단정하게 넥타이를 매고 있었다. 가끔 청바지를 입고 들어오는 교수도 있지만, 그때도 꼭 넥타이를 매고 정장을 겉옷으로 입었다. 학생들 중에도 간혹 모자를 쓰고 들어오는 사람이 있긴 했지만 수업 도중에는 모자를 벗었고, 대체로 점잖은 차림이었다.

학교에서도 진한 입맞춤을 하거나 부둥켜안고 있는 모습을 볼 수 없었다. 참 이상했다. 미국에서는 거리에서 키스를 하거나 포옹을 하더라도 하나도 신기한 것이 아니라는 말을 들었는데 어떻게 된 것일까? 나중에 미국인 친구에게 물어보니 이곳에서도 학교에서 그러한 상황이 벌어지면 큰 구경거리라고 한다. 만약 학생 중에 누가 그와 같은 장면을 연출하면 금방 소문이 퍼진다는 것이다. 그렇지만 그걸 보

는 사람들은 모두들 아무런 관심이 없는 척 행동한다는 것이다. 뚫어
지게 쳐다본다거나 관심을 갖는 것은 예의에 어긋나기 때문이다.

그런 이야기를 듣고 며칠이 지났는데 교실에서 예외적인 상황이 벌
어졌다. 수업이 시작되기 몇 분 전이었는데 예쁜 여학생 한 명이 교실
에서 남학생의 무릎 위에 앉아 다정스럽게 이야기를 나누는 것이었
다. 다른 학생들은 관심이 없는 것처럼 행동했다. 그러나 수업이 끝나
자 대단했다며 다들 한마디씩 했다.

미국의 강의실 풍경 중 우리와 다른 점이 있다면 강의실에서 무언
가를 먹는 것에 너그럽다는 것이다. 수업 시간에 샌드위치나 토스트
와 같은 가벼운 먹을거리를 들고 오는 학생들이 많다. 물이나 콜라, 커
피 같은 음료수를 들고 오는 것은 흔한 일이다. 수업 시간에 무언가
먹는 것은 실례라고 생각해온 나로서는 민망했지만 조금 지나서는 나
도 교실에 마실 것을 들고 가곤 했다. 수업 시간이 보통 2시간 단위라
목이 마를 수도 있고, 물을 마시며 졸음을 물리치기도 하기 때문에
일석이조의 효과가 있다고 생각하게 되었다. 주의해야 할 점은 교실에
서 음식을 먹더라도 절대 소리를 내서는 안 된다는 것이다. 나도 교
실에서 샌드위치를 먹어보려고 했는데 소리를 안 내고 먹기가 힘들어
그 뒤로는 교실에서 샌드위치 먹는 일은 포기했다.

음식을 먹고 나서 트림하는 것도 에티켓에서 벗어난다. 김치 같은
발효 식품을 먹고 난 후에는 트림이 나오는데 마늘 냄새를 강하게 풍
기게 되어 여러 사람이 있는 장소에서는 트림을 참느라 고생한 적이
여러 번 있다. 코를 푸는 것은 실례가 되지 않는다. 오히려 코를 풀지
않고 훌쩍거리는 것이 안 좋다. 환절기에는 감기 때문에 교실 곳곳에

서 코를 푸는 소리가 요란하다.

수업 도중 재채기를 하면 누군가가 "God Bless You" 하고 나지막하게 소리친다. 재채기를 하는 것은 악마의 소행이기 때문에 신의 가호로 악마를 물리치기를 바란다는 뜻이라고 한다.

다른 나라에서 공부한다는 것은 새로운 지식을 배우는 의미도 있지만 그에 못지않게 우리와 다른 문화를 접하면서 자기 것을 되돌아보는 의미도 있다. 우리끼리 살 때는 별문제 없지만 여러 나라 사람들이 함께 직장 생활을 하고 부딪칠 기회가 많아진 오늘날에는 자기와 다른 문화 사람과도 불편하지 않게 지내는 지혜가 필요하다. 이를 위해서는 다른 나라 사람들과 만나 이야기하고 생활해보는 수밖에 없다.

아낌없이 주는 학교

예일 로스쿨의 도서관과 각종 시설은 학생들을 위해 24시간 열려 있다. 온종일 학교를 가동시킨다는 것이 쉽지 않을 것이다. 그만큼 인력이 필요하고, 각종 시설도 낮 시간과 똑같이 유지되어야 하므로 많은 돈이 들어간다. 그런데도 학교 측에서는 학생들의 편의를 위하여 아낌없이 돈을 쓴다.

도서관은 커다란 열람실과 서가로 나뉘어져 있고 학생 두 사람당 한 칸씩 도서 열람대가 주어진다. 총 380석이 마련되어 있는데, 공동 열람대도 여러 개 있다. 새롭게 단장되기 이전 도서관에는 두 사람 정도가 겨우 탈 수 있는 오래된 엘리베이터가 있었는데 엘리베이터 철문을 손으로 열고 닫았다. 클린턴과 힐러리가 운명적으로 만난 곳도 바로 이 도서관이었다고 한다.

예일 로스쿨이 출범했던 1800년대에는 책이 무척 귀한 시기였기 때문에 법률 서적을 보관하고 있던 도서관은 로스쿨의 가장 소중한 자산이었다. 예일 로스쿨의 출발점도 세드 스테이플즈^{Seth Staples}라는 법률가가 소장하고 있던 개인 도서관이었다. 지금도 로스쿨 학생들은 대부분의 시간을 강의실 아니면 도서관에서 지낸다.

로스쿨에 입학하고 나서 가장 먼저 배워야 할 내용 중 하나도 도서관에서 필요한 책을 찾아내는 기술이다. Westlaw와 같은 온라인 법률 데이터베이스가 많은 정보들을 제공하고 있기는 하지만 아직도 오프라인 책자들의 위력은 대단하다.

도서관에는 17명의 전문 사서와 많은 보조 요원들이 있다. 전문 사서 중에는 예일 로스쿨의 정식 교수도 있다. 대부분은 예일 법대 출신으로 법률 리서치 과목을 강의하기도 하면서 학생들의 연구 활동을 돕는다.

학교 건물이 24시간 개방되어 있는 대신 건물 출입은 엄격히 통제된다. 학교 건물은 'ㅁ' 자형으로 만들어져 있고 가운데에는 '백야드backyard'로 불리는 자그마한 잔디밭이 있다. 건물 출입구에서는 아르바이트 학생들이 출입자들의 신분을 확인한다. 길거리에서 보면 높다란 첨탑과 뾰족한 장식물들 때문에 중세시대 성당같이 보인다.

복도 양쪽으로는 강의실과 세미나룸이 이어져 있고, 도서관으로 연결되는 계단이 있다. 건물은 강의실과 세미나룸, 도서관, 교수 연구실 등으로 구성되어 있다. 학생 기숙사도 같은 건물에 있었는데 지금은 밖으로 옮겨져 기숙사 방은 교수 연구실 등으로 활용되고 있다. '백야드'를 중심으로 강의실과 연구실, 식당과 도서관이 모두 연결되어 있어, 먹고 공부하고 책 읽고 강의 듣는 것이 한 건물 내에서 해결된다. 강의실 옆에는 근사한 카펫이 푹신하게 깔려 있고 우아한 소파가 여러 개 갖추어진 커다란 학생 휴게실이 있다.

'백야드'로 불리는 학교 중앙에 있는 잔디밭. 로스쿨 학생들의 소중한 쉼터이다

'백야드'의 잔디밭 역시 소중한 공간이다. 학생들은 이곳에서 수업 시간 중간에 가벼운 운동을 하기도 하고, 따뜻한 햇살을 받으며 도시락을 먹기도 한다. 졸업식과 같은 행사가 있을 때 기념 촬영을 하는 곳도 이곳이다. 별것 아니면서 편리한 것이 개인 사물함과 우편함이다. 옷장처럼 길게 생긴 사물함이 1인당 1개씩 제공되어 여분의 옷도 걸어두고 책도 넣어둔다. 우편함도 하나씩 주어진다.

강의실은 10명이 앉을 수 있는 자그마한 방에서부터 20명이나 30명 정도가 앉을 수 있는 방, 50명 정도를 수용할 수 있는 방, 200명 정도가 심포지엄을 할 수 있는 방, 전교생이 모일 수 있는 강당 등 여러 가지가 있다. 강의는 보통 20명 안팎의 학생들로 이루어진다. 소수 정예를 지향하기 때문에 대부분의 강의가 소규모로 진행된다. 많은 학생들은 수업 시간에 노트북을 들고 와 강의 내용을 바로 정리하는데 책상마다 연결할 수 있는 전기 콘센트가 마련되어 있다. 비록 예일 로스쿨의 건물 외관은 낡았지만 학생들을 위한 세심한 배려의 손길은 구석구석 닿아 있다.

1인당 학비, 2억 4천만 원

로스쿨을 졸업하고 로펌 변호사가 되면 돈을 얼마나 벌 수 있을까? 2006년도 통계에 따르면 예일이나 하버드 로스쿨을 졸업하고 뉴욕의 대규모 로펌 변호사로 일할 경우 첫해 연봉으로 평균 14만 5,000달러 정도 되는 돈을 받는다. 우리 돈으로 치면 1억 8,000만 원가량 된다. 매년 서열이 높아지면서 더 많은 연봉을 받으니까 몇 년만 지나면 많은 돈을 모을 수 있을 것 같지만 실상은 그렇지 못하다. 먼저 뉴욕 같은 대도시는 생활비가 굉장히 비싸다. 그리고 장기간에 걸쳐 상환하는 주택을 구입할 경우 수십 년에 걸쳐 집값을 갚아야 한다. 의료보험, 자동차보험과 같은 보험금에 불입하는 돈도 상당하다.

많은 로스쿨 졸업생들은 학교에 거액의 빚을 지고 있다. 학생들이 학교에 빚을 지고 있다면 이상하게 생각하겠지만 그것은 등록금을 융자받으면서 진 빚이다. 부모가 여유 있는 경우에는 학비를 대주기도 하지만 많은 학생들은 학교에서 융자금을 받는다. 로스쿨 학생들에게는 확실한 직업이 보장되기 때문에 기꺼이 돈을 빌려준다.

예일 로스쿨을 다니는 데 드는 비용이 얼마나 될까? 예일 로스쿨의 1년 등록금은 4만 6,000달러이다. 1,200원의 환율로 계산하면 1년 등록금만 5,520만 원이다. 새로 출범한 서울대학교 로스쿨의 1년 등록금은 1,350만 원이다. 2009년도에 예일 로스쿨에서 밝힌 1년 경비는 등록금 외에도 기숙사비, 책값, 의료보험료, 개인 비용 등을 포함하여 연 6만 7,240달러를 책정하고 있다. 우리나라 돈으로 8,000만 원이 넘는 돈이다. 3년의 J.D. 과정을 마치려면 2억 4,000만 원이 넘는다. 집 한 채 값이다. 물론 생활비는 별도다.

이렇게 많은 돈이 들어가니 융자금 빚이 엄청나다. 졸업생들은 10년에 걸쳐 돈을 갚아간다고 한다. 변호사가 되더라도 한참 동안은 할부로 구입한 집 한 채와 중형차 한 대를 굴리는 데 만족해야 한다. 10년 가까이 고생해서 로펌의 간부 격인 파트너 변호사가 되어야만 이런 형편에서 벗어날 수 있다.

왜 이렇게 등록금이 비쌀까? 로스쿨이 학생들에게 지원하는 내용들을 살펴보면 조금 이해가 된다. 먼저, 예일 로스쿨에는 총 92명의 교수가 있다. 정식 J.D. 코스의 학생 수가 567명이니까 교수 1인당 학생 수는 6명 정도다. 하버드 로스쿨이 교수 1인당 학생 수 10명, 스탠퍼드 로스쿨이 8.6명, 버클리 로스쿨이 12.3명인 데 비해서도 훨씬 낮은 비율이다. 정식 교수 자격으로 월급을 받는 사람들 외에 각종 실습 강좌에 참여하는 실무 변호사, 공무원, 방문교수들까지 모두 합하면 훨씬 많은 사람들이 학생들을 가르친다. 교수들은 미국에서도 최고의 수준을 갖추었기 때문에 그에 상응하는 고액의 봉급을 받는다.

로스쿨이 도입되기 전인 2000년 서울대 홈페이지에 따르면 서울대 법과대학에는 전임 강사까지 합해서 34명의 교수가 있고, 시간 강사와 조교까지 모두 합해 60명 정도였다. 요즘에는 학생 수가 줄어들었으나, 내가 입학한 1984년도에는 360명의 학생이 입학했다. 1학년부터 4학년까지 더하면 1,440명이고 여기에 대학원생이 더 있다. 조교를 포함한 교수 대 학생 수를 계산해도 교수 1인당 24명의 학생을 담당한 셈이다. 그러나 2009년 로스쿨 제도가 도입된 후 서울대 로스쿨의 교수는 전임 강사를 포함하여 57명으로 늘었다. 서울대 로스쿨 정원이 한 학년에 150명이기에 총 450명의 학생을 생각하면 교수 한 명당 8명 정도이다. 이제 우리의 로스쿨도 교수 대 학생 비율로 보면 세계 최고 수준의 로스쿨과 어깨를 나란히 할 수 있게 되었다.

일 년 내내 개최되는 예일 로스쿨의 각종 세미나와 심포지엄에는 세계 각지에서 쟁쟁한 학자들과 유명 인사들이 초청되어 참석한다. 모임이 끝나면 학교 식당에서 리셉션이 열리는데 학교에서 모든 비용을 지원한다.

한편 예일 로스쿨은 학생들이 졸업 후 로펌보다는 공직이나 공익단체에서 근무하기를 원한다. 2006년을 기준으로 했을 때 로펌 변호사의 수입이 평균 14만 5,000달러인 데 비해 공공 분야에 진출한 졸업생들의 봉급은 로펌 연봉의 37퍼센트 수준인 평균 5만 4,521달러에 그친다. 이러한 봉급 수준으로는 거액의 빚을 갚기 어렵다는 것을 잘 알기 때문에 졸업생들이 공공 분야에서 일할 경우에는 대출금 상환의 무를 줄여주거나 아예 면제한다.

기부금이 학교를 살린다

각종 실무수습에 소요되는 비용, 동아리 활동비용, 세미나 개최 및
학회지 발간 비용, 도서관과 학교 시설 유지비용 등을 생각해보면 그
렇게 많은 등록금이 어디에 쓰이는지 짐작할 수 있다. 최고 수준의 교
육을 제공하는 대신에 이를 위해 치르는 비용 역시 만만치 않은 것이
다. 그러나 학생들이 내는 거액의 등록금도 엄청난 액수의 기부금에
비하면 전체 학교 운영비 중 적은 부분만을 차지하고 있을 뿐이다.

예일대학의 자랑거리 중 하나가 학교 체육관이다. 두 개의 수영장
과 강당, 여러 개의 작은 체육관을 갖춘 대형 건물이다. 많은 로스쿨
학생들이 강의 틈틈이 이곳을 애용한다. 혼자 운동을 즐길 수도 있

독지가의 기부금으로 만든 체육관.
웅장한 고딕식 건물로 예일대학의
자랑거리 중 하나다

고, 댄스, 수영, 골프, 무술 등 각종 강좌에 참여할 수도 있다. 태권도 강좌도 인기 과목이다.

그런데 이 건물은 밖에서 보면 누구도 체육관이라고 생각하기 어렵다. 검은 색조의 육중한 석조 건물인데, 체육관 입구에는 성인^{聖人}으로 보이는 인물이 부조되어 있어 성당이나 교회로 보인다. 벽에 체육관 안내 그림판과 행사 안내문이 붙어 있는 것을 빼고는 체육관이라는 것을 느낄 수가 없다.

이 건물은 어느 독지가의 기부금으로 건립했다고 한다. 그는 돈을 기부하면서 교회를 만들어야 한다는 조건을 붙였지만 학교 측에서는 체육관을 짓고 싶어 했다. 기부자의 의사가 완강해서 학교 측은 고심 끝에 겉에서 보면 교회로 보이게끔 고딕식으로 웅장하게 지어 놓은 다음 그 기증자를 초청했다고 한다. 건물을 돌아본 기부자는 훌륭한 건물 모습에 만족했다. 그러나 그 기증자가 사망하자마자 학교 측은 내부를 체육관으로 꾸며 놓았다. 내막을 알게 된 후손들이 이의를 제기해오자 학교 측은 그들과 합의를 보았다고 한다.

각종 기부금은 미국 대학들이 학생들을 위해 아낌없이 지원하는 데 크게 기여한다. 학생들도 졸업 후에는 학교에 기부금을 낸다. 예일 로스쿨의 졸업생들이 내는 기부금은 매년 약 1,100만 달러나 된다. 우리 돈으로 130억 원 정도다. 졸업생들이 십시일반으로 내는 기부금이 매년 이 정도라니 대단하다.

학교의 발전은 졸업생들에게도 도움이 된다는 생각 때문에 기부금 납부는 당연한 의무로 받아들여진다. 그러나 이러한 돈도 기업이나 독지가가 내는 기부금에 비하면 적은 액수이다. 예일 로스쿨의 학장이 되기 위해서는 여러 가지 능력과 자질을 갖추어야 하나 기부금을 끌어들이는 능력도 중요하다.

귀국 후 아이들과 함께 모교인 서울대학교에 가보니 곳곳에 새로운 건물들이 들어서 10년 전과는 학교 지형마저 달라 보였다. 법과대학역시 마찬가지였다. 새로 지은 건물들의 이름을 보니 대부분 기업의 기부금으로 지은 것임을 알 수 있었는데 우리나라 기업들도 학교 발전을 위해 기부금을 내고 있다는 사실이 흐뭇하게 느껴졌다.

예일 로스쿨의 한국인 파워

예일 로스쿨에는 다양한 인종과 민족 들이 모여 있었는데, 한국인 학생들의 활약도 대단했다. 1학년 학생 199명 중에서 10명이 한국계 학생들이었다. 이들 중에는 미국에서 태어난 사람도 있지만 초등학교나 중·고등학교 때 미국으로 건너온 학생도 있었다. 한국을 제외한 동양계 학생들로는 중국이 8명, 일본이 2명이었다.

한국인들의 미국 내 인구 비율은 흑인이나 라틴계보다 낮지만 예일 로스쿨 내에서의 비중은 더 높았다. 그래서 일부 라틴계 학생들은 라틴계 학생 수를 늘려야 한다고 대자보를 붙이기도 했다.

한국계 학생들은 학교생활을 열심히 하는 모범생들이었다. 그중 나와 친하게 지낸 몇 사람을 소개해본다.

허성준^{토마스}은 가톨릭 신부가 되기 위해 신학대학에 다녔는데, 중간에 뜻을 바꿔 노트르담 대학에서 철학 박사 과정을 밟은 후 예일 로스쿨에 입학했다. 매일 점심시간 전 학교 안뜰에서 기도를 올리는 모습이 인상적이었다. 곧잘 우리나라의 형사사법 제도를 비판하여 나를 곤혹스럽게 만들기도 했는데, 수업 시간에는 철학적 주장을 펼치며 교수와 논쟁을 벌이기도 했다. 로스쿨에 다니면서 철학 박사 논문도 작성하고 뉴욕의 로펌에서 아르바이트까지 했다. 현재 뉴욕의 대형 로펌에서 회계 감사와 기업 감찰 분야 전문 변호사로 활약하고 있다.

최해원^{알버트} 교수는 학부에서 경제학을 전공하고 MIT에서 경제학 박사 과정을 하면서 예일 로스쿨에 입학했다. '알버트' 하면 머리 좋은 학생을 연상시키는데 그는 자기 이름의 그런 이미지가 싫다고 이야기하곤 했다. 고등학교 때 미국에 건너온 그는 경제학 박사 과정을 병행하면서도 별로 힘들어하지 않을 정도로 명석한 학생이었다. 졸업 후 버지니아 로스쿨에서 교편을 잡고 있었는데 예일 로스쿨의 교환교수를 마치고 2009년 가을학기부터는 하버드 로스쿨에서 강의를 맡을 예정이다.

김진우라는 교포 학생과 친하게 된 것은 김치 때문이었다. 어느 날 한국인 학생들과 이야기를 하던 중 진우가 김치가 없어 밥을 못 먹겠다는 말을 하기에 집으로 데려와 김치찌개를 만들어주었더니 아주 고마워했다. 한 달 후 자기 집에서 여는 파티에 우리 부부와 아이들까지 초대했다. 미국인과 함께 하숙방을 쓰면서도 그의 양해를 구해 된장국까지 끓여 먹는 붙임성 좋은 친구다. 뉴욕이나 워싱턴에서 일할 기회도 많았지만 부모님이 계시는 LA에서 변호사로 활동하기로 결정할 정도로 효심이 깊다. LA 소재 로펌 변호사와 다국적 기업의 내부 변호사로 근무하다가 지금은 세계적 투자은행인 골드만삭스의 뉴욕 본사에서 투자 자문 변호사로 근무하고 있다.

윤정진^{에릭}은 미국 서부의 명문 스탠퍼드 대학에서 국제 관계를 전공한 후 예일 로스쿨에 입학했다. 로스쿨에 입학하기 전에는 몇 달씩 우리나라의 시골집에 머무르면서 중학교 영어 교사를 할 만큼 고국에 대한 애정이 남달랐다. 토론 능력도 뛰어나서 수업 시간에 미국인 학생들을 꼼짝 못 하게 하곤 했다. 인터넷에 국제 인권 관련 사이트를 구축하는 작업에 한참 열중해 있었는데, 졸업 후 실리콘밸리의 벤처 기업가로 활약하고 있다는 소식을 들었다.

조해리와 로버트 주 역시 아시아 법률포럼 등 여러 단체에서 활약했고, 제니퍼 조, 로라 안, 도나 킴, 크리스틴 고 등 한국인 여학생들도 활기찬 모습들이었다. 다만, 아쉽게도 한국에서 대학을 졸업한 후 예일 로스쿨의 정규 코스인 J.D. 과정에 입학하기는 너무 힘들어 아직도 겨우 손에 꼽을 만한 형편이다.

예일이 자랑하는 한국인 교수

예일 로스쿨에는 한국인 교수가 두 명 있다. 클린턴 대통령에 의해 미 국무부 인권 담당 차관보에 임명되었고 오바마 대통령이 국무부법률 고문으로 지명하여 우리에게 잘 알려진 고홍주 교수와 그의 여동생인 고경은 교수다.

고홍주 교수는 어린 시절 소아마비를 앓아 두 차례 수술을 받고 다리에 보조 기구를 착용하게 되었지만 독한 마음을 먹고 공부에 매진했다. 하버드 학부 과정을 최우수성적으로 졸업하고 마샬 장학금을 받아 옥스퍼드 대학에서 수학했다. 하버드 로스쿨에 입학한 그는 《하버드 로 리뷰》지의 편집을 담당하고 하버드 로스쿨을 우등으로 졸업했다. 로스쿨 졸업 후에는 연방고등법원의 맬컴 윌키 법관과 해리 블랙먼 연방대법관의 사법 보좌관을 지내고 미국 법무부의 법률 자문관으로 근무했다. 그 후 31세에 예일대 최초의 한국인 교수로 발탁되었으며, 국제법과 국제 인권 관계에서 최고 전문가로 손꼽히고 있다. 인권 문제에 관심이 큰 그는 아이티, 과테말라, 중국, 쿠바 난민들의 미국 내 인권 옹호에 앞장서기도 했고, 마흔네 살에 인권 문제를 총괄하는 미 국무부 최고위직을 맡았다. 2004년 7월부터는 앤서니 크론먼 학장의 뒤를 이어 예일 로스쿨의 학장으로 임명되어 활동하고 있다.

예일 로스쿨 학생들 사이에서는 그가 버클리 대학 로스쿨로부터 학장직을 맡아달라는 제의를 받았지만, 예일 로스쿨의 학장이 될 것을 생각해서 수락하지 않았다는 이야기도 유명하다. 고홍주 교수가 언젠가는 아시아계를 대표하는 최초의 미국 연방대법관으로 임명될 것이라고 말하는 학생들도 많았다.

미국의 대법관은 대통령이 임명하는데, 종신직이므로 어느 대법관이 사망하거나 자진 사퇴해야만 새로 대법관을 임명할 수 있기 때문에 모든 대통령이 대법관을 임명할 수 있는 것이 아니다. 대통령 재임 기간 중에 대법관의 유고 사태가 발생해야 가능하다. 지금까지 여성 대법관과 흑인 대법관은 있었지만 동양계 유색인종 중에는 대법관이 나오지 못했다. 고홍주 교수가 대법관으로 임명된다면 미국 내에서도 큰 반향을 불러일으킬 것이다.

예일 로스쿨 학생들에 따르면 고홍주 교수는 카리스마적인 성품을 갖고 있어 수업 시간에 학생들을 사로잡는다고 한다. 아쉽게도 내가 예일대에서 공부하던 해 그는 영국 옥스퍼드 대학에 교환교수로 가 있었기에 그의 강의를 직접 들을 기회가 없었지만, 2005년 여름 예일 로스쿨을 다시 방문한 기회에 로스쿨 학장실에서 고홍주 교수를 만나게 되었다.

학장실에는 어머니 전혜성 씨의 사진, 올브라이트 국무장관과 청와대를 방문하여 대통령과 함께 찍은 사진이 있어 눈에 띄었다. 그는 한

예일 로스쿨 학장실에서 고홍주 교수와 함께. 그는 아시아계를 대표하는 최초의 미국 연방대법관이 될 것으로 기대를 모으고 있다

국에서 온 검사를 반갑게 맞이하며 예일 로스쿨 학장으로서 자신의 철학을 담담하게 이야기해주었다.

"큰 것이 최고는 아닙니다. 예일 로스쿨은 평범한 인재를 대량으로 배출하기보다는 사회에 봉사하는 소수의 걸출한 인물을 키우는 데 중점을 두고 있습니다. 그러기 위해서는 뛰어난 능력만으로는 부족하고 따뜻한 인격을 갖춰야 합니다. 우수하고 재능있는 예일 로스쿨의 학생들은 사회를 위해 봉사할 의무가 있다고 생각합니다. 저는 예일 로스쿨의 학생들이 장차 미국을 한 단계 높은 국가로 이끌어갈 지도자로 활약하기를 기대합니다. 조화로운 인품을 강조하는 학풍 때문에 예일 로스쿨의 인기는 점점 더 높아지고 있습니다. 얼마 전 예일 로스쿨과 하버드 로스쿨을 동시에 합격한 학생들이 173명 있었는데 그중 하버드로 간 학생은 7명뿐이었고, 스탠퍼드 로스쿨과 동시에 합격한 97명 중에는 단 한 명만이 스탠퍼드로 갔습니다."

나는 고홍주 교수가 예일 로스쿨의 학장으로서 어느 분야에 가장 큰 관심을 가지고 있는지 물었다.

"21세기에도 세계 최고의 로스쿨 자리를 계속 유지하는 것이 제 관심사입니다. 이를 위해서 '국제화'에 가장 큰 초점을 맞추려고 합니다. 교수진과 학생, 학교 커리큘럼, 각종 실습 프로그램과 봉사활동 등에서 명실상부한 국제화를 이룰 계획입니다. 이전의 예일 로스쿨의 모습에서 확 달라질 것입니다."

고홍주 학장은 '국제화'를 강조하면서 책을 한 권 꺼내어 건네주었다. 2005년도에 발간된 《Yale Law Report》라는 간행물이었는데, '세계 속의 예일 로스쿨'을 주제로 하고 있었다. 국제 인권, 글로벌 시장, 글로벌 기업규제, 글로벌 네트워크, 테러리즘과 법치주의, 국제법의 평가 등을 주제로 예일 로스쿨의 교수와 동문들이 한자리에 모여 예일 로스쿨이 국제적 이슈에 어떻게 대응하는 것이 바람직한지를 모색하고 있었다.

"전문 직업과의 연계도 강화할 생각입니다. 예일 로스쿨은 예전부터 법과 인근 학문 간의 교류에 앞장서왔습니다. 법과 경제, 법과 의학, 법과 철학 외에 많은 분야에서 서로 교류해왔습니다. 앞으로는 관련 학문 외에 전문 직업과의 연계도 많아질 것입니다. 법과 비즈니스, 법과 공공의료, 법과 공공정책, 법과 언론 등을 예로 들 수 있지요."

학장으로서의 비전을 설명한 고홍주 교수는 책상 위에 놓여 있는 검은 돌 하나를 보여주며 한국의 학생들을 향해서도 조언을 건네었다.

"이 돌은 제 아버지의 고향 제주도에서 난 화산암입니다. 한국인들은 뜨거운 불 속에서 생성된 이 돌처럼 역사상 엄청난 어려움을 극복해낸 잠재력을 가지고 있습니다. 앞으로 한국이 세계 속에서 정치외교적으로 리더의 역할을 해나갈 것으로 생각합니다. 미국에서 예일 로스쿨 출신들이 각 로스쿨의 학장 자리를 많이 차지하고 있지만 한국인 학장은 저 혼자밖에 없습니다. 세상에 불가능한 일은 없습니다. 자신의 꿈을 향해 뼈를 깎는 노력을 기울이면 반드시 이루어질 것입니다. 한국 학생들이 보다 넓은 국제적 시야를 가질 수 있기를 바라며 국제 언어인 영어를 열심히 익히면 좋겠습니다."

한 시간 가까이 이루어진 고홍주 교수와의 만남 속에서 예일 로스쿨 학장으로서의 자부심과 사명감을 강하게 느낄 수 있었다. 아울러 한국인으로서 미국 사회의 주류로 올라서 활약하기 위해 그가 얼마나 힘든 노력을 기울였을지 가늠해보았다.

고홍주 교수의 여동생인 고경은 교수 역시 미국에서는 화제의 인물이다. 그녀는 하버드 대학에서 법학 박사 학위를 받고 컬럼비아 법과대학의 조교수를 거쳐 예일 법대의 석좌 교수가 되었다. 유색 인종 여성으로 석좌 교수가 된 것은 미국에서도 고경은 교수가 최초라고 한다. 한 집에서 두 명이나, 그것도 미국에서 첫째가는 로스쿨의 석좌 교수가 된 것은 전무후무한 일이다. 예일 로스쿨의 학생들 역시 다정다감한 성품의 고경은 교수를 높게 평가하고 있었다.

예일 로스쿨의 한국인 교수와 학생들이 뿌리 깊은 백인 우월주의 편견을 극복하고 자신의 길을 당당하게 걸어가는 모습을 지켜보면서, 조그마한 성취에 안주했던 나 자신이 부끄러워졌다. 인종 차별 없는 사회에서 살아가고 있는 우리들이 그들 못지않게 노력을 기울인다면 얼마나 많은 것을 이룰 수 있을까 반성해보았다.

세계 각국의 벗들

예일 로스쿨에서는 전 세계에서 온 학생들이 함께 공부하기 때문에 시간이 지나면서 여러 민족들의 특성도 자연스럽게 느끼고 알게 된다. 내가 머무르고 있을 때에는 우리나라에서 3명, 일본 2명, 필리핀 1명, 호주 1명, 캐나다 2명, 아르헨티나 1명, 페루 1명, 이스라엘 1명, 영국 1명, 프랑스 1명, 독일 1명, 덴마크 1명, 스위스 1명, 동유럽의 슬로베니아 1명, 아프리카의 시에라리온에서 1명씩 해서 5대륙에서 빠짐없이 모였다.

미국에 오기 전에는 외국인을 접해본 경험이 별로 없던 나로서는 학교에서 함께 지내는 학생들을 통해서 그들 나라의 이미지를 느끼는 경우가 많았다. 나 역시 대한민국을 대표한다는 생각에서 행동을 바로 하려고 애썼다.

영국에서 온 여학생은 늘 근엄한 표정을 짓고 있었다. 가끔씩 살짝 미소를 지을 때도 있었지만 보통 때는 인사를 해도 화답을 하는 것인지 아닌지 잘 드러나지 않을 정도로 살짝 고개만 끄덕였다. 감정을 절제하고 외국인을 기피한다는 영국인의 전형을 보는 듯했다. 반면 프랑스 남학생은 생기발랄하고 목소리 톤도 높았다. 걸음걸이나 말하는 모습도 여유 있어 보였는데 가끔씩은 활달함이 지나쳐 거칠어 보일 때도 있었다.

독일 친구는 직선적이면서 힘이 있었다. 축구를 좋아해서 함께 축구할 학생들을 모으느라 열심히 뛰어다녔다. 독일인들은 잠자리에서까지 질서와 규칙을 지킨다는 말이 있지만 그에게서는 그러한 딱딱한 이미지가 느껴지지 않았다.

스위스에서 온 남학생과 북구 덴마크에서 온 여학생은 진지한 표정이면서도, 소박하고 순수한 태도로 친밀감을 주었다. 슬로베니아에서 온 여학생은 늘 우수에 젖어 있었다.

정열적인 것으로 말하자면 남미 사람들을 따라갈 수 없다. 단테라고 하는 아르헨티나 학생은 조금 친해지자 만날 때마다 내 이름을 크

전 세계 학생들과 함께한 예일 로스쿨의 졸업 사진

게 부르면서 뜨거운 포옹을 나누려 했다. 우리 집에 왔을 때에는 처음 만나는 아내를 힘차게 껴안았다. 이 친구하고는 가족끼리도 친하게 되어 그의 둘째 아들 생일 파티에 우리 가족을 초대하기도 했다. 매년 아르헨티나에서 성탄 카드를 보내와 우정을 나누고 있다.

미국인들은 대체로 친절하고 늘 미소 짓는 얼굴을 하고 있다. 이야기 나누는 것도 좋아하고 자신감이 있으며 활기찼다. 미국 국민으로 태어난 것을 큰 축복으로 생각하는 듯했다. 유럽에서 온 친구들은 이러한 미국인들을 보고 너무 가볍고 깊이가 없다고 비판했다. 같은 미주 대륙에 있으면서도 캐나다 학생들은 미국인들과는 또 달랐다. 조금 더 겸손하고 진지한 모습들이었다.

우리나라에서는 몰랐는데 미국에서 경험해보니 일본인들은 우리와 비슷한 점이 참 많았다. 가족 간에 정이 깊다는 점, 다른 사람들의 시선을 의식하는 점, 동류의식을 강조한다는 점 등이 그러했다. 역사나 문화 등 여러 가지 이야기를 해도 대체로 잘 통했다. 영어를 사용할 때 더듬대는 수준도 비슷하기 때문에 의사소통도 잘되었다.

나는 에이지라는 일본인 친구와 가깝게 지냈다. 일본에서 가장 큰 로펌에서 일하는 변호사였는데 예일 로스쿨에서는 국제형사법을 전공했다. 정서적으로는 가장 가깝다는 것을 서로 잘 알 수 있었지만 한일합방 이후 일제의 만행 등 민감한 부분에 대해서는 서로 이야기를 삼가며 예의를 지켰다.

미국에 있을 때 나와 배짱이 가장 잘 맞는 친구는 이탈리아인 안드레아였다. 이탈리아는 남부와 북부 사람들이 다른 나라 사람들인 것처럼 성격이 다르다고 한다. 남부인들에게는 느긋함과 인간미가 있는 반면, 북부인들은 합리적이고 치밀하다고 한다. 이탈리아 남부는 농업을 기반으로 하는 데 비해 북부는 최고급 스포츠카와 고급 의류 제품을 자랑하는 선진 자본주의가 발달했다. 안드레아는 이탈리아 북부 출신의 아버지와 남부 출신의 어머니 덕분인지 두 가지 서로 다른 성격을 모두 가지고 있었다.

이탈리아 사람들이 정에 약하고 한번 신바람이 나면 폭발적인 에너지를 분출하는 것은 우리와 비슷하다. 전통적으로 남자들은 집에서 큰소리만 치고 여자들이 가사와 육아를 전담해온 것도 그렇고 요즈음 젊은 세대에서는 그 양상이 급격히 바뀌어가고 있는 것도 우리와 비슷하다. 재미있는 것은 이탈리아 사람들은 뭐든지 뜻하는 바가 잘 이루어지지 않으면 정부에 그 탓을 돌린다고 한다. 심지어는 소풍가는 날 비가 와도 나라 탓을 한다는 것이다. 삼면이 바다로 둘러싸인 반도 국가로, 높고 낮은 산이 많다는 점도 우리나라와 같다. 자연 환경이 비슷하기 때문에 그 안에 살고 있는 사람들의 성격과 습성도 비슷한지 모르겠다.

하루는 안드레아가 객원 연구원으로 와 있던 한국인 판사와 나를 하숙집으로 초대했다. 그는 요리 솜씨를 보여주겠다며 이탈리아식 파스타와 시저 샐러드를 직접 만들어 내왔는데 내게는 비릿한 치즈 냄새가 역겹게 느껴졌다. 저녁밥을 먹고 갔지만 성의를 생각해서 연방 맛있다고 말하며 먹었더니 자꾸 더 주는 바람에 혼이 난 기억이 있다. 마음 맞는 외국인 친구를 사귈 수 있다는 것 또한 외국 생활이 주는 큰 기쁨이다.

미국 로스쿨 학생들도 사법고시 걱정을 한다

예일 로스쿨 식당 입구에는 조그마한 책상을 놓고 볼펜, 형광펜, 자, 휴대용 머그컵을 비롯하여 갖가지 학용품을 학생들에게 공짜로 나누어주는 사람들이 있다. 책상 위에는 조그마한 안내 팸플릿과 책자 들도 놓여 있다. 이들은 변호사 시험 준비를 도와주는 Barbri와 West Bar Review라는 회사에서 나온 사람들이다. 이들 두 회사는 학생들의 관심을 끌기 위해 치열한 경쟁을 벌인다. 회원으로 가입하면 두 회사에서 직접 강의를 들을 수 있고 강의 녹음테이프와 비디오테이프를 비롯하여 각종 시험 준비 자료들을 이용할 수 있다.

존 그리섬의 소설 『그래서 그들은 바다로 갔다』를 보면 하버드 로스쿨을 졸업한 주인공이 멤피스라는 지방 도시의 로펌에서 일하면서 변호사 시험에 합격하는 이야기가 나온다. 예일 로스쿨의 졸업생들도 졸업식을 마치고 나면 7월에 실시되는 변호사 자격시험을 치르기 위해 한두 달은 시험 준비를 해야 한다. 떨어지는 사람은 별로 없지만 그래도 시험이 부담되기는 마찬가지다. 간혹 시험에 떨어져 망신을 당한 선배들의 이야기가 들린다. 로펌에서 근무하면서 변호사 시험을 보았는데 두 번이나 낙방하자 로펌의 오너가 해고장을 보내왔다고 한다.

학생들은 예일 로스쿨에서는 3년 내내 변호사 자격시험에 필요한 내용을 특별히 가르치지 않기 때문에 시험 공부하기가 더 힘들다고 했다. 그렇지만 학교가 잘못되었다고 말하는 사람은 없었다. 자유롭고 폭넓은 공부를 중시하는 학교의 교육 방향에 대하여 모두들 전폭적인 지지를 보내고 있었다.

변호사 시험은 크게 법조윤리[MPRE: Multistate Professional Responsibility Examination], 객관식 법률 문제[MBE: Multistate Bar Examination], 논술형 법률 문제[Essay Examination] 등 세 가지로 구성된다. 법조윤리 과목은 객관식으로 출제되는데 일정한 점수를 받으면 합격할 수 있다. 객관식 법률 문제는 헌법, 계약법, 형법, 연방증거법, 재산법, 불법행위법 등 6과목에서 총 200문항이 출제된다. 논술형 시험은 주마다 출제 과목과 점수 배정이 다르다. 자기가 활동하려는 주에서 시험을 보게 되는데 주에 따라 합격률이 다르지만 합격률이 4퍼센트 내외인 한국의 사법시험과 같이 합격이 어려운 것은 아니다.

현재 시행되고 있는 우리나라의 사법시험 제도는 직업윤리나 실무 능력에 대한 평가 없이 필기시험 위주로 법률가를 선발하고 있어 경쟁력 있는 법률가를 키워내기에는 부족하다는 비판을 받아왔다. 이와 함께 사법시험 합격 후 2년간 거치도록 되어 있는 사법연수원 교육과정도 판결문과 검찰 결정문 작성 교육에 많은 비중을 두어왔다.

이렇다 보니 사법시험에 합격하여 사법연수원을 수료한 후에도 각종 전문 분야에 대해서는 체계적인 지식을 갖추기 어렵다. 국제통상법, 기업법, 조세법, 지적재산법, 정보통신법, 우주항공법 등 특수 전문 분야는 말할 것도 없고 헌법, 민사법, 형사정책이나 상사법 등 기초 분야에 정통한 사람을 찾기도 어렵다. 여기에 수년간 시험에 매달리다 보면 경제학, 사회학, 교육학, 역사학 등 사회와 인간을 바라보는 사회과학적 시각을 갖추기 어렵다.

이러한 문제점을 극복하기 위해 사법시험에서도 필기시험 외에 3차 면접시험의 비중을 높이고, 사법연수원에서도 학점제를 도입하여 각종 전문 분야에 대한 교육을 강화하는 노력을 해왔다. 더 나아가, '사법고시'라는 필기시험보다는 체계적인 교육을 통해 법률가를 양성하자는 취지에서 우리나라도 로스쿨 제도를 도입하여 2009년에 첫 신입생들을 선발했다. 우여곡절 끝에 출범한 로스쿨 제도가 성공하기 위해서는 먼저 어떠한 법률가를 키워낼 것인지 심사숙고하고, 그와 같은 자격을 갖춘 법률가를 양성하기 위해 어떤 교육과정과 제도가 필요할지 검토해야 할 것이다.

바람직한 법률가는 법률 지식에 앞서 기본적인 소양과 직업윤리 의식을 갖추어야 한다. 법률가는 다른 사람들의 아픈 곳을 다루는 경우가 많고, 선악과 시비를 판단해야 하기 때문이다. 그와 함께 법률가는 다가오는 미래 사회에 능동적으로 대처할 전문가가 되어야 한다. 육법전서를 암기하는 것만으로는 부족하다. 사회 변화와 경제 현상에 대한 깊이 있는 통찰이 필요하다. 이제 실무 검사들도 형사법 지식 외에 경제와 금융, M&A와 차입매수^{LBO: Leveraged Buy Out}, 디지털 포렌식과 심리 분석 기법 등을 공부하고 있다. 사회가 새롭게 요구하는 지식은 하나도 갖추지 못한 법률가를 양산해봐야 소용이 없다. 만일 우리의 법률가들이 그 역할을 못 하게 되면 앞으로는 외국의 법률가들이 우리 안방을 차지하게 된다.

이 같은 조건을 갖춘 법률가를 키우기 위해서는 살아 있는 지식과 함께 실무와 이론을 겸비한 양심적인 법률가를 양성할 교육과정을 마련해야 한다. 과거와 같이 실무 교육과 직업 교육이 도외시된 이론 위주의 수업만으로는 곤란하다. 실무 교육에 있어서는 전문 분야에 대한 실무수습과 함께 봉사활동을 통한 인성 교육도 강화되어야 한다. 이를 위해서는 많은 교수와 실무에 밝은 사람이 필요하고, 법원, 검찰뿐만 아니라 로펌과 사회단체의 적극적인 협력도 요청된다. 적지 않은 재정적 뒷받침이 필요한 것은 물론이다.

우리나라 로스쿨이 성공하기 위해서는 변호사 자격시험 제도, 변호사 자격 취득 후 연수제도, 판사와 검사의 임용 기준과 직업 교육 등 법률가 양성 시스템이 총체적으로 갖추어져야 한다. 우리보다 앞서 로스쿨을 도입한 이웃 일본과 같이 로스쿨이 난립해서 졸업자들의 신사법시험 합격률이 30퍼센트를 조금 넘는 정도에 그쳐서는 곤란하다. 사법시험 합격 비율이 지나치게 낮아지면 로스쿨 교육이 사법시험에 대비한 시험 과목에 편중될 가능성이 커진다. 전문 분야에 대한 교육은 껍데기만 남게 되고 자칫 무늬만 로스쿨로 변질될 수 있는 것이다. 일본에서는 많은 로스쿨들이 정원을 자진 삭감하는 등 한창 자발적인 구조조정이 이루어지고 있다.

한 명의 어린이를 제대로 키우기 위해서는 온 마을 사람들이 관심을 가지고 나서야 하듯이 훌륭한 법률가 한 명을 기르기 위해서는 학교뿐만 아니라 기성 법조계와 지역 사회가 머리를 함께 맞대야 한다.

그래야만 세계 각국의 법조인들과 어깨를 나란히 할 수 있는 실력 있는 법률가를 키워낼 수 있다. 글로벌 경쟁이 점점 더 치열해지는 세상에서 개개인의 권익 보호는 물론 국가의 공공이익을 똑바로 지켜내기 위해서도 나라의 법률가는 제대로 키워내야 한다.

인터뷰 | 예일 로스쿨 최해원 교수

최해원 교수는 예일 로스쿨 생활을 통해 자신이 '우물 안 개구리'였음을 깨달았다고 한다

예일 로스쿨 J.D. 과정과 MIT 경제학 박사 과정을 동시에 수료한 최해원 교수는 명문 버지니아 로스쿨 교수로 재직하면서 2008년과 2009년에 예일 로스쿨에서 방문교수로 강의를 담당했다. 이번 학기부터 하버드 로스쿨에서 강의를 시작했다. 2009년 여름, 방학을 맞아 잠시 귀국한 그와 남산의 한 식당에서 자리를 함께하여 예일 로스쿨의 이모저모에 대해 이야기를 나누었다.

저자 국제금융 위기로 미국이 경제적으로 많은 어려움을 겪고 있는데 미국의 대학 사정은 어떤가요?

최해원 예일과 하버드를 비롯하여 많은 대학이 경제적으로 큰 어려움을 겪고 있습니다. 학생들의 학비만으로는 부족하기 때문에 방대한 기금 운용을 통해 학교를 유지하는데, 금융 위기를 겪으면서 그 기금들이 상당 부분 평가절하되었습니다. 교수 채용이나 학교 운용에 어려움이 많습니다. 예일 로스쿨에서도 스태프 진용의 인원 감축이 이루어질 전망이라 학교 분위기가 상당히 어둡습니다. 명문 로스쿨에서 고용 인원을 해고한다는 것은 매우 드문 일입니다.

저자 지난 1년간 예일 로스쿨 교수로 근무하였는데 학생이 아닌 교수로서 경험한 예일 로스쿨은 어떠했나요?

최해원 학생으로 있을 때 학교에서 많은 배려를 해주는 것이 고마웠는데 교수로 근무하면서도 학문적으로 매우 자유롭고 선택권이 많은 연구 환경이 인상적이었습니다. 저는 회사법과 조세법을 가르쳤는데 어떤 과목을 맡을지, 어떤 분야에 대해 연구 생활을 할지 자유롭게 선택할 수 있었습니다.

특이한 점은 이곳에서는 원로 교수들께서 강의 주제 선택에 있어 우선권을 젊은 교수들한테 양보한다는 점입니다. 시간을 많이 할애해야 하는 총괄적인 과목들을 원로들이 맡아주는 대신 젊은 교수들에게는 특정 주제를 선택해서 깊이 연구할 수 있는 기회를 부여합니다. 저 역시 원로급이 되면 남들이 하기 싫어하는 과목을 제가 맡아야 할 것으로 생각합니다. 그리고 예일 로스쿨은 교수들 간에도 정을 많이 나누는 분위기입니다. 교수들 사이에 나이나 경력 등으로 서열이 있지 않고 똑같은 동료로 생각하기 때문에 서로 이름을 부르며 친밀하게 지냅니다. 학생 때에도 서로 정겹게 지낸 점이 좋았는데 교수들 역시 친구처럼 지내고 있습니다.

교수들이 공과 사를 분명히 나누는 점도 인상적입니다. 여러 교수들이 모여 세미나와 토론을 벌일 때에는 열을 내어 다른 사람의 주장을 공격합니다. 하지만 토론이 끝나고 일어날 때는 언제 그랬냐는 듯 다정한 친구로 바뀝니다. 한국에서는 다른 교수의 주장을 날카롭게 비판할 경우 개인적인 감정이 있는 게 아닌지 오해를 받게 되는데 이것과는 많이 다릅니다.

저자 과거로 돌아가서, 예일 로스쿨에 입학하게 된 사연은 어떤가요?

최해원 저는 학부에서 경제학과 수학을 전공했는데, 경제학을 공부하면서 자본주의의 역사와 정치 시스템을 폭넓게 공부할 기회가 있었습니다. 그러면서 체제와 시스템의 근간을 이루는 법에 대해 관심을 가지게 되었고 졸업 후 예일 로스쿨과 MIT 경제학 공부를 함께하게 되었습니다.

저자 하나만 하기도 힘든 과정을 두 가지나 함께하였는데 어려움은 없었나요?

최해원 3시간 정도 떨어져 있는 두 학교에서 법학과 경제학을 병행하는 것이 체력적으로나 시간적으로 어려움이 많았지만 그만한 가치가 충분히 있었다고 생각합니다. 지금은 로펌에서 근무하거나 공공 분야에서 일하더라도 법률뿐만 아니라 경제학적 사고가 반드시 필요합니다.

기업, 회계, 조세, M&A 등에 대한 경제학적 지식과 법률적 지식이 함께 필요한 세상이 되었습니다. 제가 학교에 다닐 때만 해도 저처럼 두 분야를 함께한 사람 이 많지 않았지만 이제는 여러 학생들이 그렇게 하고 있습니다. 예일 로스쿨에 서는 로스쿨 J.D. 과정과 경영학 MBA 과정을 동시에 4년에 마치는 과정을 만 들 계획을 세우고 있습니다.

저자 예일 로스쿨에서 가장 기억에 남는 수업과 인상적인 교수가 있었다면?

최해원 헌법학의 대가 오웬 피스 교수와 상법의 조지 프리스트 교수의 합동 세 미나가 인상적이었습니다. 민주주의와 자본주의의 균형과 조화를 위해 법이 어 떤 역할을 해야 하는지가 주제였습니다. 오웬 피스 교수는 민주주의를 먼저 이 루어야 한다는 입장인 데 비해 조지 프리스트 교수는 자본주의가 발달해야 중 산층 형성을 통해 민주주의를 발전시킬 수 있다는 입장이었습니다. 자본주의 발전을 위해서는 부패 문제와 빈부격차 문제를 해결해야 합니다. 그렇지 않으 면 계층 간 갈등과 부자들에 대한 반감으로 자본주의 체제가 유지될 수 없습니 다. 자칫 포퓰리즘으로 빠지지 않도록 법 부문이 제 역할을 해야 한다고 생각했 습니다.

예일 로스쿨에는 세계적인 학자들이 여러 사람 있습니다. 헌법학 분야에서는 브루스 에커먼 교수가 있는데, 헌법 분야의 세계적 대가이시면서도 회사법이나 금융법에 대해서도 큰 관심을 기울이면서 여러 법 분야 사이의 교류와 조화에 대해서도 열정적으로 연구하고 있습니다. 법경제학의 태두이자 예일 로스쿨의 학장이기도 했던 구이도 캘러브레이지 교수도 스타 교수입니다. 재산법의 로버트 에릭슨 교수, 회사법의 로베르타 로마노 교수와 헨리 핸즈먼 교수, 파산법의 앨런 슈워츠 교수, 조세법의 마이클 그래츠 교수도 대단한 분이었습니다. 그 외 제가 직접 경험하지 못한 교수들 중에도 명성을 날리는 분들이 많습니다.

저자 학점을 매기지 않는 시스템 아래서 치열한 경쟁 없이도 학생들이 충분한 교육적 성과를 얻을 수 있을까요?

최해원 예일 로스쿨을 지망하는 학생들은 학문에 대한 열정과 사회적 책임감이 매우 강한 사람들이 대부분입니다. 하버드 로스쿨의 경우 전과목 A⁺ 등 고학점을 통해 성취욕을 충족하고 싶어 하는 사람들이 많이 지망하고 있는 것과 대조적이지요. 학생들의 성향과 함께 교수님들 모두 적극적으로 학생들의 성취도를 높이려고 노력하기 때문에 학점과 상관없이 교육의 질은 매우 높습니다. 장점이 크기 때문에 2009년 가을 학기부터는 하버드 로스쿨과 스탠퍼드 로스쿨에서도 1학년 1학기에 한해 학점을 매기지 않기로 했다는 이야기를 들었습니다.

저자 예일 로스쿨에서 공부하며 배운 제일 중요한 교훈이 있다면 무엇인가요?

최해원 예일 로스쿨에 입학하기 전에는 법률 자체를 배우는 것이 중요하다고 생각했는데 졸업할 때쯤에는 법 자체의 내용보다도 법이 탄생하게 된 역사적 배경과 법이 그 역할을 다할 수 있게 만들어주는 사회적 시스템이 더욱 중요하다는 것을 깨닫게 되었습니다. 민주주의와 자본주의 체제, 법이 판결로 형성되는 과정과 배경 등 다양한 관점에서 법을 바라볼 수 있게 되었습니다.

아울러 법이라는 기술을 이용해서 어떻게 사회에 이바지할 것인지 고민하고 행동하도록 하는 학교 분위기 속에서 보다 능동적이고 적극적으로 행동하는 사고방식을 배울 수 있었습니다. 이러한 학풍으로 인해 예일 로스쿨 출신들이 국가와 사회단체 등 많은 조직의 리더로 성장해나간 것입니다.

저자 로스쿨 공부에 회의를 느낀 적은 없었는지?

최해원 긴 토론을 벌였는데도 명확한 해답을 얻지 못하는 경우 답답한 생각이 들었습니다. 판례나 특정 사안을 놓고 교수와 학생들이 갑론을박 논쟁을 벌이는데 교수는 끝까지 해답을 내놓지 않습니다. 그러나 지금 생각해보면 그와 같은 토론 과정 자체가 더 중요했던 것입니다. 해답 그 자체보다는 결론을 뒷받침할 수 있는 논리적 근거들을 찾아내는 과정이 의미 있는 것이지요. 그래서 제가 로스쿨 교수로 강의할 때도 어떤 학생이 하나의 주장을 펼치면 저는 반대되는 논거를 들어 다른 생각을 해보도록 이끌고 있습니다. 가능하면 학생들로 하여금 스스로 다양한 각도로 생각해서 여러 주장을 펼쳐보도록 합니다.

저자 예일 로스쿨을 졸업한 후 나 자신이 변화한 점이 있다면 무엇이었는지?

최해원 제 자신이 '우물 안 개구리'였다는 점을 깨달았습니다. 그 전에는 제가 나름대로 최고라고 생각했는데 정말 뛰어난 친구들, 다양한 경험을 직접 체험한 친구들을 보면서 많이 배웠습니다. 교수님들 또한 세계적인 학자이면서도 다른 사람의 주장을 겸허하게 귀 기울이는 모습 속에서 다른 사람의 말을 경청하는 자세를 배우게 되었습니다. 자신이 부족함을 깨닫고 자기와 생각이 다른 사람의 말을 담담히 받아들일 수 있는 태도 속에서 발전을 이룰 수 있다고 생각합니다.

저자 한국의 로스쿨이 예일 로스쿨에서 배울 점이 있다면?

최해원 한국의 로스쿨도 학생 수가 150명 이하로 모두 소규모 로스쿨이므로 그 장점을 충분히 살릴 수 있으면 좋겠습니다. 특히 토론식 수업을 활성화하는 것이 필요한데 이는 소규모 클래스에서만 가능합니다. 예일 로스쿨에서 14명의 학생을 상대로 강의를 한 적도 있습니다. 한국 학생들이 토론에 약하다는 지적이 있지만, 한국개발연구원^{KDI}의 대학원 과정에서 강의를 해본 경험이 있는데 처음에는 학생들이 토론식 수업에 어리둥절해하더니 2~3주가 지나가자 모두들 잘 적응하였습니다. 한국에서도 토론식 수업이 충분히 가능하다고 생각합니다.

저자 로스쿨 교수로서 학생들을 뽑을 때 한국 학생들은 보통 어떤 평가를 받나요?

최해원 예일에서는 학생 선발에 관여하지 않았지만 버지니아 로스쿨에서는 한국 학생들의 지망 원서를 많이 보았습니다. 한국 학생들은 학부 학점과 로스쿨 진학시험 점수는 매우 높지만 실제 입학시켜놓고 보면 작문이나 답안 작성 능력이 많이 떨어져 실망한 적이 여러 번 있습니다. 미국 학생들과 교류를 잘하지 못하고 한국인들끼리만 친하게 지내는 것도 문제입니다.

지망 에세이를 보면 한국 학생들의 내용은 모두 천편일률인 경우가 많습니다. 내용만 보아도 '아, 한국 학생이 썼구나' 하고 알 수 있을 정도입니다. 대부분 거창한 이념을 내세우면서 국제적인 변호사나 국제기구에서 활약할 포부를 이야기하는 내용입니다. 반면 미국이나 서구 학생들의 경우에는 자신들이 겪은 구체적인 경험을 통해 왜 로스쿨을 지망하는지 설득력 있게 이야기를 해줍니다. 코스타리카에 건너가 빈민들을 위해 봉사하는 과정에서 법의 필요성을 느낀 학생, 기업에 근무하면서 회사가 소송에 휘말려 고충을 겪게 되면서 법학 공부에 관심을 가지게 된 학생도 있습니다. 그 에세이를 읽으면 그 사람이 어떻게 살아왔고 어떤 인생관을 가지고 로스쿨을 지망하게 되었는지를 알 수 있는데, 한국 학생들도 로스쿨 지망 원서를 작성할 때 참고하면 좋겠습니다.

예일 로스쿨에 합격한 학생들을 보면 두 가지 부류가 있습니다. 하나는 정말 탁월하게 공부하여 성과를 내는 학생들입니다. 학부 성적 4.3 만점에 로스쿨 진학시험 성적도 최상위권인 데다 권위 있는 각종 콘테스트에서 입상한 경력이 있어야 합니다.

두 번째는 공부는 최상위권은 아니지만 공부 외에 어느 한 분야에서 탁월한 업적을 이룬 경우입니다. 전미 테니스 챔피언이거나, 차이콥스키 콩쿠르 입상자, 이라크전에 해병대로 참전한 군인 등을 예로 들 수 있습니다.

저자 한국의 로스쿨 지망생들에게 해주고 싶은 이야기가 있다면?

최해원 법을 근시안적으로만 보지 말고 정치와 경제, 역사 속에서 폭넓게 공부했으면 좋겠습니다. 아울러 변호사 자격시험에 연연하여 책상머리에만 붙잡혀 있기보다는 다양한 경험을 통해 세상을 깊이 이해할 수 있으면 좋겠습니다.

■ 예일 로스쿨 학생들에게 듣는다 ①

앤 콜린스

예일 로스쿨 J.D. 과정 졸업. 연세대 어학당에서 한국어 연수.
현재 미국 서부 지역 로펌에서 근무.

예일 로스쿨 입학 통지서를 받은 1996년, 어느 봄날을 잊을 수 없다. 그때 나는 베이징에 있는 한 미국 로펌의 지사에서 법률 보좌역으로 일하고 있었다. 예일 로스쿨에서 온 우편물이 베이징에 도착한 그날 나는 대만의 수도 타이페이에서 내가 로스쿨에 입학하게 되면 후임으로 일하게 될 사람을 인터뷰하고 있었다. 베이징에 있는 동료 한 사람이 우편물이 왔음을 전화로 알려주었다. 동료는 두툼한 것으로 보아 합격 통지서일 것이라고 말했다. 입학 거절 통지서는 거절 편지 한 장만 담겨 있지만 합격 통지서에는 각종 안내문이 함께 들어있다는 것이다. 가슴이 두근거렸다. 예일 로스쿨에 대한 명성은 잘 알고 있었다. 지원자 중에서도 6퍼센트 정도만 합격할 수 있기 때문에 그중에 내가 뽑힐 수 있을까 걱정도 되었다.

나는 예일을 포함하여 다섯 곳의 로스쿨에 지원서를 보냈었는데 모든 곳에서 입학 허가를 받을 수 있었다. 그중에는 하버드 로스쿨과 스탠퍼드 로스쿨도 있었다. 이제 어느 학교를 선택해야 할지 행복한 고민을 하게 되었다. 하버드 로스쿨은 전 세계적인 명성을 자랑하고 있었고 나의 최고 관심사인 동아시아 법률 프로그램도 운영하고 있었다. 스탠퍼드 대학은 작은 로스쿨이지만 하버드보다 훨씬 가족적이고 교수들과도 친밀하게 지낼 수 있었다. 예일 로스쿨 역시 하버드보다는 훨씬 작은 규모의 학교인데, 학생들끼리의 경쟁보다는 리더십과 공익 활동을 중시하는 것으로 유명했다.

나는 최종적으로 예일을 선택했다. 하버드의 척박한 분위기보다는 학생들의 개성을 존중하는 예일의 학풍에 이끌렸다. 그리고 예일은 스탠퍼드보다 훨씬 다양한 커리큘럼과 실무수습 프로그램을 가지고 있었다. 그리고 누구나 선망하는 넘버 원 로스쿨에서 공부할 기회를 놓치고 싶지 않았던 것이다.

그러나 내가 예일을 선택한 가장 큰 이유는 공익 활동을 장려하는 학교의 재정 지원 시스템 때문이었다. 로스쿨의 학비는 정말 비싸서 많은 학생들이 로스쿨을 졸업한 후에는 1억 원이 넘는 거액의 빚을 진다. 그렇기 때문에 학생들은 졸업 후 큰 로펌에서 돈을 많이 벌어야 한다는 강박감을 가지게 된다. 공무원으로 일하거나 공익 활동을 할 경우에는 충분한 봉급을 받을 수 없기 때문에 빚을 갚는 것조차 불가능하다. 그렇지만 예일 로스쿨 졸업생들의 경우에는 그와 같은 굴레에서 벗어날 수 있다. 졸업생이 일정 금액 미만의 봉급을 받는 직업을 선택할 경우 학생의 빚을 대신 갚아주기 때문이다. 1999년도에는 한화 기준으로 연봉 약 4,500만 원 미만의 봉급을 받는 학생들에게 이러한 혜택이 돌아갔다. 그런 이유로 나처럼 정부 기관이나 공공 단체에서 일하기로 마음먹은 학생들은 예일 로스쿨을 선택한다.

예일 로스쿨의 첫 번째 매력은 공익과 봉사활동을 중시한다는 것이다. 예일에 있다 보면 자신보다 불행한 처지에 있는 사람들을 도와야 한다는 의무감을 여러 번 되새기게 된다. 학교는 뉴헤이븐이라는 도시에 있는데, 미국의 여느 도시와 같이 범죄와 빈곤, 슬럼가 문제를 갖고 있다. 아이비리그의 빅3 중 하나인 예일대학에는 상류층 자제들이 많아서 예일대학 학생들과 지역 주민 간의 생활수준은 하늘과 땅 차이다. 학교는 지역 주민을 돕는 여러 프로그램들을 운영하고 있다.

또한 학생과 독지가들의 기부금으로 운영되는 봉사 기금도 예일의 자랑인데 이 기금은 학생들의 공공 봉사활동을 보조하는 역할도 한다. 특히, 로스쿨학생들은 여름방학이면 로펌에서 아르바이트를 하면서 많은 돈을 벌게 되는데, 예일에서는 자원봉사를 하여 돈을 벌 수 없는 학생들에게 봉사 기금의 혜택을 준다. 많은 학생들이 UN 전범재판소, 미국 민권 협회, 텍사스주 법률 구조협회 등 비영리 공공 단체에서 일하면서 봉사 기금의 도움을 받았다. 나도 1학년 여름방학 때 샌프란시스코 지방검찰청 특별 수사팀에서 일하면서 이 기금에서 돈을 받아 생활비를 충당했다.

예일 로스쿨의 두 번째 매력은 커리큘럼이 다양하고 탄력적이라는 점이다. 대부분의 로스쿨은 1학년 과목 전부가 필수인 데 비해서 예일의 경우는 한 학기만 필수 과목으로 되어 있다. 학점 이수도 로스쿨에서만 해야 되는 것이 아니고, 예일대학의 다른 과에서 취득할 수도 있고, 외국의 법대에서 받을 수도 있다. 그 외 정부 기관이나 공익 단체에서 일하면서 학점을 취득할 수도 있고, 과외 활동을 학점으로 인정받을 수도 있다.

나야말로 이러한 제도의 큰 수혜자였다. 나는 2학년을 마친 다음 1년간 스탠퍼드 대학에서 동아시아 관련 석사 과정을 밟으면서 이를 로스쿨 학점으로 인정받았다. 그리고 뉴욕 코리아 소사이어티의 지원으로 서울에서 한국어를 배울 수 있었다. 연세대학교 어학당에서 한국어를 배우며 한국의 정취에 흠뻑 젖은 경험은 잊을 수 없다.

예일 로스쿨의 세 번째 특징은 과외 활동이다. 내가 가장 즐거운 시간을 보낼 수 있었던 활동이다. 나는 아시아 로 포럼, 예일 인권법 저널, 접근금지 명령 프로젝트 등에 참여했다. 학교에서는 학생들이 새로운 그룹을 만들면 적극적으로 지원해주었다. 나는 학교의 도움으로 두 개의 새로운 그룹을 만들었다. 아시아 로 포럼과 인권법 저널이다.

아시아 로 포럼은 아시아에 관심을 가지고 있던 학생들이 주축이 되었는데 두 명의 한국계 학생, 미 육군 출신 백인 남학생, 그리고 나 이렇게 네 사람이 핵심 멤버였다. 마음 맞는 친구들과 머리를 맞대고 활동할 수 있다는 것은 신나는 일이다. 우리는 학교의 전폭적인 지원 하에 다양한 연사를 초청할 수 있었다.

봉욱 검사 역시 초창기 연사 중 한 사람이었다. 주한 미국 대사로 근무했던 도널드 그레그 역시 인상 깊은 연사였다. 봉 검사와 도널드 그레그의 강연을 듣고 나는 한국을 방문하여 한국에 대해 배우기로 결심하게 되었다. 그 외 해리 우라는 중국의 망명 인권 운동가를 비롯하여 많은 인사들이 학교를 찾았다. 2학기 때는 로스쿨 최초의 인터넷 저널을 만들면서 많은 시간을 보냈다. 앞서 소개한 '예일 인권법 저널'이다. 우리는 로스쿨 학생뿐만 아니라 예일의 많은 대학원생의 글을 받았고, 글을 교정하고 편집하면서 많은 것을 배웠다.

접근금지 명령 프로젝트는 가정이나 직장에서 학대받는 여성들을 보호하기 위한 제도다. 이들을 학대하는 남자들에게 접근금지 명령이 내려지고, 만약 명령을 위반하면 구금하게 된다. 로스쿨의 학생들은 학대받는 여자들과 상담하고, 필요할 경우에는 가정법원 판사에게 갈 때 동행해주었다. 여성들의 청구가 늘 인정되지는 않았지만 곤경에 처한 사람에게 도움을 줄 때면 마음이 뿌듯해졌다.

예일 로스쿨의 네 번째 매력이자 자랑은 실무수습 과정이다. 다른 로스쿨과는 달리 예일의 실무수습은 모두 로스쿨의 정교수들이 지도한다. 그만큼 실무 수습 과정을 중시한다. 실무수습 역시 학점으로 인정되는데 강의도 함께 이루어진다. 교수들은 매주 관련 쟁점들을 정리하고 실무 대처 요령도 일러준다.

나는 망명자를 위한 프로그램에 참여했는데 미국에 망명을 원하는 사람들을 돕는 것이다. 내가 맡았던 사람은 아프리카 라이베리아에서 탈출하여 미국 망명을 원하는 사람이었다. 그는 본국에서 정치범으로 수용되어 혹독한 고문을 받았는데 망명이 받아들여지지 않으면 돌아가서 죽을지도 몰랐다. 생과 사의 갈림길에 서 있는 사람을 돕는 것은 그 무엇보다도 보람 있는 일이었다.

나와 함께 공부했던 많은 학생들이 지금은 로펌에서 일하거나 법원의 사법 보좌관으로 근무하고 있다. 법률과 관계없는 분야에서 공부하거나 외국에서 그 나라의 말과 문화를 배우며 생활하는 사람도 있고, 시민운동에 참여하거나 벤처 기업가로 활약하는 친구도 있다. 하는 일은 달라도 모두들 뛰어난 친구들이다. 다시 만나 함께 땀 흘리며 일할 날을 기대하며 이 글을 마친다.

■ 예일 로스쿨 학생들에게 듣는다 ②

김진우

1999년 예일 로스쿨 졸업. LA의 대형 로펌에서 근무.
현재 골드만삭스에서 근무.

누군가 큰 로펌에서 법률가로 일하는 것이 어떻겠냐고 10년 전에 물었다면 나는 바보 같은 일이라고 대답했을 것이다. 그러나 지금 바로 그 일을 하고 있다. 나는 한국계 미국인이며 이민 1.5세대다. 내가 예일 로스쿨을 선택한 이유와 과정을 짤막하게 이야기하고 싶다.

우리 가족은 내가 여덟 살 때 미국으로 이민 왔다. 다른 사람들과 마찬가지로 나의 부모님 역시 한국에서의 안정적인 지위를 버리고 미국으로 건너오셨다. 오직 자식들이 더 잘되기를 바라는 마음이셨을 것이다. 아버지께서는 한국에서 제약회사의 간부로 근무하셨지만 미국에서는 빌딩 관리인, 정원사, 수영장 청소원으로 일하셔야 했다. 어머니께서도 옷가게에서 바느질을 하고 옷감을 자르셔야 했다. 최저 임금을 받기 위해 하루에 12시간도 넘게 땀 흘리셨다. 한참만에 두 분은 의류 공장을 가질 수 있었지만, 그 후에도 매일 새벽부터 밤늦게까지 일하셨다. 부모님들의 고생은 나의 인생과 직업을 결정하는 데 큰 영향을 미쳤다.

다른 로스쿨 학생들과는 달리 나는 학부를 졸업하기 직전까지도 로스쿨에 가는 것은 생각하지 못했다. 캘리포니아 주립대학에서 인식학을 전공하면서 교수가 되고 싶었다. 그러나, 석사와 박사 과정을 마치려면 6년 더 공부를 해야 했다. 졸업을 앞두게 되자 나는 가능하면 빨리 일을 해서 부모님을 돕고 싶었다.

결국 나는 로스쿨에 가기로 결심했다. 로스쿨이 무엇을 하는 곳인지 잘 알지도 못했다. 다만 3년이면 마칠 수 있고, 졸업하면 많은 기회가 있다는 것만 알고 있었다. 캘리포니아 주립대학을 졸업하고 1년을 쉬면서 로스쿨 준비를 했다. 로스쿨 입학을 위해서는 4년제 대학을 졸업한 후 로스쿨 진학시험을 치러야 했다.

운 좋게도 예일 로스쿨로부터 합격 통지서를 받았다. 예일이 입학 경쟁률이 가장 높은 학교, 교수진이 가장 훌륭한 학교, 졸업 후 가장 좋은 직장을 구할 수 있는 학교라는 것은 잘 알고 있었다. 그러나 무엇보다도 내 시선을 끌었던 것은 가장 인간적이고 다정다감한 학교라는 점이었다. 예일 로스쿨은 학생들 간의 경쟁보다 서로 협력하고 신뢰하는 것을 강조하는 것으로 유명했다. 학생과 교수들 사이도 서로 존중하고 인간적인 유대를 돈독히 하는 것으로 알려져 있다. 바로 내가 원하는 로스쿨이었다.

예일 로스쿨의 특징 중 하나는 성적이 없다는 점이다. 공식적으로는 Honor/Pass/Low Pass/Fail이라는 평가 체계가 있지만 학생들이 받는 가장 낮은 성적은 Pass다. 어느 교수님이 다른 로스쿨처럼 A, B, C, D, F 학점 체계를 도입해야 한다고 주장했지만 받아들여지지 않았다. 그 교수님은 학기말에 학생들에게 편지를 보내 "당신이 실제 받을 학점은 F지만 학교의 방침에 따라 Pass 학점을 준다"고 경고를 보내곤 했다고 한다. 다른 로스쿨에서 교환교수로 온 분이 잘 모르고 몇몇 학생들에게 F 학점을 통보한 적도 있다고 하는데, 결국 같은 시험을 다시 치르도록 해서 모두들 Pass 학점을 받았다고 한다.

석차를 매기지 않는 것도 이 학교의 특징이다. 다른 로스쿨들은 모두 학점에 따라 성적과 석차를 매긴다. 하지만 예일대학 측에서는 예일에 들어온 이상 모두가 최고이기 때문에 성적은 무의미하다고 한다.

성적과 석차가 없다는 것은 학생들에게 엄청난 영향을 미친다. 첫째, 학생들 간에 불필요한 긴장감이 없다. 다른 로스쿨에 다니는 친구들에 의하면 로스쿨 도서관에는 중간중간 뜯어진 페이지가 있는 책들을 볼 수 있다는 것이다. 다른 학생들이 보지 못하도록 중요 부분을 뜯어 간다는 것이다. 예일에서는 그러한 일은 생각할 수도 없다. 모두들 자기가 정리한 노트들을 아낌없이 나누어 준다.

둘째, 석차가 없기 때문에 모든 학생들이 좋은 직장을 가질 수 있게 된다. 아무리 좋은 학교에 들어갔다 하더라도 만약 성적이 좋지 않다면 직장을 갖는 데 어려움을 겪을 수 있다. 그러나 예일 로스쿨에서는 이러한 일이 없다.

그리고 학생들은 누구나 자기가 원하는 것을 공부할 수 있게 된다. 학점, 석차, 직업 이 모든 것에 얽매이지 않고 자기가 정말 원하는 것을 할 수 있다. 저널에 실릴 논문 작성에 열중할 수도 있고, 실무연수에 열정을 기울일 수도 있다. 로스쿨 밖에서 수업을 듣는 것도 가능하고, 아무것도 안 하며 졸업할 날만 기다릴 수도 있다.

나는 NGO에 많은 관심을 기울였다. 미국에서는 비영리 시민단체에 세제상 많은 특혜를 주는데 나는 여러 시민단체의 세금 문제를 도왔고, 단체의 설립을 돕기도 했다. 졸업 후 나는 변호사 시험에 합격하여 LA의 큰 로펌에서 변호사 일을 시작했다. 로펌에서 일하면서 예일 로스쿨에서 배운 것들이 얼마나 의미 있는지 절실하게 깨닫고 있다.

로펌 업무 중 이미 답이 존재하는 문제를 검토하는 것은 정말 쉬운 일이다. 컴퓨터 데이터베이스에 질문만 정확히 입력하면 컴퓨터가 답을 알려준다. 그러나 한 번도 해답이 주어진 적이 없는 낯선 문제들에 부딪치면 예일에서 배운 것들이 참으로 유용하다. 예일 로스쿨에서는 문제를 풀어내는 사고방식을 가르쳐주었다.

예일 로스쿨에서 얻은 또 하나의 자산은 무엇이든 정말 원하고 열심히 하면 반드시 얻을 수 있다는 자신감이다. 예일을 졸업한 사람들 중에는 대통령도 있고, 미국 연방대법관도 있으며, 대기업의 최고 경영자도 있다. 나와 함께 학교를 다닌 친구들 중에도 이러한 지위에 오를 사람들이 많을 것이다. 내가 이들과 함께 같은 학교에 다녔다는 것에 대해서 큰 자부심을 갖는다.

■ 예일 로스쿨 학생들에게 듣는다 ③

에이지 마츠다

1996~1997 객원 연구원. 일본 메릴린치 증권사 법률고문.
현재 일본 주오 대학 법과대학 강사.

국제 거래 관계 전문 변호사로 일한 지 10년이 되었다. 나는 1987년 일본의 주오中央대학을 졸업하고 그해 사법 시험에 합격해서 대법원의 실무수습을 거쳐 1990년부터 변호사로 활동하고 있다. 내가 일한 곳은 일본에서 가장 큰 로펌이었는데 주로 국제 거래 관계를 다루었다. 그 후 1998년 일본 메릴린치 증권사로 옮겨서 기업 범죄 문제를 다루고 있다. 아울러 모교인 주오 대학에서 국제법과 기업 회계에 대해 강의도 하고 있다. 나는 1996년도와 1997년도에 예일 로스쿨의 객원 연구원으로 국제형사법에 대해 연구했다.

대부분의 일본 변호사들은 하버드, 컬럼비아, 뉴욕대와 같이 비즈니스에 강한 로스쿨을 택한다. 예일 로스쿨은 아카데믹한 분위기가 강하기 때문에 변호사가 예일로 가는 경우가 거의 없었고, 예일에서도 변호사는 잘 받아주지 않는다. 그렇지만 나는 미국에서 공부할 수 있는 기회를 얻게 되자 예일을 택했다.

첫째로는 주오 대학 은사가 예일에서 형사법을 전공했는데, 그가 강력하게 예일 로스쿨을 추천해주었다. 둘째로, 미국에 가기 직전 나는 미국과 일본이 관련된 국제 기업 범죄 사건에 깊이 관여했고, 기업 범죄와 경영권 문제에 큰 관심을 가지고 있었다. 예일 로스쿨에는 이 분야에 정통한 교수들이 있었다. 그리고 당시 나는 내 일생에서 가장 어려운 시련을 겪으면서 철학적인 의문들에 직면해 있었다. 개인에게 가장 중요한 것은 무엇인지? 법을 다루는 사람들은 어떻게 하면 사회를 좀 더 행복한 곳으로 만들 수 있는지? 진지한 고민들 속에 파묻혀 있었기에 비즈니스나 기술적인 법률 문제들은 크게 생각되지 않았다. 결국 나는 철학적이고 학문적 경향이 강한 예일 로스쿨을 택하게 되었다.

예일 로스쿨의 가장 큰 강점은 교수뿐만 아니라 학생들 수준이 미국에서도 최고라는 점이다. 게다가 학교 규모가 작아서 학생들과 교수들 사이도 매우 가까워 일대일 접촉도 가능했다. 이와 같은 환경 아래서 좋은 교수들로부터 많은 것을 배울 수 있었고, 훌륭한 친구들도 여러 명 사귀었다.

만약 미국에서 공부할 마음이 있는 사람 중에서 오직 비즈니스만을 생각한다면 예일 로스쿨을 선택하지 않는 것이 현명할 것이다. 그렇지만 학문이나 공공 활동에 대해 조금이라도 관심을 가지고 있다면 예일 로스쿨이야말로 최고의 로스쿨이라고 믿는다. 한국의 많은 예비 법률가들과 법조인들이 예일의 자유로운 공기를 만끽할 수 있기를 바란다.

예일 로스쿨 학생들에게 듣는다 ④

정영진 변호사

1999~2002년 예일 로스쿨 법학석사 및 법학 박사 과정 졸업.
현재 김앤장 법률사무소 근무.

　　예일 로스쿨에서의 3년간의 유학생활은 법률가로서의 세계관을 근본적으로 변화시켜놓았다. 유학 가기 전 법조인으로 활동한 경험과 외교통상부에 근무하면서 국제통상 문제에 대해 실무 경험을 갖고 있었기 때문에 미국 유학생활에 대해 큰 기대를 한 것은 아니었다. 그러나 예일 로스쿨에서 마이클 리스먼 교수를 지도교수로 만나면서 그때까지 가지고 있었던 법에 대한 관점을 밑바닥부터 재검토하게 되었다. 리스먼 교수는 국제법에 있어서 이른바 뉴헤이븐 학파의 정통을 잇는 현재 국제법과 국제중재 분야의 세계적인 권위자다. 우리나라 법무부 등의 초청으로 FTA 이후 관심이 고조된 투자자 대 국가 간 국제 중재에 대한 강연을 위해 몇 차례 우리나라를 방문하여 우리나라에도 지인들이 많다.

　　미국 유학 첫해인 1999년 가을 학기, 국제법 첫 시간에 리스먼 교수는 학생들에게 'UN이 유고전범재판소를 설립할 수 있는 근거가 무엇인가'라는 질문을 던졌다. 이에 대해 나는 별다른 생각 없이 부자연스러운 영어로 '유고전범재판소는 UN 안전보장이사회가 UN 헌장의 보조기관 설립권한에 근거하여 설립한 것이므로 설립에는 법적으로 아무 문제가 없다'고 답변하였다. 이에 대해 리스먼 교수는 어떠한 국제적 현상을 법형식적 논리로만 바라보는 것은 잘못이라고 지적했다. UN에서 안전보장이사회는 정치적 기관이고 국제사법재판소^[ICJ]는 사법기관인데 정치적 기관인 UN 안전보장이사회가 유고전범재판소와 같은 사법기관을 창설하는 것은 UN 헌장의 헌법적 조직원리에 맞지 않을 수 있다는 점과 현재의 국제정치경제질서의 관점에서 볼 때 안전보장이사회에 그러한 권한까지 부여하는 것이 정책적 관점에서 과연 바람직한 것인지를 평가한 다음 답해야 한다고 말했다. 이 가르침은 이후 내가 법적 현상을 분석하는 데 가장 중요한 접근방법이 되었다.

모교인 서울대학교 법과대학에서 석사논문을 준비하면서 본격적으로 관심을 갖고 있었던 공정거래법에 대해서는 앨빈 클레보릭 교수에게 지도를 받았는데 독점금지법에 대해 갖고 있던 시각을 완전히 바꾸게 되었다. 클레보릭 교수는 법학 교육을 받지 않고 예일대학교의 경제학 교수로 재직하다 예일 로스쿨에 합류한 학자이다. 우리나라에서는 당시만 해도 독일 경제법을 따라 공정거래법을 형식적으로 접근하는 방법이 주종을 이루었다. 그러나 경제 주체들의 경제적 동기와 시장에 미치는 영향을 정확히 이해하지 않고 법을 적용하게 되면 시장을 더욱 왜곡할 가능성이 커진다. 클레보릭 교수는 미국의 모든 독점금지법 판례를 처음부터 끝까지 미시경제학이론으로 설명하면서 나의 몽매함을 깨우쳐주었다.

또한 조지 프리스트 교수는 마이크로소프트 사건에서 마이크로소프트 회사 측을 자문하면서 얻은 경험을 바탕으로 '신경제'에 대하여 '굴뚝산업' 시대에 개발된 독점금지법의 법리가 적용될 수 있는가를 주제로 강좌를 개설하여 이 분야에 대한 관심을 한껏 고조시켰다. 나는 외교통상부에서 국제통상 실무를 담당하였던 터라 국제통상에 대해서도 학문적으로 큰 관심을 가져왔는데 게리 홀릭 변호사, 주디 벨로 변호사 그리고 리스먼 교수의 강의는 필자의 국제통상법에 대한 이해를 크게 높여주었다. 특히 독일에서 방문교수로 온 울리히 할튼 교수의 유럽통상법 강의는 국제통상제도의 이해에 결정적인 전기가 되었다. 국제통상법에 대하여 GATT관세 무역 일반 협정, WTO, 미국통상법 등의 조문과 판례 위주의 이해에 머물러 있던 내게 국제통상법의 기원과 그 근본원리 그리고 거대한 국제체제의 일부분으로 국제통상 체제를 심도 있게 공부할 수 있었던 것은 커다란 행운이었다. 당시 하버드 로스쿨의 조지프 와일러 교수는 유럽연합에 대한 심도 있는 글을 통해 유럽연합법을 보다 심층적으로 이해하는 데 결정적인 도움을 주었다.

예일 로스쿨에서 공부하면서 마이클 그뢰츠와 앤 앨스톳 교수의 지도로 국제조세법에 눈을 뜨게 된 것도 큰 수확이었다. 국제통상법의 영역에서 서비스 교역과 관련하여 국제투자가 그 중요성을 더하고 있다. GATT 체제에서 시작된 국제통상법보다 더 오랜 전통을 갖고 있는 국제조세법이야말로 국제투자를 이해하는 데 핵심적이라는 점에서 이 분야에 대한 공부는 내가 국제통상법을 보다 심층적으로 이해하는 데 큰 도움이 되었다.

또한 고홍주 교수와의 인연을 뺄 수 없다. 그는 잘 알려져 있듯이 예일 로스쿨의 학장을 거쳐 현재 국제법을 공부하는 이들이 가장 선망하는 직위인 미국 국무부의 법률고문이다. 현재 상원인준을 받아 업무를 개시한 고홍주 교수에게 국제인권 소송에 대하여 배우면서 국제질서 및 국제인권법에 대하여 많은 가르침을 받았다. 고홍주 교수는 내가 LL.M. 과정에 있을 때는 미국 국무부의 인권 담당 차관보로 근무 중이어서 직접적인 학은을 입지는 못했으나, J.S.D. 과정에서 논문작성과 관련하여 큰 도움을 받았다. 고홍주 교수는 미국에 흘러들어온 난민들을 위하여 미국 정부를 상대로 하는 소송을 여러 번 주도하는 등 국제적 인권의 사법적보호에 진력해왔다.

그 밖에도 로스쿨 밖의 학과에서 국제경제학과 국제정치학을 배웠는데 이러한 인접 학문에 대한 공부는 내가 학제적인 연구를 할 수 있는 토양을 제공하였다. 종래 개념법학의 틀에 머물러 있던 나는 법 이외의 인접 사회과학의 연구와 접목을 통해 종합적이고 현실적인 방법으로 국내외 법적 현상을 이해할 수 있게 되었다. 이러한 학문활동 외에도 예일 로스쿨에서 3년간 공부하는 기간 중 내 인생에 큰 영향을 끼친 여러 친구들과 교분을 쌓을 수 있었던 것도 크나큰 행운이다.

많은 사람들이 자신의 유학생활을 미화하게 된다. 하지만 실제 유학생활은 생존을 위한 치열한 삶의 현장이다. 나 또한 예외는 아니었다. 유학생활을 통해 얻는 가장 값진 교훈은 자신에게는 더욱 엄격해지고 세상에 대해서는 더욱 겸손해지는 삶의 지혜를 얻는 것이라고 생각한다. 예일 로스쿨에서의 유학생활을 통해 나 역시 조금이나마 성숙하게 되었다고 믿는다. 예일 로스쿨은 미래에 대한 편견 없이 자신의 소우주를 활짝 열고 자신의 가능성을 시험해보려는 법조인들에게 더할 나위 없는 기회를 제공해준다. 유학과 관계없이, 자신이 가지고 있는 기존 사고의 틀을 깨고 끊임없이 새로운 세계로 자신을 내던질 수 있는 도전정신이 있는지 스스로 돌아보는 것도 자기 발전에 큰 도움이 될 것이다.

2부

미국 검사들의 낮과 밤

미국 검찰청에 들어서다

1997년 2월 1일 오전 10시, 뉴헤이븐시 235가 처치스트리트에 있는 코네티컷주 검찰청사에 들어섰다. 검찰청에 가본 경험이 있는 사람들은 대부분 등골이 서늘해지는 걸 느낀다고 한다. 조용한 복도 사이로 들려오는 고성 소리며, 포승줄에 묶여 검사실로 들어가는 범죄인들을 보고 있노라면 잘못이 없는 사람도 괜히 주눅든다는 것이다. 미국 검찰청 역시 마찬가지다. 군데군데 제복 입은 경찰관들이 서 있는 복도를 지나가는데 와서는 안 될 곳을 찾아온 느낌이었다.

그날은 검찰청 실무수습을 위해 코네티컷주 검찰청 검사장과 면담을 하기로 한 날이었다. 로스쿨 1학기 때 환경분쟁 해결 과정에 직접 참여하는 환경법 실무연습 과목을 신청했다가 영어 의사소통 문제 때문에 담당 교수로부터 퇴짜를 맞은 쓰라린 경험이 있었다. 그래서 2학기에 접어들어 검찰청 실무연습 과정에 다시 도전했다. 영어에 어느 정도 자신이 붙었고, 미국의 형사사법 절차가 교과서대로 움직이고 있는지 직접 눈으로 확인하고 싶었다.

검찰청이 함께 들어서 있는
뉴헤이븐 법원 건물

　실무연습 담당 교수를 찾아가 실무연수를 신청하자, 검찰청 연수
과정은 외국인에게 허용한 전례가 없다고 했다. 단단히 마음먹고 갔
는데 난감했다. 그러나 발길을 돌리지 못하는 내 모습을 지켜보던 담
당 교수는 주 검찰청 검사장과 면담을 주선해줄 테니 직접 요청해보
라고 했다.

　담당 교수가 일러준 시간에 맞춰 코네티컷주 검찰청사로 마이크 디
어링턴 검사장을 만나러 갔다. 검찰청과 법원이 한 건물에 있는 것이
특이했다. 우리나라에서는 검찰청과 법원이 별도의 건물로, 보통 동쪽
과 서쪽으로 나란히 자리 잡고 있다.

　코네티컷주 검찰청은 법원 건물의 2층을 차지하고 있었다. 건물 입
구에는 보안 검색대가 설치되어 있었고 경찰관이 소지품을 검색했다.

2층에 있는 검찰청 사무실에는 출입문마다 보안장치가 되어 있어 전자카드를 넣어야만 들어갈 수 있었다. 외부인은 대기실에서 면담을 신청하고 기다려야만 했다.

직원의 안내를 받아 검사장실로 들어섰다. 마이크 디어링턴 검사장은 보통 키의 40대 중반 백인 남자였는데 인상이 좋았다. 검사장실은 10평 정도의 아담한 크기였다. 방에는 업무용 의자가 다섯 개 정도 놓여 있었으나 소파나 테이블 같은 응접세트는 보이지 않았다. 책상 위에는 법률 서적들이 수북이 쌓여 있었고 왼편 서가에는 각종 사건 서류철들이 빽빽하게 꽂혀 있었다. 나중에 알고 보니 코네티컷주 검찰청의 검사장은 단순히 지휘 감독이나 결재자 역할만 하는 것이 아니고 사건 처리까지 직접 맡아서 했다. 물론 많은 사건을 담당하는 것은 아니었고, 한 달에 한 건 정도 사회적으로 중요한 사건을 직접 처리했다.

검사장 밑에는 20여 명의 검사들이 있었고 13개 타운과 뉴헤이븐 시를 관할하는 검찰청을 총괄하고 있었다. 검사의 수는 우리나라의 전주나 청주 지방검찰청보다 많고, 창원이나 울산 지방검찰청보다는 적은 편이었다.

검사장은 내가 가져온 자기소개서를 읽어보더니 질문을 했다.

"정말 반갑습니다. 그런데 한국과 미국의 제도는 많이 다를 텐데 이곳 코네티컷주 검찰청에서 무엇을 배울 수 있을까요?"

나는 "예일 로스쿨에서 형사사법 제도에 대해 공부하고 있는데 현장에서 제대로 운영되고 있는지 확인하고 싶습니다. 한국은 여러 제도와 시스템들이 새롭게 개선되고 있는 상황입니다. 미국의 실태를 관찰하면 한국의 형사사법 제도를 고치는 데 많은 도움이 될 것으로 생각합니다"라고 대답했다.

그는 한국의 검찰 업무에 대해서도 큰 관심을 보였다. 같은 직종에 종사하는 사람들끼리의 동류의식을 느낄 수 있었다. 검사장은 나의 실무연수 참여를 흔쾌히 승낙했다. 중범과 경범에 대한 수사 및 재판 과정에 모두 참여할 수 있도록 해주겠다고 했다.

면담을 마친 다음 검사장의 안내로 검찰청 사무실을 둘러보았다. 사무실에 있던 검사들과도 인사를 나누었다. 한국에서 온 검사라고 하니 모두들 반갑게 맞이했다. 우리나라의 형사사법 제도에 대해서 이것저것 물어보기도 했다. 한 검사가 형사 사건 처리에 걸리는 시간을 물어보아 구속 재판의 경우 재판에 회부된 날부터 늦어도 6개월 내에 판결이 선고되어야 한다고 대답하니 모두 놀라워했다. 미국에서는 사건이 잔뜩 밀려 있어서 간단한 사건이 아니면 정식 재판을 받기 위해 1년 반 이상을 기다려야 첫 재판을 받을 수 있다는 것이다.

뉴헤이븐시 검찰청에는 중한 범죄를 다루는 검찰청이 한 곳 있고, 가벼운 범죄를 다루는 검찰청이 세 곳 있었다. 세 군데 검찰청 모두 법원 건물을 함께 사용했다. 검사장의 사무실은 중죄를 다루는 검찰청에 있었고, 이곳에는 검사 8명과 검찰수사관 6명, 여직원 2명이 근무하고 있었다. 검사장, 검사, 수사관 들은 모두 자기 방을 하나씩 가지고 있었다. 죄인들을 검사실로 불러 조사하는 경우는 없었으나, 목격자나 참고인들을 불러 조사라도 하게 되면 방이 꽉 찰 정도로 좁았다.

가벼운 범죄를 다루는 검찰청의 경우에는 가장 오래된 수석 검사만이 자기 사무실을 가지고 있었고, 다른 검사들은 넓은 사무실에 파티션을 쳐놓고 함께 사용했다. 사무실은 서류 창고를 연상시킬 정도로 서류 파일들로 가득 차 있었다.

족쇄와 지하 감방

디어링턴 검사장과 함께 형사 법원에도 들러 판사들과 인사를 나누었다. 판사들은 모두 자기 사무실과 법정을 하나씩 갖고 있었다. 판사실은 법정과 나란히 붙어 있고 출입문으로 바로 통해 있는데 자기 방에서 일하다가 법정으로 들어갈 수도 있고, 재판을 진행하다가도 필요하면 판사실에 돌아와 업무를 볼 수 있도록 되어 있었다. 판사실에서 검사, 변호사 들이 모여 사건 진행을 협의하는 경우도 자주 있었다. 판사들은 모두 나이가 지긋하고 친절했으며 그들 중에는 이곳 검찰청에서 검사로 일하다가 판사로 임용된 경우도 있었다.

법정은 큰 것과 작은 것 두 가지가 있는데, 미국 영화에 자주 나오는 모습과 같았다. 재판장이 법대 가운데 조금 높게 앉고, 검사와 피고인 측이 나란히 앉도록 되어 있었다. 우리와 다른 것은 배심원석이 따로 마련되어 있다는 점이다. 배심원석은 재판부 옆에 있으며, 배심원들은 평범한 시민들이지만 유무죄를 가리는 절대적인 권한을 갖고 있다.

모든 법정에는 한쪽 모퉁이에 육중한 무게가 느껴지는 두터운 문이 나 있었는데 수갑을 찬 범죄인들이 재판을 받기 위해 드나드는 문이었다. 중범죄인들에게는 발목에 족쇄를 채우기도 한다. 안내를 맡은 법정 경찰관을 따라 둔탁한 문을 열고 들어서니 바로 지하 감옥으로 향하는 엘리베이터가 있었다. 지하에는 재판 대기중인 구속 범죄자들을 가두어두는 창살로 된 방이 있었다.

5평 정도 되는 창살 방 6개가 반원형을 그리며 나란히 있고 그 맞은편 중앙에 경찰관 3명이 전자 상황판을 보며 근무하고 있었다. 경찰관들은 컴퓨터로 각 방의 상황을 체크하는데, 일주일에 사흘 정도는 밤샘 근무를 해야 한다며 고충을 토로했다. 검사장과 함께 지하 감옥으로 들어서자 몇몇 범죄인들은 검사장을 알아보았는지 고래고래 소리를 질러댔다.

"나는 억울하다, 나를 풀어달라." "감옥을 지키는 경찰관들이 우리를 괴롭히고 있다. 그들을 처벌하라."

모두들 보석 석방이 거부된 중범죄인들이었다. 검사장은 아무런 대꾸를 하지 않았다. 철창으로 막혀 있기는 했으나 중범죄자들이 가득한방을 둘러보는 것이 마음 편한 일은 아니었다.

검사실과 법정, 지하 감옥까지 모두 둘러보고 검찰청사를 나오는데 2월의 차가운 공기 때문인지 코끝이 찡해왔다. 사법연수원 시절 검찰 시보로 첫발을 들여놓던 그때와 비슷한 각오가 들었다. 그래, 한번 부딪쳐보자. 과연 이곳 검사들은 어떻게 일하고 있는지, 형사재판에서 진실은 제대로 규명되는지, 말 그대로 인권은 확실하게 보장되고 있는지. 나는 이 모든 것들을 눈으로 직접 확인하고 싶었다.

도시락 먹는 검사들

미국 검사는 그 지위가 천차만별이다. 연방제를 택하고 있기 때문에 연방 차원의 검사가 있고, 주 차원의 검사가 있다. 연방 검사는 연방공무원의 뇌물 사건, 중요 경제·금융 범죄, 조직범죄 등 연방법 위반 범죄를 다루고, 주 검사는 살인, 강도, 강간, 가정 폭력 등 일반 범죄를 다룬다.

연방 검사는 대통령이 임명하고 영예로운 자리로 인식되고 있으며 사회적 지위도 높다. 연방 검사를 마치면 유명 로스쿨의 교수로 근무하기도 하고, 정계로 진출하는 경우도 있다. 2001년 뉴욕시장 근무 시 9.11 테러사건의 현장 지휘로 《타임》지의 '올해의 인물'로 선정되고 2008년도 대통령 선거에 유력 주자 중 한 명으로 나섰던 루돌프 줄리 아니 역시 뉴욕의 연방 검사 출신이다.

주 검사는 주에 따라 선거로 당선되거나 주지사가 임명한다. 어떤 주에서는 변호사가 파트타임으로 검사 일을 하기도 한다. 사회적 지위와 역할도 주에 따라 다르다. 검사의 역할이 많은 주는 검사의 지위가

뉴욕주 맨해튼에 있는 연방 검찰청사에서 연방 검사들과 미국의 검찰 제도에 대하여 이야기
를 나눴다. 맨 왼쪽에 신현수 UN 주재 검사도 자리를 함께했다

탄탄하고 봉급 수준도 높지만, 어느 주의 경우에는 봉급도 낮고 경력
을 쌓기 위해 잠시 머물다 그만두는 곳으로 생각한다.

　코네티컷주 검사들의 봉급 수준은 상당히 높았는데 대부분의 검사
들이 평생 검사로 근무하겠다는 생각을 갖고 있었다. 디어링턴 검사
장 또한 20년 넘게 같은 검찰청에서 근무했다고 한다. 코네티컷주의
주민들도 검찰에 전폭적인 신뢰를 보내고 있다.

　그해 4월에 오토바이를 타고 가던 흑인 고등학생이 경찰관이 쏜 총
에 맞아 사망한 사건이 발생했다. 경찰관은 흑인 소년이 도둑인 줄 알
았다고 주장했다. 그러나 희생자는 도둑이 아니라 그곳 대학 교수의
아들이었다. 경찰관의 과잉 행위를 비난하는 여론이 들끓었다. 그런
데 검사장이 기자회견을 갖고 검찰이 직접 수사에 나서겠다고 하자
그렇게 시끄럽던 여론이 잠잠해졌다. 검찰이 직접 나서서 수사하는

경우는 극히 드물지만 일단 나서기만 하면 사건은 공정하게 처리될 것이라고 믿는 것이다. 경찰관들 역시 검사들의 지휘를 믿고 따르고 있었다.

검찰의 생명은 국민들로부터 받는 신뢰다. 국민이 믿지 못하는 검찰은 설 자리가 없다. 코네티컷주 검찰이 주민들의 전폭적인 신뢰를 받는 이유가 무엇일까? 그 궁금증은 4개월간의 검찰청 연수 과정이 끝날 때쯤 어렴풋하게 알 수 있었다.

나는 로스쿨 강의가 있는 날을 빼고는 아침 9시 30분까지 검찰청에 도착했다. 한동안은 각종 재판 과정을 참관하며 미국 검찰청의 분위기를 익혔다. 법정에 들어가 방청석에 앉아보기도 하고, 검사장과 함께 관할 경찰서를 방문하기도 했다.

그런데 시간이 지나면서 한 가지 궁금증이 생겼다. 며칠이 지나도 검사들이 어떻게 점심 식사를 해결하는지 도무지 알 수가 없었다. 모두들 각자 맡은 재판에 따라 점심시간이 달랐고, 검사장은 회의 참석 등 외부 행사로 바쁘게 지내고 있어 함께 식사를 하러 갈 형편은 못되었다. 그래도 이들이 어떻게 점심 식사를 하는지 알 수가 없었다. 구내식당이 있는 것도 아니었다. 함께 식사를 하러 가자는 검사도 없었기 때문에 나는 학교 학생 식당에서 식사를 하고 다시 검찰청으로 돌아가곤 했다.

하지만 시간이 흐른 다음에야 그 이유를 알 수 있었다. 검찰청의 많은 직원들은 샌드위치 같은 간단한 도시락을 싸와 각자의 방에서 식사를 하고 있었다. 검사장을 포함한 여러 검사들은 아예 점심을 거르고 편한 시간에 간단히 요기를 하고는 계속 일을 했다. 검찰청 직원 중 3분의 1 정도는 점심을 먹지 않았다. 도시락을 싸오거나 식사를 거르는 검사들을 제외한 나머지 사람들은 돈을 모아 햄버거나 샌드위치를 사다 먹었다(가끔씩 내 것까지 마련해주어 함께 식사를 하기도 했다).

검사들이 점심 때 외부 식당에서 식사하는 경우는 거의 없었고, 변호사나 외부 인사와 식사하는 것은 한 번도 보지 못했다. 공무원의 경우 일정 금액 이상의 식사 대접을 받으면 징계를 받는다고 한다. 내가 있었던 4개월 동안 사무실 직원 회식도 전혀 없었다. 크리스마스 직전에 1년을 마무리하는 한 번의 파티가 회식의 전부라고 했다. 퇴근 후 곧바로 집으로 돌아가 가족들에게 충실해야 하는 것은 검사뿐 아니라 대다수 미국인들의 공통된 생활양식이다.

어찌 보면 무미건조한 생활이 연속되어 무슨 재미로 사는지 모를 지경이었다. 매일 똑같은 일이 반복되는 단순하고 건조한 삶이었다. 그러나 그러한 삶을 살고 있기에 검사에게 기대되는 고도의 청렴성과 도덕성도 보장될 수 있는 게 아닐까 한다.

취임식장의 케이크 한 조각

하루는 디어링턴 검사장이 경찰청에 새로운 차장이 부임하여 취임식이 있으니 뉴헤이븐 경찰청에 함께 가자고 했다. 검찰 수사관이 모는 차를 타고 검사장과 함께 경찰청으로 갔다. 경찰청 건물은 그리 멀지 않은 곳에 있었다. 차를 세워 놓고 건물로 들어서는데 많은 경찰관들이 인사를 했다. 모두들 손을 들며 "Hi" 하고 인사를 했다.

그런데 도대체 어디서 취임식을 하는지 알 수가 없었다. 장소가 어디라는 안내문조차 없었다. 어리둥절하여 주위를 둘러보다가 검사장을 따라 조그마한 방에 들어갔다. 방 가운데에는 커다란 직사각형 테이블이 하나 놓여 있었고, 그 주위에 30여 명 정도의 사람들이 서 있었다. 조금 후 정복을 입은 경찰관 한 명이 들어와 간단하게 인사말을 하면서 열심히 하겠으니 직원들도 최선을 다해달라고 부탁했다. 새로 취임하는 차장이었다. 이어서 디어링턴 검사장이 차장을 비롯한 경찰관들에게 격려의 말을 했다.

여자 경찰관이 자그마한 케이크를 들고 와 테이블에 올려놓았다.

신임 경찰청 차장은 여자 경찰관과 함께 케이크를 잘라 모인 사람들에게 마실 것과 함께 나눠주었다. 사람들은 잠시 담소를 나누다가 한두 명씩 자리를 떠났다. 검사장이 참석한 취임식은 이렇게 끝난 것이다.

커다란 강당에 열을 지어 선 경찰관들, 성대한 음악과 격식을 갖춘 취임식을 생각한 나는 당황스러웠다. 미국의 관공서 분위기가 모두 이렇게 격식을 차리지 않는 것인지 궁금했다. 법정 분위기 역시 생각보다 부드러웠다. 판사가 입정하기 전 법정 경찰관은 사람들을 정돈시키고 질서를 잡는다. 재판관이 입정하여 자리에 앉으면 법정 경찰관은 "Good morning, your honor!" 하고 큰 소리로 인사를 하고, 재판관도 "Good morning" 하고 화답한 다음 재판을 시작했다.

법정 경찰관은 정복을 입고 가스총이나 진압봉을 휴대하고 있었는데 여자 경찰관도 있고 나이 든 사람도 많았다. 질서 유지는 상당히 엄격했지만 판사들이 증인이나 피고인들에게 친절하게 말을 건넬 정도로, 위압감을 주는 분위기가 아니었다.

미국에서는 관공서보다 오히려 사기업체에서 상사와의 관계가 더 까다롭다고 한다. 관공서에서는 미리 정해둔 법규와 기준에 따라 일을 하면 서로 낯을 붉힐 일도 별로 없고 함부로 해고되지도 않지만 민간 회사에서는 상사에게 잘못 보일 경우 바로 해고될 수 있어 상사에 대해 아주 조심스럽다는 것이다. 로펌도 마찬가지다. 일반 변호사가 파트너나 상급자의 말을 무시했다가는 결코 파트너가 될 수 없다.

검사들과 친해진 다음 한 검사에게 검사장과의 관계가 어떤지 물었다. 검사장과 의견 충돌은 없는지, 중요한 사건을 처리할 때 검사장이 어떠한 권한을 행사하는지 궁금했기 때문이다. 그 검사의 이야기로는 서류 결재 같은 것은 없고, 필요하면 구두로 상의한다고 했다. 의견 충돌이 있는 경우는 별로 없다는 것이다.

주 검찰청의 경우 검사는 수사 단계에서는 경찰관과, 재판 단계에서는 재판장과 함께 일을 처리한다. 단독으로 최종 결정을 내리는 경우는 거의 없었다. 여러 권한들이 경찰관, 검사, 판사, 배심원들 사이에 철저하게 나뉘어 있기 때문이었다.

기소 여부를 결정하는 데 있어서는 기소 배심제도가 마련되어 있고, 재판에서 유무죄를 가리는 것은 배심원들이었다. 판사가 형벌의 경중을 결정할 때에도 미리 정해놓은 양형기준을 따라야 한다. 누군가가 장막 안에서 비밀스러운 결정을 내릴 수 없도록 여러 가지 제도적 장치들을 마련한 것이 미국 공권력의 특징이다. 철저한 권한 분배와 상호 견제, 감시 체제는 권한 남용을 최대한 막고 있었다.

위계질서나 격식 같은 것을 크게 의식하지 않고 생활하는 이들의 모습이 스스럼없고 자유롭게 보이기도 했으나 어떤 경우에는 뼈대가 없는 것처럼 느껴지기도 했다. 한편 그와 같은 형식이 없음에도 이들 사회와 인간관계의 질서를 유지시키는 기본 논리가 무엇인지 궁금해지기도 했다.

경찰청 차장의 취임식장에서 함께 나눈 케이크 한 조각은 연수 과정 내내 미국이라는 나라의 문화와 바탕에 대해 많은 것을 생각하게 해주었다.

미국의 형사재판 제도

미국에서 수사와 재판이 진행되는 일반적인 절차에 대해 살펴보자. 범죄 신고를 받은 경찰관이 현장으로 달려가면서 수사가 시작된다. 경찰관이 현장을 꼼꼼히 챙기고, 현장에 남겨진 물건들을 점검하면서 목격자와 참고인을 조사하고 나면 용의자 몇 사람이 나타나고, 이들을 추궁하다 보면 범인의 윤곽이 잡힌다. 수사관의 경험과 추리를 통해 판단한 결과 범인이 틀림없다고 생각되면 체포 영장을 받아 용의자를 체포한다. 체포된 다음에는 석방할 것인지 계속 구금 상태를 유지할 것인지의 여부를 판사가 48시간 내에 결정한다. 살인이나 중범죄인 경우에는 보석으로 석방하면 도주할 가능성이 높기 때문에 석방하지 않는 것이 대부분이고, 석방 결정을 하더라도 거액의 보석금을 내야 한다.

용의자가 범행을 자백할 수도 있지만, 범행을 부인할 경우에는 법정에서 시시비비가 가려진다. 검사는 수사와 재판 과정에서 혐의자의 자백을 받기 위해 플리 바게닝Plea bargaining 절차를 거친다. 예를 들어 정식 재판 절차를 통해 배심원들의 평결을 거치면 징역 7년이 선고되는데 자백을 하면 징역 4년으로 줄여주겠다고 제의하고, 만약 피고인이 받아들이면 판사가 그에 맞춰 형량을 결정하는 것이다.

정식 재판까지 가서 배심재판을 받을 경우 범행을 부인하는 상태에서 유죄가 인정되면 매우 높은 형을 받게 된다. 따라서 범죄인은 자백할지 여부를 신중하게 선택해야 한다. 미국에서는 플리 바게닝 과정을 통해 사건의 90퍼센트가 자백으로 신속하게 처리된다.

나머지 10퍼센트 사건들은 법정에서 치열한 공방을 벌인다. 미국 영화에서 자주 보는 장면들이 벌어지는 것이다. 이때 심판관은 배심원들이다. 미국 재판 제도의 가장 큰 특징이 바로 배심재판 제도이다. 배심재판 제도는 영국과 미국 형사재판의 가장 큰 특징으로 유죄냐 무죄냐를 판사가 가리는 것이 아니고 보통 시민들이 결정한다.

전문가가 아닌 일반 시민들이 유무죄를 가리기 때문에 생겨난 독특한 재판 문화도 많다. 이들 배심원들은 재판이나 법률에 관한 전문 지식이 없기 때문에 서류로 된 진술서나 조서를 읽는 데 익숙하지 못하고 상세한 이유를 단 판결문을 작성하기도 어렵다. 배심원 중에는 아예 글을 읽지 못하는 사람도 있다.

배심원 평결은 상식에 입각해서 결정된다. 검사나 변호사 모두 이러한 배심원들을 설득해야 하므로 서류만 제출해서는 재판에서 이길 수가 없다. 따라서 생생한 인상을 주기 위해 현장을 목격한 증인들이 직접 증언을 해야 하고, 각종 사진이나 비디오 테이프 등 시청각 증거도 총동원된다. 검사나 변호인이 배심원 앞에서 배우 뺨치는 연기를 펼치기도 한다. 이 모든 것은 배심원이 있는 법정에서 이루어지고, 재판 과정에서 모든 것이 판가름난다.

판사는 검사와 변호사가 배심원들에게 어떤 증거를 보여줄 수 있는지, 어떤 증인의 증언이 허용되는지를 결정한다. 불법 도청이나 불법 압수수색을 통해 수집한 증거는 배심원들에게 제출할 수 없다. 증거법에 위반되면 증인도 증언할 수 없다. 사건과 무관하면서 피고인에 대해 험담을 하거나 피고인에 대해 편견을 갖게 하는 내용 등이 이에 해당된다. 사진도 일단 한 번 보고 나면 아무리 증거로 쓸 수 없다고 해도 그 인상을 지울 수 없다. 특수한 직업적 훈련을 받은 전문 법관들보다 일반인들에게는 그 영향이 더 클 수 있다. 따라서 배심원 재판에서는 법정에 제출할 수 있는 증거의 종류가 매우 중요하다. 검사와 변호인은 증거 채택을 놓고 치열하게 다투는데 이에 대해 결론을 내리는 사람은 판사이다. 판사는 배심원들에게 사건에 적용되는 법률 내용을 설명해주기도 한다.

배심원들은 유죄나 무죄를 결정하고도 판결문을 작성하지는 않는다. 투표로 결정한 최종 결론을 구두로 발표할 뿐이다. 왜 유죄인지, 왜 무죄인지 도대체 이유를 알 수 없다. 몇몇 배심원들이 표결 과정에서 오고 갔던 이야기를 흘리면 대충 짐작만 할 뿐이다. 판결문이 있어야 그 판단에 대해 조목조목 반박을 할 수 있는데 판결문이 없다 보니 배심원의 판결에 이의를 제기할 수가 없다.

이런 이유로 미국에서는 유무죄에 대한 사실 판단에 대해서는 상소할 수 없는 단심제로 운영된다. 다만, 재판 과정에서 절차를 위반했거나 피고인의 권리가 부당하게 침해된 경우 법령 위반을 이유로 상소를 제기할 수 있다. 상소심에서는 유죄냐 무죄냐보다는 재판 절차나 증거 선택이 법을 어겼는지 여부를 따진다. 2심에서도 사실 여부를 다시 따질 수 있는 우리나라와는 다르다.

미국의 배심제도에 관해 좀 더 설명하면 우리나라 남자들이 예비군 훈련을 받아야 하듯이, 미국 시민들은 배심원으로 봉사해야 하는 의무를 진다. 배심원 후보자들은 컴퓨터를 사용해 무작위로 뽑는다. 자동차 면허증이나 사회보장제도 번호와 같은 등록 자료를 바탕으로 컴퓨터가 무작위로 뽑기 때문에 어떤 때에는 검사가 배심원 후보로 선정되기도 한다.

재판을 받는 피고인들은 배심재판과 판사재판 중 한 가지를 선택할 권리가 있다. 코네티컷주의 경우 배심재판에서는 배심원 전원이 만장일치가 되어야 유죄로 인정된다. 12명의 배심원 중에서 11명이 유죄를 확신하고 있더라도 나머지 한 명이 끝까지 아니라고 하면 유죄가 될 수 없다. 그러나 배심원들은 보통 범죄 피해자나 그 가족들에 대해 동정적이기 때문에 오히려 더 불리해질 수가 있다.

배심원이 어떤 사람인지는 검사나 변호인 모두에게 큰 관심사이다. 가족 중에 경찰관이나 검사가 있다면 아무래도 검사 쪽 의견에 호의적이기 마련이다. 반면에 가까운 친척 중에 억울하게 재판받은 사람이 있다면 수사기관의 말을 불신할 것이다. 검사나 변호인 모두 자기 쪽에 유리한 사람을 선정하기 위해 노력한다. 그렇기 때문에 배심원을 선정하는 절차는 매우 까다롭다.

또한 재판 대상이 된 사건과 조금이라도 이해관계가 있는 사람은 제외된다. 검사와 변호인은 배심원 후보자들을 세워놓고 여러 가지 질문을 하고 자기에게 불리하다고 생각되면 그 후보자를 제외시킨다.

8명까지는 아무런 이유를 대지 않아도 제외시킬 수 있다. 그러나 무작정 제외시키다 보면 나중에는 정말 찜찜한 후보자라도 제외시킬 수 없게 되므로 제외 권한을 적절히 사용해야 한다. 다만 피고인이 유색인종인데 배심원 후보자도 같은 피부색을 갖고 있는 경우에는 합리적인 이유를 들어야만 그를 제외시킬 수 있다. 판사는 인원에 제한 없이 제외시킬 수 있다.

중범죄의 경우 12명의 배심원과 6명의 예비 배심원을 선정해야 하는데 짧게는 2시간 정도 걸릴 때도 있지만 양쪽의 의견 대립이 심하고 배심원들도 뽑히기를 꺼리는 사건에서는 배심원 선정에만 한 달 넘게 걸리기도 한다.

프로모터 돈 킹이 마련한 배심원 파티

배심재판에 대해서는 전문성과 효율성 측면에서 의문이 제기되기도 한다. 조세나 증권 범죄와 같이 전문 지식이 필요한 분야에서 과연 전문 지식이 없는 배심원들이 적절한 판단을 내릴 수 있느냐는 비판이 가해지고 있으며, 배심재판 제도를 유지하더라도 사건에 따라서는 일반 시민이 아닌 각계의 전문가 중에서 배심원을 선정해야 한다는 주장도 있다.

한편 배심원들은 감정적인 결정을 내리는 경우가 많고, 이 때문에 재판도 감정에 호소하는 쇼처럼 되고 있다는 비판도 있다. 그리고 배심원들은 협박이나 유혹에 노출되기 쉽다는 문제가 제기되기도 한다. 배심제도는 교양 있고 건전한 판단력을 갖춘 시민들을 전제로 하는 것인데, 지금의 미국 사회는 그와 같은 신뢰를 상실한 지 오래되었다는 것이다.

돈 킹이라는 미국 프로 권투계를 좌지우지하는 프로모터가 있다. 핵 주먹 타이슨의 프로모터이기도 했는데 보험 사기죄로 재판에 회부된 적이 있다. 유죄가 인정되면 징역 45년 형까지 받을 위험에 처해 있었다. 스포트라이트를 받으며 재판이 진행되었는데 배심원들은 돈 킹에게 무죄를 선언했다. 재판이 끝나자 돈 킹은 배심원 12명과 그 가족들 모두를 카리브해의 휴양지 바하마로 초청했다. 바하마에서는 멋진 파티가 벌어졌는데, 비행기값을 포함하여 모든 비용을 돈 킹이 지불했다. 평결이 난 이후 배심원들에게 향응을 제공하는 것은 뇌물죄가 성립되지 않는다는 것이다. 이 사실이 언론에 알려지자 비난 여론이 들끓었다.

이와 비슷한 해프닝들이 종종 발생하고 있지만 많은 시민들과 법률가들은 배심제도를 지지하고 있다. 배심원들을 믿을 수 없다는 주장에 대해 과연 전문 법관들이 일반 시민보다 더 객관적이고 청렴하다는 증거가 어디 있냐고 반문하기도 한다. 여러 비판에도 불구하고 배심원 제도의 존재 의미는 일반 시민들이 재판에 직접 참여한다는 점이다. 단순히 들러리를 서는 것이 아니고 유무죄를 가리는 결정적인 권한을 행사한다. 범죄인들도 자기와 똑같은 입장에 있는 일반 시민들이 만장일치로 유죄라고 평결했으니 이를 받아들일 수밖에 없다. 배심재판제도는 '국민에 의한 정부'를 직접적으로 구현하는 기능을 한다.

양철 박스를 들고 다니는 여검사

경범죄를 다루는 법정에 들어갔을 때였다. 한 여자 검사가 커다란 양철 박스를 두 손으로 힘겹게 들고 법정으로 들어왔다. 밑바닥이 평평하게 되어 있고 위로 갈수록 조금씩 넓어지는 사각형의 양철 박스였는데 위쪽에 손잡이 두 개가 달려 있었다. 표면이 반들반들한 것으로 보아 오랫동안 사용한 것처럼 보였다. 뭐가 들어 있기에 저렇게 힘들어 하나 싶었는데 검사는 양철 박스를 책상 위에 올려놓더니 사건 기록 한 무더기를 꺼내놓았다. 많은 기록들을 넣고 다니기에는 편하겠지만 양손으로 낑낑대며 들고 다니는 모습이 안쓰러워 보였다.

경범죄를 다루는 법정에서는 여러 명의 검사들이 들락날락하면서 자신이 담당하는 사건을 처리했다. 그래서인지 재판을 기다리는 수많은 피고인들과 방청객들로 법정이 여간 혼잡하지 않았다. 여자 검사들도 많았는데 고참 여자 검사들은 정장 차림에 운동화나 등산화를 신고 있었다. 오랜 시간 서 있어야 하기 때문에 그런 차림을 하는 것 같았다.

경범죄를 다루는 검사들은 엄청난 사건 부담을 지고 있다. 그들은 한 달에 1,500건 정도의 사건을 처리한다. 하루에 70건 정도를 처리하는 셈이다. 말이 70건이지 하루 8시간 근무를 한다고 하면 1시간에 10건 가까이 처리하는 셈이다. 경범죄라 하더라도 일단은 재판이 열리도록 되어 있기 때문에 모든 사건은 법정에서 처리된다. 우리나라의 경우 벌금형이 선고될 사안은 재판 없이 서류상으로 처리되기 때문에 훨씬 간단하게 끝날 수 있다.

중범죄만을 다루는 검사들의 업무 부담은 그리 크지 않다. 이들 중에는 피고인과 자백 협상만 하는 사람도 있고, 유무죄를 다투는 정식 재판만 담당하는 사람도 있다. 경력 있는 노련한 검사들이 주로 정식 재판에 관여한다. 중범 처리 검찰청에서는 8명의 검사 중 6명이 정식 재판을 담당한다. 검사 한 명이 한 달에 4건 정도의 재판을 처리하여, 1년에 평균 40건 정도의 재판을 할 수 있다고 한다.

우리나라는 검사 한 명이 월 300건 정도의 사건을 처리한다. 매달 말일을 기준으로 사건 처리 실적을 비교하는 관행 때문에 월말이 다가오면 며칠 밤을 정신없이 보내기 일쑤다. 월 초나 월 중간에도 1주일에 2, 3일은 야근을 해야 적정한 사건 수를 유지할 수 있다. 조금이라도 마음을 늦추다 보면 사건 기록을 보관해놓은 캐비닛이 꽉 차버리게 된다.

미국 검사들도 오전 9시부터 오후 6시까지의 근무시간 중에는 눈코 뜰 새 없이 바쁘다. 한가하게 잡담을 나누는 모습은 거의 볼 수 없다. 중요한 재판이 계속될 때에는 재판 준비로 야근을 하기도 한다. 그러나 보통은 일과가 끝나면 바로 퇴근한다. 재판 자체가 일과 시간을 넘겨가면서까지 계속되지는 않기 때문이다.

거물 정치인의 방화 사건

4개월간의 검찰 실무연수 중 발생한 가장 큰 사건은 민주당의 지역 최고 책임자였던 한 기업인 소유 상가에 발생한 화재 사건이었다. 화재 진화 과정에서 소방관 한 명이 불에 타 죽고 여러 명이 다쳤다. 단층으로 된 상가 건물은 고액의 화재 보험에 들어 있었다. 건물 주인이 거물 정치인이고, 불을 끄는 과정에서 소방관이 죽었기 때문에 지역 언론들도 크게 다루었다. 그러나 화재 원인이 바로 밝혀지지 않아서 해결하기 까다로운 사건이었다. 사건의 중요성을 고려하여 검사장이 수사에 직접 참여하게 되었다. 검사장의 요청에 따라 나도 검사장과 한 팀이 되었다.

먼저 화재 원인을 밝혀내는 것이 급했기에 가스 회사와 전기 회사의 화재 사고 담당 전문가들이 정밀 점검에 들어갔다. 누군가 일부러 불을 지르지 않았다면 전기나 가스 때문에 불이 났을 확률이 높았다. 그러나 가스 회사와 전기 회사의 담당자들은 전기나 가스는 화재 원인이 아니라고 결론을 내렸다.

화재 전문 경찰관도 경찰견과 함께 화재 현장을 정밀 감식했다. 방화일 경우에는 불을 내기 위해 집안에 휘발유나 인화 물질을 뿌리는 것이 보통이다. 가구나 벽에 그냥 불을 붙이기가 쉽지 않기 때문이다. 휘발유나 인화 물질의 흔적을 찾기 위해서 인화 물질 감식 전문 경찰견이 동원되었다. 이 경찰견은 불에 타버린 화재 장소를 여기저기 돌아다니다가 인화 물질의 흔적을 냄새 맡으면 그 자리에 꼼짝 않고 앉는다. 화재 감식견은 커다란 세퍼드였다. 함께 온 경찰관에게 물으니 경력 7년의 베테랑이라고 했다. 현장에 투입된 경찰견은 여기저기를 킁킁대며 다니다가 영업소 건물의 중간 방에 이르자 코끝을 쫑긋거리며 털썩 주저앉았다. 현장에 있던 관계자들 모두가 그 순간 소리 없는 환호성을 올렸다. 드디어 단서가 발견된 것이다.

거대한 기중기가 동원되어 경찰견이 찾아낸 건물 바닥을 송두리째 들어냈다. 거대한 시멘트 구조물 전체가 초대형 트럭에 실려 코네티컷 주 과학수사연구소로 옮겨졌다. 과학수사연구소의 감정 결과 발화 지점에서 'V' 자형 화재 흔적이 발견되었다. 가스 폭발로 인한 화재라면 그와 같은 흔적이 발생하지 않는다고 한다. 단순 화재가 아니고 누군가에 의한 방화라는 잠정 결론이 내려졌다.

이제 범인이 누군지 밝혀야 했다. 화재 신고가 들어온 새벽 4시 24분을 기준으로 해서 그 직전에 영업소에 있었던 사람이 누구인지를 찾는 것이 문제 해결의 열쇠였다. 목격자는 아무도 없었다. 건물 주인인 거물 정치인을 비롯하여 종업원들과 가족, 이웃 주민 등 여러 사람들을 조사했다.

조사 대상자들의 진술을 종합한 결과, 화재 신고가 들어오기 바로

30분 전에 그 정치인이 영업소에 혼자 있었다는 사실이 드러났다. 거물 정치인은 자신이 그곳에 있었다는 사실은 시인했으나 절대 불을 내지 않았다고 주장했다. 자신은 그 전날 영업소에서 이상한 냄새가 나는 것을 발견하고 원인을 찾기 위해 영업소에 있다가 집으로 돌아갔다는 것이다.

그의 주장을 모두 인정한다면 그가 영업소를 떠나고 화재 신고가 들어오기까지 30분 사이에 누군가 건물에 들어와 불을 질렀다는 결론에 이른다. 그러나 화재를 진화하러 온 소방관들의 진술에 따르면 당시 건물의 모든 문과 창문은 자물쇠로 잠겨 있었다는 것이다. 그리고 열쇠는 정치인과 그 가족들만이 가지고 있다는 것도 확인되었다. 한편 그 정치인이 많은 빚을 지고 있었고, 화재 보험금을 타면 그 빚을 갚을 수 있다는 점도 밝혀졌다.

이제 검찰은 용의자가 그 장소에 머물러 있었을 때, 즉 화재 신고가 들어오기 30분 이전에 화재가 발생했다는 점을 입증해야 했다. 화재의 발생 시간을 어떻게 정확하게 추정해내느냐가 문제였는데 이를 해결하기 위해 미국 전역에서 전문가들이 모였다.

화재 전문 수사팀의 맹활약

화재 발생 지역을 관할하는 지역 경찰서 회의실에서 검사장 주재로 회의가 열렸다. 방화 전문 경찰관, 소방서 직원, 화재 감식 전문가 등 총 7명이 참석했다. 화재 감식 전문가는 멀리 다른 주에서 비행기를 타고 왔다.

회의에서는 우선 화재의 원인에 대해 서로 의견을 나누었다. 화재 현장 감식 결과를 토대로 방화라는 점에 이의가 없다고 결론을 내렸다. 소방서에서 나온 화재 전문가는 당시 파란색 불꽃이 발생했다고 하면서 가스로 인한 화재는 아니라고 덧붙였다.

방화 시각에 대해서도 여러 의견이 나왔다. 그때까지 진행된 수사 내용을 종합해본 결과 첫째, 화재가 발생한 날 새벽 4시 직전에 그 정치인이 사고 현장에 있었다는 점. 둘째, 화재 신고가 들어온 새벽 4시 24분경 사고 현장에 불길이 가득했다는 점. 셋째, 새벽 4시 41분쯤에 사고 건물의 천장이 무너져내렸다는 점 등이 기본적 사실로 확정되었다. 그 정치인이 있었던 시각에 불이 발생했다는 점을 어떻게 입증할 수 있을까?

전문가들은 건물 천장이 무너져내린 시점이 매우 중요하다고 말했다. 최초 화재 시점을 추정해내려면 그 시각이 중요한 의미가 있다는 것이다. 지붕이 무너지면 인화 물질이 다량으로 불꽃에 노출되면서 화재의 양상이 급격하게 바뀐다고 한다. 따라서 천장이 무너져내린 시각을 기초로 사고 당시의 대기 온도, 건물의 재질, 공기의 흐름, 사고 장소에 놓여 있던 물건들의 위치와 종류, 화재가 시작된 지점, 마룻바닥에 뿌려진 인화 물질의 종류와 양 등 사고 현장 상황을 정확하게 입력하여 컴퓨터 시뮬레이션 장치를 활용하면 최초 발화 시점을 알아낼 수 있다는 것이었다.

문제는 컴퓨터 모의 실험을 통해 얻은 자료가 법정에서 증거로 사용될 수 있는지 여부였다. 이 문제의 해결은 내가 맡았다. 나는 로스쿨의 전산실로 달려가서 Westlaw라는 법률 정보망을 검색하여 연방

예일 로스쿨 전산실에서 정보를 검색하는 학생들

법원과 주 법원의 판례들을 찾아 나갔다.

　법률 정보망의 검색 도구를 불러내서 '컴퓨터 실험을 활용해 얻은 결과를 형사재판에서 증거로 사용할 수 있는가?'라는 질문을 자판으로 입력하고 엔터키를 쳤다. 잠시 시간이 흘렀다. 과연 있을 것인가? 마음을 졸이는 순간이었다. 결과가 떴다. 2건의 주 법원의 하급심 판례! 컴퓨터 모의 실험을 통해 총격 사고 상황을 재현한 결과를 형사재판에서 증거로 사용했다는 내용이었다. 사체에 박힌 총알의 방향과 쓰러진 사람의 위치, 방의 구조 등을 컴퓨터에 입력해 그 총알이 어디에서 발사되어 어떤 경로로 피해자를 쓰러뜨렸는지 컴퓨터가 밝혀낸 사건이었다.

　전문가들은 최종 결론을 내리기에 앞서 화재 현장을 다시 찾았다. 이제까지의 수사 결과가 과연 현장 상황에 모두 들어맞는지 최종적으로 확인하기 위한 것이었다. 모든 사건의 해결은 현장에서 이루어지게 마련이다. 나도 검사장과 함께 화재 현장을 찾았다. 건물 벽은 완전히 무너져내린 상태였고, 감식을 위해 바닥까지 모두 뜯겨 있어 황량한 모습이었다.

화재 감식견이 다시 동원되었다. 미국에서는 갱들 간의 영역 다툼에서 발생하는 방화 살인 사건이 많기 때문에 방화 사건 전문가와 전문 감식견이 많이 있다고 한다. 현장에 나온 경찰관은 갱들이 상대편 조직원을 총기로 살해한 다음 불을 질러 사건을 은폐하는 사례가 많다고 귀띔했다. 경찰관이 말하지는 않았지만 미국 남부에서는 흑인 교회에 화재가 발생하는 사건이 잇달아 일어나 크게 문제가 되었다는 것도 알게 되었다.

현장에 나온 방화 전문가들은 건물 주인인 정치인이 고의적으로 방화한 것이라는 결론을 내렸다. 당시 상황에 비춰 볼 때 그 외에는 불을 지를 수 있는 사람이 없었다. 검사장은 그 정치인을 체포하기로 결정했다. 아직 방화 시점에 관한 컴퓨터 시뮬레이션 결과가 나오지는 않았지만 다른 정황 증거들에 의해 그가 불을 질렀다는 점이 충분히 입증된다고 판단한 것이다.

법원의 영장이 발부되어 정치인이 체포되었다. 법원에서는 그를 심사한 후 일단 보석으로 석방하기로 결정했는데 보석금이 한국 돈으로 1억 원이 넘었다. 그는 보석금을 내지 못해 바로 석방되지는 않았다.

사건은 재판 단계로 넘어가게 되었다. 유죄 협상이 벌어지기는 하겠지만, 자백할 가능성은 없었다. 피고인이 치열하게 다툴 것이 분명했고, 배심재판을 통해 결론이 날 것으로 예상되었다. 이 사건 역시 1년 넘게 기다려야 재판이 열린다고 했다. 재판 결과가 어떻게 나올지 궁금증을 가진 채 귀국할 수밖에 없었다.

불쌍한 노인을 어떻게 감옥으로 보내요?

귀국한 지 2년 정도 지난 후 방화 사건 재판이 진행되지 않았을까 궁금해 코넷티컷주 검찰청으로 전화를 했다. 디어링턴 검사장이 반갑게 전화를 받았다. 안부 인사를 나눈 뒤 바로 그 사건에 대해 물어보았다.

"아, 그 사건이요. 바로 며칠 전에 재판 결과가 나왔습니다. 정말 치열하게 다투었어요. 결국 배심원들이 투표를 했는데 증거 불충분으로 유무죄 결론을 내릴 수 없다는 결정이 났어요. 6명의 배심원 중 2명은 유죄라고 했는데, 4명이 증거 불충분이라고 고집했다고 합니다. 저는 결과에 승복할 수 없습니다."

"유죄도 아니고, 무죄도 아니라는 건데, 왜 그런 결론이 나왔나요?"

"여러 경로로 확인해봤는데, 배심원 중 한 명이 나이 많은 노인을 감옥에 보낼 수 없다고 말했다고 해요. 유죄로 인정되면 중형이 선고될 것이고 그렇게 되면 감옥에서 죽을지도 모른다는 것이죠. 또 다른 배심원은 아무리 돈이 궁하다고 해도 설마 자기 사무실에 일부러 불을 질렀겠느냐고 의심을 품고 있었다고 합니다."

검사장은 배심원들의 동정으로 인해 객관적인 결정을 내리지 못했다고 아쉬워했다. 하지만 완전 무죄가 아니고 유무죄를 결정할 수 없다는 평결이기 때문에 증거를 보강하여 다시 기소해 다른 배심원들이 재판하도록 할 예정이라고 했다. 미국에서는 무죄 또는 유죄라는 평결 이외에도 판단 보류 결정^{Hung Jury}이라고 하여 유무죄의 결정을 보류하는 제3의 길이 있다. 이럴 경우 무죄 평결을 받은 O. J. 심슨 사건과는 달리 검사는 다시 재판에 회부할 수 있다.

과학수사로 범인을 잡는다

이번 방화 사건은 비록 재판에서 유죄가 인정되지는 못했으나, 과학수사를 통해 사건을 해결한 좋은 본보기였다. 일등 공신은 화재 감식 경찰견과 코네티컷주 과학수사연구소였다.

코네티컷주의 검사나 경찰관들은 수사 과정에서 자백을 강요한다는 것은 생각하지도 않았다. 실제 대부분의 범죄자들이 범행을 부인하거나 묵비권을 행사하여 아예 입을 다물어버린다. 수사 과정에서 무리하게 용의자를 다그치다가 가혹 행위 시비라도 걸려 손해배상 청구를 당하면 정말 큰일난다. 징계나 처벌에 그치는 것이 아니고 손해배상으로 수십억 원의 돈을 평생 갚아 나가야 하기 때문이다. 그렇기 때문에 용의자를 무리하게 수사하지 않고 객관적인 증거를 찾아야 한다.

유죄를 인정할 만한 합리적인 증거가 있으면 범인의 자백이 없어도 일단 재판에 회부하고 재판 과정에서 플리 바게닝을 통해서 자백을 받아낸다. 판사나 배심원들도 굳이 범인의 자백을 요구하지 않고, 합리적인 증거만 있다면 유죄를 인정한다.*

물적 증거가 없으면 범인이라는 심증이 있더라도 처벌하기 어렵다. 이러한 결과가 정의롭지 못하다고 비판하는 사람들도 많다. 따라서 진실을 밝혀내고 범인을 재판에 회부하기 위해서는 객관적인 증거를 찾아야 한다. 그리고 이를 뒷받침해주는 수사 역량과 제도적 장치를 마련하기 위해 고심한다. 법정에서 위증하는 경우뿐만 아니라 수사기관 앞에서 허위 진술하는 것도 사법방해죄나 허위진술죄로 처벌 대상이 되고, 조직 내부에서 범죄를 고발하는 사람에 대해서는 형사 책임을 법적으로 감면해준다. 범죄가 발생하면 바로 현장으로 출동할 수 있는 시스템을 갖추고, 과학수사 장비와 인력도 확충하기 위해 노력한다.

미국 FBI의 연구소는 세계 최고 수준을 자랑한다. 법과학 연구센터, 과학분석부, 수사활동지원부, 특수계획부, 지문감식부 등으로 나뉘어 있으며 DNA 분석, 컴퓨터 분석, 협박 기록 분석, 폭발물 자료센터 등 첨단과학수사 장비를 자랑한다. 유전자 감식법에 따라 FBI가 각 주와 지역의 유전자 정보 은행을 통합 운영하여, 성범죄나 살인, 강도 등 중범죄를 저지르는 범죄자들은 지문 채취뿐만 아니라 유전자까지 채취하여 입력시켜놓는다. 디지털 시대를 맞아 컴퓨터나 휴대폰에 남아 있는 디지털 증거를 분석하는 기법도 세계 최고 수준이다.

이와 같은 과학수사 기법 외에도 광범위한 감청과 함께 비밀 잠입 수사도 적극 활용된다. 수사관이 정체를 숨긴 채 범죄자에게 접근하

---

* 그러나 미국 맨해튼에서 9.11 테러 사건이 발생하자 부시 행정부는 테러 용의자들을 쿠바 관타나모 소재 미군 기지에 수용한 후 가혹한 방식으로 신문을 벌였다. 인권 존중의 가치를 중시했던 미국 형사사법 전통에 오점을 남긴 것이다.

여 범죄를 입증할 수 있는 증거를 확보하는 수사 방법이다. 마피아 범죄, 뇌물 범죄, 마약 범죄, 매매춘이나 도박, 조직범죄 등 중요 범죄는 대부분 비밀 잠입 수사를 통해 밝혀낸다. 매춘 행위를 적발하기 위하여 비밀 요원이 매춘부로 가장하기도 한다.

비밀 잠입 수사의 대표적 사례로 앱스캠[Abscam] 사건을 들 수 있다. 고위 공무원의 뇌물 범죄를 밝혀내기 위해 FBI는 압둘 엔터프라이즈라는 가공의 아랍계 회사를 설립했다. FBI 비밀 요원들은 아랍의 부호를 가장하여 저명한 정치인들과 교류하면서 이들에게 뇌물을 주었다. FBI는 돈을 건네는 장면을 비디오에 담아 증거로 제출했고 결국 여러 정치인들이 감옥으로 향했다. 이 사건의 작전 암호명이 '앱스캠'이다. '앱스캠'은 가공 회사 이름인 'Abdul Enterprise'의 앞 두 글자 'Ab'와 사기라는 뜻의 영어 단어 'scam'을 합성한 것이다.

이러한 비밀 잠입 수사는 자칫 잘못하면 표적 수사나 과잉 수사라는 비난을 받기 때문에 엄격한 기준에 따라 진행된다. 비밀 잠입 수사의 적법성을 인정하기 위해서는 수사기관의 정치적 중립성을 100퍼센트 믿을 수 있어야 한다. 국민들이 그 공정성을 믿지 못하고 야당 정치인들을 탄압하기 위해 공작을 벌였다고 생각한다면 그와 같은 비밀 수사는 수용하기 어렵다.

우리나라도 세계 최고 수준의 유전자 감식법을 자랑한다. 대검찰청 과학수사 기획관실은 한국인의 유전자를 가장 잘 분석할 수 있는 '16가지 유전자 감식 기법'을 개발하여 특허를 취득하고 국제공인시험기관 인증도 받았다. 2008년에는 디지털 증거를 수집하고 분석하는 요원들을 위한 '디지털 증거 분석센터'도 신축하였다. 경제범죄와 금융

범죄 수사에 있어서는 회계분석과 자금추적을 담당하는 요원들이 맹활약하고 있다. 그러나 미국이나 유럽 등 선진국과 비교하면 장비나 인력 면에서 많이 부족한 형편이다.

과거 우리나라는 범죄 혐의가 있으면 관련자들을 소환하여 엄한 추궁을 통해 진상을 밝혀내는 것이 보통이었다. 국민적 관심사가 집중되는 중요 사건의 경우에는 자백을 받아내기 위해 철야 수사가 진행되기도 하고, 대형 사건이 발생하면 밤새 불을 밝히는 대검찰청 중앙수사부의 모습이 텔레비전 뉴스를 장식하곤 한다. 그러나 범죄가 지능화되고 국민의 인권 의식이 신장되면서 엄한 추궁과 자백 위주의 수사 기법은 점점 한계에 부딪치고 있다. 변호사가 수사 과정에 참여해서 인권 감시인 역할을 하고 있으며, 묵비권을 행사하는 사례도 늘고 있다.

앞으로는 인권을 충분히 보장하면서도 실체적 진실을 밝힐 수 있는 수사 기법을 많이 개발해야 한다. 과학수사는 물론이고 합법적 감청, 심리분석 기법과 비밀 잠입 수사 방법에 대해서도 깊은 연구가 필요하다. 이를 위해서는 과학수사를 효율적으로 지원하고 연구 기능까지 수행할 수 있는 시스템을 갖추어야 함은 물론이고, 그 시스템을 운영할 전문가도 양성해야 한다. 아울러 사법 정의를 바로 세우기 위하여 증인 보호 프로그램, 내부고발자 보호제도, 플리 바게닝, 사법방해죄 등 여러 선진 국가에서 활용하고 있는 형사사법 제도의 도입도 적극 검토할 때가 되었다.

격식이 중요한 게 아니다

이번 방화 사건 수사에 참여하면서 미국 국민들이 형식보다는 실용을 중시한다는 점을 다시 한 번 확인할 수 있었다. 검사장이 직접 수사 현장을 누비고 다니는 것도 인상적이었지만, 미국 전역에서 온 화재 전문가들이 머리를 맞대고 모인 장소가 검찰청 회의실이 아니고 화재 지역 경찰서였다는 점도 나에게는 인상적이었다. 어디서 회의를 열어야 하는지, 참석자들의 지위와 계급에 따른 예우와 의전은 어떻게 할 것인지, 회의 진행은 어떻게 해야 할 것인지 등에 대해서는 별로 신경을 쓰지 않았다. 그저 화재가 발생한 지역을 관할하는 경찰서에서 만나는 것이 모두들 편리하다는 이유에서 그 장소를 택했고, 참석자들이 앉는 자리나 발언 순서는 전혀 문제되지 않았다.

네트워크식 업무 처리 방식 역시 눈여겨볼 만하다. 대형 화재 사건은 늘 있는 것이 아니어서 모든 주에서 화재 전문가들을 각각 양성하기가 쉽지 않고 또 그것이 효율적이지도 않다. 따라서 각 주에서는 주의 예산 범위에서 필요한 인력과 장비만 갖추고 운영한다. 그러나 자기 주의 능력으로는 감당할 수 없는 사건이 발생하면 미 전역의 전문가들이 태스크 포스를 구성해서 서로 협조하여 사건을 해결한다. 이때 그 사람이 검사냐, 경찰관이냐, 소방관이냐 하는 직책이나 직위는 중요하지 않다. 형식이나 체면보다는 실질과 실력이 더 중요하다고 생각하기 때문이다.

자식을 끓는 물에 집어넣은 아버지

정치인 방화 사건의 수사가 끝날 무렵 개리 니컬슨이라는 중견 검사가 아주 특이한 재판이 있는데 함께 해보면 어떻겠냐고 물어왔다. 그는 사진 한 장을 보여주었다. 두 살쯤 된 남자 아이의 사진이었는데 허리 아랫부분이 처참한 상태였다. 하반신 전체의 피부가 벗겨지고 시뻘겋게 달아올라 있었다. 니컬슨 검사 말에 의하면 아이가 두 살 반이 되었을 때, 친아버지가 아이를 끓는 물에 집어넣었다는 것이다. 그가 들려준 사건의 내용은 이러했다.

사건이 발생한 것은 2년 전으로 시청의 가정복지과 담당 직원이 뉴헤이븐 경찰서에 긴급사고 신고를 접수했다. 카를로스 울맨이라는 어린아이가 신체의 30퍼센트 부위에 극심한 화상을 입고 예일대학교 부속병원에 입원 중인데, 담당 의사에 의하면 우연한 사고가 아니라 누군가 아이에게 화상을 입힌 것 같다는 것이다. 미국의 의사들은 아동을 치료하면서 아동학대가 의심될 때에는 반드시 수사기관에 신고하도록 되어 있다.

IN THE SUPERIOR COURT FOR THE STATE OF CONNECTICUT

New Haven County August Term, 1994

Gary W. Nicholson,
Assistant State's Attorney for the Judicial District of New Haven

accuses   David Ouimet

of   Assault in the First Degree

and charges that at the City of New Haven, on or about the 5th day of May 1994, at approximately 5:00 p.m., at 22 Oakley Street, the said David Ouimet did, with the intent to cause serious physical injury to another person, cause such injury to such person by means of a dangerous instrument, to wit hot liquid, in violation of section 53a-59(a)(1) of the Connecticut General Statutes.

SECOND COUNT

And the Attorney aforesaid further accuses David Ouimet of Assault in the First Degree and charges that at the City of New Haven on or about the 5th day of May 1994, at approximately 5:00 p.m., at 22 Oakley Street, the said David Ouimet, with the intent to disfigure another person seriously and permanently, did cause such injury to such person, in violation of section 53a-59(a)(2) of the Connecticut General Statutes.

THIRD COUNT

And the Attorney aforesaid further accuses David Ouimet of Assault in the First Degree and charges that at the City of New Haven on or about the 5th day of May 1994, at approximately 5:00 p.m., at 22 Oakley Street, the said David Ouimet, under circumstances evincing an extreme indifference to human life, recklessly engaged in conduct which created a risk of death to another person, and thereby causing serious physical injury to another person, in violation of section 53a-59(a)(3) of the Connecticut General Statutes.

FOURTH COUNT

And the Attorney aforesaid further accuses David Ouimet of Risk of Injury to a Minor and charges that at the City of New Haven on or about the 5th day of May 1994, at approximately 5:00 p.m., at 22 Oakley Street, the said David Ouimet did wilfully or unlawfully cause or permit a child under the age of sixteen years to be placed in such a situation that its life or limb was endangered, or its health was likely to be injured, to wit the said David Ouimet left a child unattended in a bathtub, in violation of section 53-21 of the Connecticut General Statutes.

FIFTH COUNT

And the Attorney aforesaid further accuses David Ouimet of Risk of Injury to a Minor and charges that at the City of New Haven on or about the 5th day of May 1994, at approximately 5:00 p.m., at 22 Oakley Street, the said David Ouimet did an act likely to impair the health of such child, to wit the said David Ouimet injured such child with hot liquid, in violation of section 53-21 of the Connecticut General Statutes.

STATE OF CONNECTICUT

BY _____
GARY W. NICHOLSON
ASSISTANT STATE'S ATTORNEY

Dated: December 18, 1996

자식을 끓는 물에 집어넣은 아버지를 재판에 회부할 때 작성한 공소장. 서류 끝에 개리 니컬슨 검사의 서명이 보인다

담당 의사는 아이의 배꼽 아래를 경계로 화상 입은 부분과 그렇지 않은 부분이 선으로 그어놓은 것처럼 선명하게 구분되어 있고, 배꼽 위로는 전혀 화상이 없는 것으로 보아 누군가가 뜨거운 물에 집어넣은 것이라고 주장했다.

아이의 아버지는 남미 출신으로 30대 중반이었는데, 거무죽죽한 얼굴에 콧수염을 기르고 있었다. 담당 경찰관에 따르면 아이의 아버지는 아이를 욕실에 앉혀놓고 잠시 거실로 나왔는데 아이의 울부짖는 소리가 들려 가보니 수도꼭지에서 뜨거운 물이 쏟아지고 있었다고 주장했다. 그 남자는 아이의 생모와는 이혼하고 젊은 여자와 재혼한 상태였다. 현장에는 아이의 새엄마도 함께 있었다. 그녀는 자신이 낳은 갓난아이를 안고 거실에 있었는데 아이 아버지가 목욕을 시키다가 잠시 나와 있는 동안에 아이의 비명이 들렸다고 주장했다.

경찰관은 담당 의사의 소견과 함께 피의자의 주장이 신빙성이 없음을 들어 사건 발생 보름 만에 아이 아버지를 아동학대죄로 체포했다. 아이는 법원의 명령에 따라 생모에게 넘겨졌다. 끔찍한 사건이었지만 아이 아버지는 일단 보석으로 석방되었고, 재판은 2년 반이 지나서야 열리게 되었다.

니컬슨 검사는 자신은 아이 아버지가 고의로 저지른 범행이라는 것을 확신하지만, 목격자가 없고 아이 아버지가 매우 유능한 변호사를 선임했기 때문에 쉽지 않은 사건이 될 것 같다고 했다. 그 말을 들으니 사건 재판에 더욱 참여하고 싶은 생각이 들어 함께 해보자고 승낙했다.

고르고 고른 배심원들

비정한 아버지는 끝까지 무죄를 주장하며 배심재판을 원했다. 코네티컷주의 경우 사형이나 종신형이 가능한 사건에는 12명의 배심원이 구성되지만 이 사건에는 6명의 배심원과 2명의 예비 배심원만이 필요했다.

재판은 배심원을 선정하는 절차부터 시작되었다. 컴퓨터로 뽑힌 배심원 후보자들은 강당에 모여 교육용 비디오를 시청하며 소양 교육을 받았다. 교육이 끝나자 판사가 배심원 후보자들을 법정으로 입장시켰다. 판사는 후보자들에게 피고인은 무죄로 추정되고, 공판정의 증거로만 사실 관계를 인정해야 한다고 주의를 주었다. 배심원 후보자들은 한 명씩 일어나 본인 여부를 확인하고 공정하게 재판에 임하겠다고 선서했다.

배심원 후보자들은 법정에 붙어 있는 배심원실에서 기다리면서 한 사람씩 법정으로 나와 검사와 변호사의 질문에 대답했다. 검사와 변호사는 배심원 후보자들이 적어낸 인적 자료를 보면서 결격 사유가 없는지 조사했다.

니컬슨 검사는 여러 명의 후보자들을 제외시켰다. 동생이 의료 과실로 사망했기 때문에 의사에 대해 나쁜 감정을 갖고 있는 여자, 경찰관과 이혼한 여성, 왠지 고집스러워 보이는 남자 등이었다. 변호사는 유치원을 경영하고 있는 중년 여성과 친척 중 경찰관이 있는 남자를 제외시켰다. 결격 사유를 발견해내는 노하우가 있는지 자기 쪽에 불리하게 작용할 것 같은 후보자들을 잘 골라내었다.

대부분의 후보자들은 배심원이 되기를 원하지 않았다. 참혹한 사건이기도 하고 남의 가정 문제에 개입하기를 원하지 않았기 때문이다. 외국으로 출장을 가야 한다고 변명하는 남자도 있었고, 텔레비전을 통해 사건 내용을 잘 알고 있기 때문에 자기는 배심원으로 적합하지 않다고 주장하는 사람도 있었다.

배심원들이 사건을 접하게 되는 최초의 순간이기 때문에 검사와 변호인 모두 배심원 후보자들에게 유리한 인상을 주기 위해 최선을 다했다. 상대방의 질문 중 자기 쪽에 불리한 내용이 일부라도 포함되어 있으면 선입견을 주게 된다며 질문을 막기도 했다. 피고인도 말끔한 양복 차림을 하고 앉아 있었으나, 이러저리 돌아보며 불안한 기색을 감추지 못했다. 피고인의 두 번째 아내는 키가 작고 통통한 몸매를 가진 여자였는데 재판 내내 뚱한 표정을 지은 채 방청석에 앉아 있었다.

며칠 동안 치열한 공방을 벌인 끝에 예비 배심원을 포함하여 8명이 최종 선정되었다. 남자 2명, 여자 6명이었고, 인종별로는 백인 4명, 흑인 2명, 남미계 2명이었다. 나이로 보면 노인 3명, 중년 5명이었다. 배심원을 선정하는 데만 꼬박 일주일이 걸렸다.

겸손한 미국 검사가 준 교훈

배심원 선정 작업이 끝나자마자 바로 재판 준비에 들어갔다. 사건이 발생한 지 2년이 지났기 때문에 증인들의 기억이 희미할 수도 있어 검찰 측 증인들을 다시 만나 그들이 증언해야 할 내용을 확인했다. 나는 이들을 만나기 전에 예전에 작성해놓은 각종 수사 서류들을 읽어 보았다.

검찰 측 증인은 총 10명이었다. 현장에 최초로 출동한 구급 의료진, 911 응급 전화 담당자, 뉴헤이븐시 가정복지과 담당 직원, 예일대학 병원의 담당 의사, 병원의 사건 처리 담당자, 수사를 담당한 경찰관 등이었다.

증인들을 검찰청으로 소환했다. 모두들 재판이 시작되는 것에 흥분되어 있었다. 사건 발생 시에는 엽기적인 사건으로 큰 관심을 불러일으켰을 것이다. 아이를 끓는 물에 집어넣다니, 칼로 찌르거나 구타하는 것과는 또 달랐다. 검찰청에 출석한 증인들은 모두 당시의 상황을 잊지 않고 있었다.

예일대학 부속병원 의사 중 한 명은 수술 관계로 시간을 내기 어렵다고 하소연했다. 이 의사는 피해 아이를 직접 진료한 의사라 니컬슨 검사는 그를 반드시 만나봐야 했다. 니컬슨 검사는 의사가 바쁘니까 자기가 직접 병원에 가서 의사를 만나겠다고 했다. 그는 여러 증인들을 진지하고 친절하게 대했다. 그의 소박하고 겸손한 태도가 참으로 보기 좋았다.

그의 모습을 지켜보면서 그동안 검사로 일하면서 사건 관계인들을 소홀히 생각한 적은 없었는지 뒤돌아보게 되었다. 사건을 시한에 맞추어 처리해야 하는데 관련 참고인이 출석을 자꾸 미루고 있다는 이야기를 듣고 화를 낸 적도 있었고, 내가 마치 전지전능한 심판관인 양 나의 판단에 대해 이의를 제기하는 고소인을 나무란 적도 없지 않았다. 검사의 직무는 모두 그 사람들을 위해 있는 것인데도 나의 일 처리만을 먼저 생각하고 정작 중요한 그들의 고충은 뒷전으로 미루었던 것이 아닌가 반성도 했다.

검사의 얼굴에는 늘 봄바람이 불어야 한다는 말이 있다. 엄정하되 부드러운 자세로 수사에 임해야 된다는 뜻이다. 특수 수사로 명성을 날린 선배 검사들은 구속되는 피의자들과도 좋은 인연을 맺어 웃는 얼굴로 대할 수 있었다고 한다. 그러나 꼭 해결해야 하는 사건을 앞에 놓고 의욕이 앞서다 보면 자기도 모르게 흥분하거나 위압적으로 되기가 쉽다. 진실을 밝히겠다는 정의감과 함께 겸손함을 겸비해야 훌륭한 검사가 될 수 있다는 어느 선배 검사의 충고를 떠올려본다.

미국 법정의 대한민국 검사

재판 날이 다가왔다. 니컬슨 검사와 나는 커다란 서류 가방 두 개에 증거 서류와 각종 자료들을 넣었다. 재판이 시작되자 배심원들의 선서가 있었다. 법원 서기가 범죄 내용 낭독을 마치자 피고인을 대리한 변호사는 범행 내용을 전면 부인하는 주장을 펼쳤다. 피고인은 말쑥한 양복을 입고 있었는데, 재판이 끝날 때까지 한 번도 입을 열지 않았다. 피고인은 배심원 선정 절차 때만 해도 불안해하는 기색이 역력했으나 일주일 정도 지나자 고개를 똑바로 쳐들고 당당한 표정을 짓고 있었다.

재판에 들어가기 전에 니컬슨 검사는 재판장에게 나를 소개하면서 예일 로스쿨에 연수 온 한국인 검사인데 이곳 검찰청에서 실무연수를 받고 있다고 말하며 재판에 정식 참여해도 좋을지 허가를 구했다. 나중에 변호인 측에서 이의를 제기할 수도 있기 때문이다.

재판장은 변호인과 배심원들에게 양해를 구했는데 모두들 이의가 없다고 했다. 재판장은 속기록에 니컬슨 검사와 함께 나의 이름도 기재할 것을 지시했다. 미국의 형사재판에 정식으로 참가한 최초의 대한민국 검사가 된 것이었다.

방청석에는 고등학생들도 여러 명 앉아 있었다. 재판장은 재판이 시작되기 전에 학생들에게 이번 사건의 내용을 간략하게 설명해주었다. 검찰 측 증인들이 한 명씩 증언하기 시작했다. 당시 상황을 시간 순서대로 재현하기 위해서 911 응급 전화를 받은 담당자부터 증언을 했고, 다음으로 현장에 출동한 구급 의료진, 현장에 있었던 피고인의 처, 아이가 병원으로 실려 갔을 때 처음 보았던 병원 직원, 예일대학 병원 담당 의사 순서로 증언이 계속되었다. 한 사람당 1시간에서 3시간가량 신문이 계속되었다.

사고 현장에 출동했던 응급구조 팀은 아이 아버지가 병원 동행을 거절했으며 아이를 응급차에 실을 때에도 집 밖에 나와 보지 않았다고 증언하였다. 아이의 새엄마는 아이가 언어 장애가 있고, 대소변을 제대로 가리지 못해 늘 말썽이었다고 주장했다. 병원 직원 중 한 명은 사건 경위를 조사하면서 아이에게 물어보았더니 그냥 "데었다"고만 대답했다고 증언하였다. 그런데 다른 병원 직원은 어린아이가 언어 장애가 있었기 때문에 "I burned myself^{내가 잘못해서 덴 것이에요}"라는 말을 할 능력이 없었을 것이라고 증언했다.

증인 신문이 계속 이어질 때에는 신경을 곤두세워야 했다. 신문은 니컬슨 검사가 했지만, 나 역시 검사석에 앉아 메모를 하면서 부족하다고 생각되는 점이 있으면 니컬슨 검사에게 바로 쪽지를 건네주었다. 재판은 증인들의 말 한마디에 따라 분위기가 반전된다. 증인들이 하는 말 하나라도 놓치지 말아야 한다. 긴박한 심정 때문이었는지 증인들의 빠른 영어도 잘 들렸다. 그러나 오랜 시간 집중한 탓인지 한나절 증인 신문을 마치고 나면 머리가 멍해졌다.

법정을 휘어잡은 변호사

명성에 걸맞게 변호인의 활약도 대단했다. 검찰 측 증인들의 신뢰성에 문제가 있음을 부각시키기 위해서 증인의 경력이나 증언 내용 중 납득이 되지 않는 부분들을 끈질기게 물고 늘어졌고 자기 측에 불리한 증언 내용이 될 것 같으면 곧바로 이의를 제기했다.

"이의 있습니다!" 하면서 증언의 맥을 탁탁 끊어놓는 것이다.

"그 질문은 이 사건 내용과는 전혀 관계가 없습니다." "다른 사람의 말을 옮기는 증언은 허용될 수 없습니다." "단순한 추측에 대해서는 증언할 수 없습니다."

검찰 측 증인의 중요한 증언이 있을법할 때면 꼭 이의를 제기했다. 몇몇 증인들에 대해서는 변호인 측의 이의가 받아들여져 증인의 증언이 불허되었다. 검찰 측 증언에서는 검찰이 사건 흐름을 주도해야 함에도 변호인의 잦은 이의 제기로 재판의 흐름이 막히면서 오히려 변호인이 법정의 분위기를 사로잡았다. 정말 노련한 변호사였다.

증언 허용 여부가 자주 문제되었는데 그때마다 재판장은 배심원들을 부속실로 퇴장시킨 다음에 검사, 변호인과 협의를 해서 결론을 내렸다. 미국 영화를 보면 판사가 검사와 변호사를 자기 앞으로 불러내어 귓속말을 나누는 장면이 나오는데, 이는 증거의 허용 여부에 대해 의견을 교환하는 것이다. 그런 이야기들은 배심원들이 듣지 못하도록 조심한다. 배심원들이 선입견을 가질 수 있기 때문이다. 유무죄를 가리는 것은 전적으로 배심원들의 권한이었지만, 재판장은 증거 채택 여부를 통제함으로써 사실상 재판 분위기를 좌우한다.

증거법이 매우 까다롭기 때문에, 증인 신문 절차에서 검사와 변호인의 역할이 중요했다. 조금이라도 증거법에 위반되면 바로 이의를 제기해야 했다. 이의를 제기하지 않으면 이의가 없는 것으로 간주되어 증거법을 위반한 증거도 재판에 사용된다.

이 사건 담당 변호사는 능숙하게 사건 진행을 하기로 소문난 변호사이기 때문에 선임료가 무척 비쌀 것이라 생각했다. 그러나 니컬슨 검사는 피고인이 그 변호사와 변론 보험 계약을 맺었기 때문에 공짜와 다름 없이 선임했다고 했다. 개인도 고문 변호사를 미리 정해놓고, 사건이 있건 없건 일정한 금액을 매달 지급하면 필요할 때 저렴한 비용으로 변호사의 조력을 받을 수 있다는 설명이었다. 변호사 없이는 집 한 채도 살 수 없는 사회이기 때문에 개인도 고문 변호사가 필요한 것인가라는 생각이 들었다.

미국에는 형사 사건으로 재판을 받는 구속 피고인들은 누구나 변호사를 선임받을 권리가 있다. 피고인이 원하면 국가가 반드시 변호사를 선임해야 한다. 범죄자들은 대부분 선임료가 비싼 개인 변호사를 선임할 능력이 없기 때문에 국가에 변호사 선임을 요청한다.

미국은 이와 같은 국선 변호 사건만을 담당하는 퍼블릭 디펜더^{Public Defender}라는 변호사들이 별도로 있다. 이들은 검사들과 마찬가지로 형사재판만을 담당하며 늘 형사 법정에서 활동한다. 모두들 사건 기록을 잔뜩 들고 부지런히 돌아다닌다.

예일 로스쿨 복도의 스테인드글라스에는 법정에서 활약하는 법률가들의 모습이 장식되어 있다

　국선 변호인의 도움을 받을 경우에는 돈이 별도로 들지 않지만, 개인적으로 변호사를 선임하면 사안에 따라 엄청난 선임료를 지급해야 한다. O. J. 심슨 사건의 경우 유일한 승자는 수백만 달러의 선임료를 받은 변호사들이었다는 말도 있다. 선임료의 상한선은 없다. 자기 돈을 자기가 쓰는 것은 자유라는 미국식 사고방식이다. 대신에 돈이 없는 사람은 무료로 변호사를 선임할 수 있는 길을 열어놓고 있다.

　우리나라도 2006년에 형사소송법이 개정되어 피고인이 구속될 경우에는 반드시 변호인을 선임하도록 했다. 2007년에는 형사소송법이 다시 개정되어 범죄인에 대해 구속영장이 청구만 되어도 변호인을 선정하도록 했다. 국선변호만을 전담하는 변호사도 생겨났다. 형사재판에 있어 변호인의 도움을 받을 권리는 피고인의 인권 보장을 위한 핵심적인 내용이 되었다.

배심원의 마음을 사로잡아라

배심재판에서 중요한 것은 배심원들의 마음을 어떻게 사로잡느냐다. 이번 사건에서는 "피해자의 상처로 판단할 때 누군가 고의로 아이를 끓는 물에 집어넣었다"는 담당 의사의 증언이 가장 중요한 증거였다. 그러나 그것이 결정적이지는 못했다. 아이 아버지가 아이를 끓는 물에 집어넣는 것을 직접 본 사람이 아무도 없기 때문이다. '설마 친아버지가 그런 짓을 했을까' 하고 의심할 수도 있는 것이다.

목격자가 없는 상황에서 배심원들을 움직일 수 있는 증거는 사고 직후 아이의 처참한 상황을 찍은 사진이었다. 사진 속의 아이는 허리 아래로 온통 피부가 벗겨지고 시뻘겋게 물들어 있었다. 아이는 화상 부위의 세포가 모두 괴멸되어 몸의 다른 부분에서 세포를 떼어 이식해야 했는데 의사 말에 따르면 그 후유증은 평생 갈 것이라고 했다.

우리는 증인 신문 마지막 날, 담당 의사의 증언을 들은 후 배심원들에게 그 사진을 보여주기로 했다. 그날은 금요일이었다. 금요일 오후 재판이 끝날 무렵 사진을 보여주면 배심원들은 그 사진을 본 후 다른 증거를 아무것도 보지 않고 주말을 보내기 때문에 사진이 주는 효과를 극대화시킬 수 있다고 판단했다.

만반의 준비를 갖추고 금요일 재판을 맞았다. 의사의 증언이 끝난 다음 계획대로 사진을 증거로 제출하겠다고 신청했다. 뻔뻔스러운 피고인이 어떤 표정을 지을지 궁금했다. 그런데 변호사가 강력하게 이의를 제기했다.

"그 사진은 피고인의 범행을 입증하는 데 꼭 필요한 증거가 아닙니다. 그 사진으로 입증하려는 내용은 이미 의사의 증언에서 모두 나왔습니다. 그런데도 사진을 배심원들에게 보이려는 것은 사진을 통해서 배심원들에게 선입견을 불러일으키려는 의도로밖에 보이지 않습니다."

변호사는 사진 제출은 배심원들의 감정을 자극하여 불공정한 재판을 유도하려는 것이라고 주장했다. 예상치 못한 반박 논리에 검사도 주춤했다. 판사 역시 망설이는 기색을 보였다. 결정적인 증거로 준비한 것인데 증거로 사용하지 못한다면 낭패가 아닐 수 없었다.

재판장이 배심원들을 모두 퇴장시킨 다음 먼저 사진을 보자고 했다. 재판장은 얼굴을 찡그리며 사진을 한참 들여다보더니 변호인의 이의를 기각한다고 선언했다. 배심원들이 다시 입장했다. 문제의 사진이 그들에게 건네졌다. 모두들 충격받는 표정이 역력했다. 어느 할머니는 사진을 보자마자 고개를 돌리며 한숨을 쉬었다.

사진의 효과는 엄청났다. 법정의 분위기가 완전히 달라진 것이다. 직전까지만 해도 변호사는 범죄 사실을 입증할 직접 증거는 아무것도 없다고 큰소리를 치며 검찰 측 증인들을 몰아붙였고, 피고인 역시 당당한 태도를 보이고 있었다. 그러나 사진이 돌려지면서 변호인과 피고

인의 기세가 꺾이는 모습이 역력했다. 배심원들의 얼굴에서 분노의 감
정이 배어나오자 피고인도 고개를 숙였고 숙연한 분위기가 이어졌다.
배심원들이 사진을 돌려보고 난 직후 그날의 공판은 바로 끝났다.

징역 10년으로 협상하다

주말을 보내고 월요일 아침 재판이 시작되기 전에 증거 관계를 검
토하고 있는데 변호사에게 연락이 왔다. 그날부터 변호인 측 증언이
시작되기 때문에 협의할 것이 있나 보다 생각했다. 그러나 변호인은
피고인이 죄를 인정하겠으니 선고 형량에 대한 협상을 하자는 취지였
다. 피고인 측에서는 법정 분위기로 보아 배심원들의 평결을 기다려봤
자 유리할 것이 없다고 판단한 것이다. 공판 절차에 들어간 이상 협상
으로 재판을 종결하기 위해서는 검사의 동의가 있어야 한다.

니컬슨 검사의 이야기로는 배심원들이 유죄 평결을 내릴 경우 형은
15년에서 20년 사이가 될 것이라고 했다. 유죄 협상을 할 경우에는
그 형량보다 조금 낮추어야 한다. 이제껏 뻔뻔스러운 태도를 보였던
것을 생각하면 마음 내키지 않는 일이었지만 검사로서도 직접 증거가
없는 이상 유죄 입증을 100퍼센트 자신할 수는 없었다. 고심 끝에 협
상에 응하기로 했다. 가석방이 불가능한 징역 10년형을 받는 것으로
타결되었다.

유죄를 인정하는 자백에도 두 가지가 있다. 하나는 완전히 유죄임
을 시인하고 형사재판뿐만 아니라 모든 사법 절차에 있어서 자신의
유죄를 인정하는 것이고, 또 하나는 형사재판에서는 유죄를 인정하

나 민사나 기타 다른 사법 절차에서는 자기의 잘못을 인정하지 않는 것이다. 이번 사건에서 피고인은 후자를 택했다. 형사재판에서는 죄를 받겠으나, 나중에 제기될지 모르는 양육권 다툼이나 민사 손해배상 재판에서는 자신의 잘못을 인정할 수 없다는 취지였다.

자백 절차는 재판을 담당한 판사가 아닌 다른 판사가 담당했다. 피고인이 자백 과정에서 자기 마음을 번복하면 다시 원래의 재판으로 회부되는데 그때를 대비해서 재판 담당 판사가 아닌 다른 판사 앞에서 자백을 하도록 하는 것이다. 새로 담당한 판사는 피고인이 행사할 수 있는 각종 권리를 말해주었다. 그리고 변호인의 변호가 만족스러웠는지, 플리 바게닝 과정에서 검사의 협박이나 부당한 약속이 없었는지 상세하게 묻고 죄를 인정했을 때 받게 될 징역형 내용도 일러주었다.

검사는 협상의 결과를 판사에게 고지하고, 이 사건의 개요와 함께 유죄로 인정될 수 있는 증거들을 간략하게 언급했다. 그런 다음 판사는 피고인에게 이 사건에서 입증되어야 할 부분이 무엇인지 일러주고, 범죄를 자백하는지 물었다. 피고인이 고개를 떨구었다.

2주 넘게 공방을 벌인 사건이 종결되어 홀가분하면서도, 배심원들의 평결을 받지 못하고 중도에 끝나버린 것이 아쉬웠다. 형사재판에서는 유죄를 인정하지만 다른 사법 절차에서는 죄를 인정하지 못하겠다고 나선 피고인의 태도 역시 마음에 들지 않았다. 그러나 이 모든 절차들은 원활한 사건 처리를 위해 세심하게 고안된 장치였고, 피고인이 그와 같은 태도를 취할 수 있는 것 역시 그에게 주어진 권리였다.

취미로 법정을 찾는 할아버지

아동학대 사건 재판에 참여하는 동안 법정에서 백인 할아버지와 매일 마주쳤다. 그 할아버지는 방청석에 앉아 열심히 재판을 지켜보면서 노트에 무언가 적기도 했고, 재판 중간 휴식 시간에는 복도에서 니컬슨 검사와 이야기를 나누기도 했다.

재판이 끝날 무렵 니컬슨 검사가 나에게 그 할아버지를 소개시켜 주었다. 이름이 '웨스'라고 했다. 나는 그의 신분이 궁금해서 물어보았다.

"검찰청에서 일하시나요?"

"그렇지 않아요. 그냥 취미 삼아 재판을 보러 오는 것입니다."

"얼마나 자주 오시나요?"

"매일 빠짐없이 오지요."

"왜 그렇게 매일 오시나요?"

"제가 올해로 일흔두 살입니다. 이렇게 말하면 이해할지 모르지만 사실 몸이 약해서 건강을 위해 재판을 방청합니다. 7년 전 이곳 법정에서 친척이 재판을 받게 되어 처음 와보았는데 재판이 그렇게 재미있을 수 없었어요. 그래서 그날 이후 법정에 출석하기 시작했어요. 재판을 지켜보면서 사건 진행을 메모하고 재판의 결과를 점쳐보기도 하면 마음이 절로 젊어지는 것 같아요."

7년 동안 매일같이 재판을 방청하면서 경험이 쌓여 이제는 재판 진행 상황을 보면 어느 쪽이 이길지 예측할 수도 있게 되었다고 한다. 검사들과도 친해져서 가끔씩 충고도 하고 사건과 관련해서 이런 부분은 보충했으면 좋겠다고 이야기해주기도 한다. 직원들과도 가까워져 중요한 사건 진행이 있으면 언제 어느 법정에서 흥미로운 사건이 있다는 것을 귀뜸해주는 사람도 있다고 한다.

재판장이나 검사들도 처음에는 이 할아버지가 왜 법정에 매일 오는지 의심스러운 눈초리로 보았다고 한다. 그러나 그가 별다른 문제를 일으키지 않을 뿐만 아니라 재판 진행과 관련하여 적절한 조언을 하는 등 모니터 역할까지 하자 사건 진행 상황을 알려주는 등 편의를 제공하고 있다는 것이다.

사실 재판에 몰두해 있는 당사자들로서는 자신의 부족한 점을 모르기 십상이기 때문에 모니터 요원의 사심 없는 조언은 큰 도움이 된다. 그는 여러 법정을 두루 지켜보면서 어느 한 법정에서 잘못된 것이 있으면 바로 지적해내었다. 잠재적으로는 법정 감시자 역할까지 수행하고 있었다.

그날 이후 웨스 노인과 만날 때마다 반갑게 인사를 나누었다. 아동학대 사건이 유죄 협상으로 종결되자 그 역시 무척 아쉬워했다. 미국인들도 아동학대 사건에 대해서는 큰 적개심을 가지고 있었다.

나는 한국으로 돌아오기 전 그와 마지막 인사를 나누면서 언제까지 법정에 나올 것이냐고 물었었다. 그는 몸이 허락하는 한 그만둘 생각이 없다고 했다. 크게 생색나는 활동은 아니지만 한 명의 건강한 시민이 벌이는 활동의 의미는 크다는 생각이 들었다. 이처럼 괴짜 같고 엉뚱한 일이라도 꾸준히 해나가는 시민들의 힘이 모여 튼튼한 사회를 만드는 것이 아닐까.

학대받는 아이들

딸아이의 예방접종 때문에 예일대학 병원을 찾은 적이 있다. 의사가 들어와 기초적인 신체검사를 하다 딸아이의 귀 한쪽에 멍이 있는 것을 발견했다. 함께 간 아내에게 왜 귀에 멍이 생겼느냐고 물었다. 아내는 갑작스러운 질문에 대답을 못했다. 아이가 아프다고 한 적이 없었기에 아이의 귀에 멍이 있는지조차 몰랐던 것이다.

의사는 부모가 아이를 괴롭힌 것을 의심하며 꼬치꼬치 따졌다. 이제 예방 접종은 뒷전으로 귀에 멍든 것이 더 큰 문제가 되었다. 딸아이에게 멍든 이유를 물어도 모르겠다고 하고, 아내나 내가 문제 부모처럼 보이지는 않았는지 아무 일 없이 넘어가기는 했지만 기분이 좋지는 않았다. 어느 유학생 부모가 집에서 어린아이를 혼내다가 애가 크게 우는 바람에 옆집의 신고를 받은 경찰관이 집으로 찾아와 곤욕을 치른 일이 있었다는 이야기가 생각났다.

미국이 안고 있는 가장 큰 문제 중 하나가 청소년 폭력과 아동학대다. 모두가 가정 붕괴에서 비롯된 것이다. 개인주의가 만연한 미국 사회에서 부모들은 자신의 문제를 아이에 대한 가학 행위로 표출하는 경우가 있다. 이렇게 온전치 못한 가정에서 자란 아이들은 다시 탈선을 하게 된다. 미국의 아동학대 문제는 생각보다 훨씬 심각하다. 코네티컷주 검찰청에는 아동학대 사건만 전담하는 검사가 세 명이나 있는데 아동학대가 밝혀지면 처벌을 매우 엄하게 한다.

미국에 가기 전에 듣는 주의 사항 중 하나는 미국 아이들의 몸을 함부로 만지지 말라는 것이다. 어린아이를 혼자 집에 두거나, 차에 둔 채 쇼핑을 하는 것 역시 아동학대죄로 처벌받는다. 아이가 학교에 등·하교 할 때에는 반드시 스쿨버스 정류장에 부모가 나와 있어야 한다. 어린아이를 위험한 상황에 놓아두는 것만으로도 범죄가 되기 때문이다. 부부가 어린아이를 집에 두고 외출할 때는 반드시 아이를 돌보는 보모를 구해야 한다.

유치원에 간 아이를 엄마 외에 다른 사람이 데려오려면 미리 유치원에 등록을 해야 한다. 급한 일이 생겨서 엄마가 유치원에 갈 수 없으니 다른 사람을 보낸다는 전화로는 아이를 보내주지 않는다. 이혼으로 양육권을 잃은 친아빠가 엄마 몰래 아이를 데리고 갔다가 형사처벌을 받은 사건도 있다.

그러나 대부분의 미국 가정들이 붕괴 직전의 위험한 상태에 있다고 생각하면 잘못이다. 중부나 동부의 보수적인 가정은 우리보다도 훨씬 더 엄하다. 남자들도 가정적이어서 퇴근 후에는 대부분 바로 집으로 돌아가 가족들과 함께 시간을 보낸다.

아이들이 다니는 유치원의 미국 아이들도 참 밝고 명랑했다. 그 부모들도 아이들 교육에 많은 관심을 기울이고 있었다. 과외라는 것은

우리나라에만 있는 것으로 생각했는데 미국도 조금 여유가 있는 사람
은 자녀들에게 여러 가지 과외를 시킨다. 무용, 미술, 과학, 스포츠, 음
악 등 분야도 다양하다. 이들이 아이들 교육에 쏟는 열정은 우리 못
지않다. 특히 영재 교육과 엘리트 교육은 우리보다 훨씬 앞서 있다.

　미국은 극단과 극단이 공존하는 사회다. 나쁜 면만 보면 당장 망할
것 같지만, 좋은 면이 꿋꿋하게 버텨주기에 세계 최강국이 된 것이다.

목숨을 걸고 감행한 슬럼가 야간 순찰

뉴헤이븐시 외곽으로 딕스웰 애비뉴라는 슬럼 지역이 있다. 1980년대와 1990년대 초반까지 미국이 한참 불황이었을 때에는 대낮에도 마약상들이 어슬렁거리고, 여성들이 성매매를 위해 손님을 유혹하는 모습을 보는 것이 어렵지 않았다고 한다.

이제는 많이 좋아졌지만 딕스웰 거리로는 밤에는 물론이고 낮에도 가지 말라는 충고를 받았다. 마약상들이 아직도 활동하고 있다는 것이다. 내가 살던 교외 주거 지역에서 학교로 가는 가장 빠른 지름길은 딕스웰 거리를 통과하는 것인데, 한국인 유학생들은 아무도 그 길을 이용하지 않았다. 슬럼 지역은 도시의 골칫거리였는데 경찰에서는 사고를 방지하기 위하여 순찰 활동을 강화하고 있었다.

검찰청 실무연수에는 경찰관과 함께 순찰차를 타고 뉴헤이븐시 관할구역을 순찰하는 과정이 있다. 희망자에 한해서 기회가 부여된다. 어떠한 상황이 발생해도 경찰이나 국가에 책임이 없다는 것에 동의한다는 각서에 서명해야만 참가할 수 있다. 조금 걱정은 되었지만 좀처럼 없는 기회를 놓치기는 싫었다.

정해진 날 오후 6시에 뉴헤이븐시 경찰서로 갔다. 경찰서 역시 철도역 근처 후미진 곳에 위치하고 있었다. 가랑비가 조금씩 내렸다. 그날은 나와 또 다른 로스쿨 학생 한 명이 각자 경찰관 한 명과 한 조가 되어 맡은 구역을 저녁 7시부터 밤 11시까지 4시간 동안 순찰하기로 되어 있었다.

나는 마이클이라고 하는 이탈리아계 백인 경찰관과 한 조가 되었다. 우리가 가야 할 곳은 우드브리지 지역으로 부자들이 많이 모여 사는 곳이다. 안전에 문제가 없어 안심은 되었지만 조금 실망스럽기도 했다. 내가 한국에서 온 검사라고 하니까, 그는 무엇 때문에 이런 순찰을 돌려고 하냐고 물었다. 나는 검찰 업무에 직접 도움이 되지는 않지만 경찰의 활동 상황을 보고 싶다고 대답했다. 그러자 그는 경찰서 상황실과 무전실부터 친절하게 구경시켜주었다. 그러고는 순찰차에 올라 우드브리지 지역으로 향했다.

잔디가 잘 가꿔진 예쁜 집들이 하나씩 눈에 들어왔다. 집 하나 하나가 개성이 있고 거리 분위기에도 여유가 느껴졌다. 평온한 분위기를 만끽하며 여유 있게 드라이브를 즐기고 있는데 순찰차에 달린 무선통신기가 울려댔다. 마이클이 뭐라고 투덜거리는 눈치였다. 우리의 순찰 지역이 바뀌었다는 것이다. 어디? 딕스웰 거리로! 으악, 드디어 올 것이 왔다. 낮에도 가지 말라고 하는 지역을 밤에 가게 되다니, 그것도 경찰 순찰차를 타고.

방향을 바꾼 순찰차는 예일대학이 있는 도심을 지나 슬럼 지역으로 향했다. 슬럼 지역에 접어들자 예일대학이 있는 도심과는 분위기가 완전히 달라졌다. 낮에 얼핏 보았던 거리 분위기와도 전혀 달랐다. 비가 오고 사람이 한 명도 없어서인지 음산한 기운이 가득했다. 가게 셔터도 모두 내려져 있어 담벼락에 빨간색과 검정색 페인트로 그려진 낙서들이 더욱 강렬한 인상을 풍겼다.

슬럼 지역으로 차가 미끄러져 들어가자 전혀 못 보던 풍경이 펼쳐졌다. 2층으로 된 나무 집들이 일렬로 죽 늘어서 있는데 하나같이 2층에서부터 기역 자 모양으로 삐죽하게 사다리가 내려져 있었다. 모든 집들이 다 똑같았다. 집 한 채를 여러 가족들이 나누어 쓰다 보니 2층에서 바로 내려올 수 있도록 사다리를 놓은 것 같았다. 나란히 늘어선 사다리 집들을 골목 어귀에서 바라보니 묘한 조형미가 느껴졌다.

어느 집 현관 옆으로 흑인 청년 서너 명이 모여 있는 것이 눈에 띄었다. 마약 판매상이었다. 같이 간 경찰관에게 왜 체포하지 않느냐고 물었더니 지금 체포하려다가는 체포도 못하고 십중팔구 총에 맞기 십상이며, 확실한 증거가 없기 때문에 압수수색을 할 수 없다고 했다. 그들도 경찰차가 다가오는 것을 보았는지 움츠리는 모습이었다.

나와 동행한 백인 경찰은 슬럼 지역을 순찰할 때는 아주 조심해야 한다고 했다. 며칠 전 바로 이 지역에서 싸움이 벌어졌다는 신고를 받고 순찰차 몇 대가 출동해 일단 싸움을 말린 뒤 그들을 경찰서로 연행하려 했더니, 옆에서 구경하던 흑인들까지 모두 한편이 되어 경찰관들에게 돌을 던지며 맞서더라는 것이다. 경찰관 중에는 흑인도 있어 이들을 말리려 했지만 소용이 없었다고 한다.

슬럼 지역 한가운데 있는 중간 포스트에서 잠시 멈추었다. 파출소 역할을 하는 곳인데 순찰용 말을 가두어두는 마구간도 있었다. 출입구와 창문들은 방호창으로 완전 무장되어 있었다.

한 시간이 넘었을 무렵 본부에서 연락이 왔다. 우범 지역 외곽에 사람이 한 명 쓰러져 있다는 신고가 들어온 것이다. 순찰차는 신고 지역을 향해 속도를 냈다. 길가에 사람이 누워 있는 것이 보였다. 어느 틈에 다른 순찰차 한 대도 다가왔다. 총기 소지가 허용되어 있는 미국에서는 경찰관도 언제 총을 맞을지 모르기 때문에 순찰차는 긴급 상황에서 단독으로 행동을 취하지 않는다.

쓰러진 사람은 허름한 옷을 입고 있었는데 한눈에 보아도 거렁뱅이였다. 확인 결과 범죄로 인한 피해자는 아닌 것 같았다. 정신을 잃고 있었지만 피를 흘리고 있는 것도 아니고 몸에 상처도 없었다. 잠시 후 구급차가 달려와 그 사람을 병원으로 싣고 갔다. 나머지 순찰 시간들은 별다른 상황 없이 무사히 지나갔다. 천만다행이었다. 마이클의 이야기로는 오늘처럼 조용히 지나간 날도 드물다고 했다.

밤늦게 집으로 돌아와 아내에게 슬럼 지역 순찰 이야기를 해주었더니 무사하게 돌아왔으니 망정이지 무슨 일이라도 있었으면 어떻게 했느냐며 한숨을 내쉬었다. 따뜻한 차 한 잔을 마시고 잠자리에 들었는데 곧 무너질 듯한 낡은 나무 집 현관에 기대 있던 흑인 청년들의 모습이 눈에 아른거렸다.

미국 형사사법 제도의 빛과 그늘

형사사법 제도의 목적은 범죄가 발생했을 때 진상을 밝혀내고 그 책임자에게 적절한 형벌을 가하여 사회 질서를 유지하는 것이다. 그러나 범인을 밝히는 일이 아무리 중요해도 고문을 하거나 강압 수사를 해서는 안 된다. 국가에 질서 유지 의무를 부과하는 것은 국민의 안전과 존엄성을 지키기 위함인데 국가 기관이 고문을 자행하거나 인권 탄압 행위를 한다면 국가 스스로가 질서 유지라는 명목 아래 그보다 더 큰 상위 이념을 침해하기 때문이다.

미국 사법 제도의 장점은 수사 및 재판 절차에서 철저히 인권을 보장한다는 점이다. 누구나 수사 단계에서부터 변호인의 도움을 받을 수 있고 자백을 강요받지 않는다. 수사관이 피의자를 조사할 때에도 변호인이 피의자 옆에서 조사 과정을 지켜볼 수 있다. 불법적으로 수집한 증거는 재판에 사용될 수 없다.

재판 과정에서도 적법 절차는 까다롭게 지켜진다. 배심원을 뽑는데도 복잡한 절차를 거쳐야 하고, 증거 하나 제출하는 데도 검사와 변호

인이 치열한 공방을 벌인다. 자기와 비슷한 사회적 지위를 갖는 배심
원들이 유죄를 인정해야 형벌을 받는다.

　미국 역사상 가장 참혹한 결과를 초래한 연방 정부 청사 테러 사
건으로 '오클라호마시티 정부 청사 폭파사건'을 꼽는다. 폭탄 트럭이
건물 안에서 폭발하여 건물이 무너지는 바람에 168명이 사망하고
400여 명이 크게 다쳤다. 무고한 사망자 중에는 어린아이들이 19명이
나 있었다. 건물 2층의 탁아소에 맡겨진 아이들이었다. 이 사건의 재
판은 테러가 자행된 오클라호마시티가 아닌 멀리 유타주의 덴버시에
서 열렸다. 법원은 그와 같은 결정을 내리기 위해 대학의 법심리학자
들에게 오클라호마시티, 덴버시를 포함하여 네 군데에서 발행된 모든
신문과 텔레비전 보도 내용을 검토하도록 했다.

　학자들은 신문 기사를 내용별로 나누어 피해자들의 고통, 테러 현
장의 끔찍함, 경제적 피해, 시민들의 동정과 원조, 피해자 친인척의 감
정을 유발하는 사진 등의 항목으로 분석했는데, 오클라호마시티에서
는 총 6,312회나 보도되었지만, 덴버시에서는 558회에 불과하다는 것
을 밝혀냈다. 이에 따라 법원은 오클라호마시티에서 재판할 경우 공정
하지 못할 우려가 있다고 판단하여 멀리 덴버시에서 재판을 열게 하
였다. 법심리학자들의 언론 기사 분석을 위해서만 수천만 원의 용역비
가 소요되었다고 한다. 이와 같이 미국에서는 듀 프로세스$^{Due Process}$, 즉
절차적 정의를 무척 중요시한다. 결론도 중요하지만 그에 이르는 절차
가 정당한지 따지는 것이다.

　그러나 피의자의 인권과 절차를 중시하다 보면 범인을 밝혀내고 처
벌하는 데 어려움이 따르기도 한다. 길거리에서 마약을 소지하고 있

을 것 같은 우범자를 발견해도 함부로 그의 호주머니를 뒤질 수 없다. 범인이 침묵을 지킬 경우에는 진실을 밝혀내기 어려운 경우도 많다. 갱단원이 총기를 불법 소지하고 있는 것을 발견해도 총기를 압수하는 과정에 문제가 있다면 처벌하지 못할 수 있다. 목격자를 발견하지 못하면 사건을 해결하지 못하는 경우도 많다.

줄 서서 기다려야 재판을 받는다

유무죄를 가리는 재판 절차가 무척 까다롭기 때문에 시간도 오래 걸린다. 판사 한 명이 1년에 처리하는 정식 재판 사건이 40건이 못 된다. 한 달에 3건 조금 넘게 처리하는 셈이다. 한 달에 몇십 배의 사건을 다루는 우리와는 사정이 다르다.

미국의 재판부가 사건이 없어 그렇게 여유 있게 처리하는 것이 아니다. 사건이 무척 많이 밀려 있어서 정식 재판을 받으려면 2년 넘게 기다려야 한다. 중요 사건도 마찬가지다. 전 국민이 분노했던 오클라호마시티 정부 청사 폭파 사건도 재판이 시작되기까지 2년이 넘게 걸렸다. 이러다가는 재판 제도 자체가 마비 상태에 빠질 것이라고 말하는 법률가도 있었다.

그런데 신기한 것은 범죄 피해자나 유가족들도 재판이 열릴 때까지 몇 년이 흘러가도 조용히 기다린다는 것이다. 분통이 터지겠지만 아무도 그것을 표현하지 않는다.

우리는 어떨까? 삼풍백화점 붕괴 사고처럼 수백 명이 죽는 사고가 발생했는데도 재판이 바로 열리지 않고 책임자들이 보석으로 풀려나

예일 로스쿨 벽면을 장식하고 있는
근엄한 표정의 사법관 조각

버젓이 돌아다닌다고 생각해보자. 아마 비난 여론이 들끓고 집단 시위가 발생할지도 모른다. 아무리 좋은 제도도 국민 모두가 받아들일 수 없는 결과를 야기한다면 그런 제도를 도입하기는 곤란하다. 재판은 정확한 것도 중요하지만 신속성 또한 중요하다. 시간이 지나면 범인 스스로도 자신을 합리화하기 때문에 죄책감이 무뎌진다. 형사 처벌을 하더라도 효과 역시 크게 줄어든다.

우리나라보다 앞서는 나라 것이 모두 좋다는 사고방식은 정말 곤란하다. 특히 다른 나라의 제도를 도입할 때는 우리나라의 상황과 맞는지 잘 살펴야 한다. 남의 제도를 섣불리 도입했다가는 국민들만 골탕먹는다. 그렇지만 외국 제도 중에서도 우리에게 정말 도움이 되는 것은 없는지, 그것이 우리에게 잘 맞는 방법은 없는지, 우리에게 맞도록 고쳐서 도입할 수는 없는지 고민하는 것까지 포기하거나 게을리해서는 안 된다.●

● 우리나라도 피의자와 피고인의 인권을 보장하는 방향으로 형사소송법이 대폭 개정되었다. 수사 과정에 변호인이 참여할 수 있도록 하는 제도는 일본보다 먼저 도입되었고, 위법 수집 증거의 증거능력을 부인하는 내용이 명문화되었다. 아울러 수사 과정을 영상녹화하여 가혹행위를 예방하는 시스템도 새로 구축했다. 이제는 실체적 진실 발견을 위한 선진 형사 법제의 도입을 고민하고 있다.

검사의 길

　검찰 실무수습 기간이 흘러가면서 미국 검사들과 친하게 되었다. 대부분의 검사들은 코네티컷주와 인연을 맺고 있었는데 코네티컷 주립대학 로스쿨을 졸업한 검사가 많았다. 나는 이곳 검사들에게 왜 검사가 되었는지 궁금해서 물어보았다. 검사들마다 여러 동기가 있었지만 대부분은 일이 좋아서 택했다고 대답했다. 자기가 옳다고 생각하는 것을 위해 일할 수 있어 좋고, 업무량도 적당해서 가족과 단란한 시간을 보낼 수 있는 것도 장점이라고 했다. 그러나 사회적 지위와 인격까지도 돈으로 평가되는 미국 사회에서 로펌 변호사의 길을 버리고 검사의 길을 택하는 것이 쉽지는 않다고 했다.

　돈 문제로 걱정하는 검사도 있었다. 아내와 함께 맞벌이를 하더라도 집을 살 때 빌린 돈을 갚고, 각종 보험금 지급하고, 아이들 교육까지 욕심대로 시키려면 여간 힘든 것이 아니라고 했다. 재테크와 증권 투자에 정통한 검사도 있었다. 이곳에서는 미국뿐만 아니라 전 세계의 자본 시장을 놓고 투자하기 때문에 남미와 아시아의 증권 동향까지 훤하게 파악하고 있었다. 그는 국제금융계와 한국경제의 심상치 않은 상황을 거론하며 우리나라 화폐 가치가 너무 높게 평가되어 있다는 말까지 했다. 당시만 해도 그 말을 잘 이해하지 못했는데, 귀국한 지 몇 달 후 IMF 외환위기 사태가 터져 환율이 치솟고 국민소득은 반토막이 되었다.

검사의 길은 화려하게 보이지만 실제로는 작은 보람을 느끼며 묵묵히 일할 때가 많다. 검사 생활을 하면서 처음 만나는 사람과 이야기를 나누다 보면 왜 검사가 되었는지라는 질문을 자주 받는다. 흉악한 사람들만 마주하게 되는데 뭐가 좋냐는 것이다.

왜 검사가 되었을까? 검사가 되기로 마음먹은 것은 사법연수원 시절 서울지방검찰청에서 4개월간 검찰 시보로 일하면서였다. 내가 맡은 첫 사건은 소매치기 사건이었다. 범인은 초범인 여고생이었다. 소매치기범은 발각된 범죄 이외에도 많은 범행을 저지르기 때문에 보통 구속하여 엄벌에 처한다. 그 여고생은 생리기간 중 길거리 노점상에서 액세서리를 훔치거나 구멍가게에서 작은 물건들을 가지고 나오는 습벽이 있었는데 급기야 남의 호주머니에까지 손을 댄 것이었다. 여고생은 자기도 왜 자꾸 그런 짓을 하는지 모르겠다며 울먹였다. 여고생의 부모님과 담임교사는 한 번만 용서해주면 반드시 나쁜 버릇을 없애도록 지도하겠다고 다짐했다. 고심 끝에 지도 검사와 상의하여 소매치기 여고생을 과감히 석방하여 학교로 돌려보냈다. 고마워하던 여고생과 그 아버지의 얼굴이 지금도 눈에 선하다.

자정이 지나 남산 도로변에서 40대 후반의 부녀자를 차에 태워 납치하려다가 인신매매범으로 잡혀온 재미교포 2세도 있었다. 그는 약혼식을 위해 한국에 온 상태였다. 당시 인신매매가 횡행하여 사회적으로 크게 문제되고 있을 때였다. 피의자를 조사하기에 앞서 사건 기록을 살펴보았더니 피의자는 범행을 극구 부인하고 있었지만 피해자와 검거 경찰관의 진술은 명확했다.

그는 검사실에 들어오자마자 자신은 인신매매범이 아니라고 강변했다. 남산의 한적한 길가에서 아주머니의 유혹에 넘어가 잠시 차에 태웠는데 경찰관이 나타나자 그 아주머니가 성매매로 적발될 것이 무서워 거짓말을 했다는 것이었다. 그의 말을 무시해버리기에는 왠지 석연치 않은 느낌이 들었다. 수사 결과 그 아주머니는 포장마차로 생계를 이어가다가 불법 영업 단속으로 더 이상 포장마차를 할 수 없게 되자 돈을 벌기 위해 자신의 몸을 팔고 있었다는 사실이 드러났다. 아주머니는 아들과 며느리에게 알려질 것이 두려워 거짓말을 했지만 자신 때문에 청년이 장기간 징역 생활을 할 수도 있다는 생각에 괴로워하다가 결국 모든 것을 털어놓았다. 수갑을 차고 있던 교포 2세는 석방된다는 이야기를 듣자 굵은 눈물을 뚝뚝 떨어뜨렸다.

힘들기는 하지만 사람들과 함께 부대끼면서 진실을 밝히고 정의를 추구해가는 검사의 길이 인간적으로 생각되었다. 국가 형벌권 행사를 통해서 우리 사회를 조금이나마 더 좋게 만들어 갈 수 있다는 막연한 자부심도 들었다.

그 후 검사로 임용되어 많은 사건을 다루면서 고된 업무와 심적 부담으로 몸과 마음이 무거울 때도 많았지만 시보 때 느꼈던 보람과 기쁨은 없어지지 않았다. 그러나 신문지상이나 국회 질의 등을 통하여 검찰에 대한 국민들의 불신의 눈초리가 느껴질 때면 어깨가 처지면서 가슴이 답답해진다.

검사로 일하며 보람과 긍지를 가질 수 있는 이유는 사건 해결에 고마워하며 눈물짓는 소박한 인정이 남아 있고 밤늦게까지 일하면서도 믿고 따라주는 직원들이 있고, 어느 쪽이 옳은지 판단하기 어려울 때 마치 자기 일인 양 이런저런 책을 뒤적여주는 선배와 동료 검사 들이 있기 때문이다. 일을 통해서 사회의 어두운 부분을 조금이라도 해결하고 밝은 세상을 만들어갈 수 있다고 생각될 때면 몸은 무거워도 마음은 뿌듯하다. 검사는 사명감을 먹고 산다.

디어링턴 검사장과의 우정

코네티컷주 검찰청에서 수사와 재판 과정에 참여하면서 미국의 형사사법 제도가 어떻게 돌아가는지 엿볼 수 있었다. 직접 경험하지 않았다면 여러 제도들의 장단점을 실감나게 느끼지 못했을 것이다. 디어링턴 검사장은 여러 달 동안 꼼꼼하게 배려해주었다. 연수 과정이 끝날 즈음 매우 아쉬워하면서 우리 가족을 저녁식사에 초대했다.

그는 아내와 세 명의 자녀를 두고 전형적인 미국 중상류의 가정을 꾸려가고 있었다. 그의 집은 나무들로 둘러싸인 아담한 마당이 있었고 자그마한 실내 수영장, 탁구대도 갖추고 있었다.

우리 부부 외에도 몇 사람이 초대되었는데, 그중에는 코네티컷주 과학수사연구소 소장인 헨리 리 박사도 있었다. 그는 미국에서 손꼽히는 과학수사의 대가로 대학 교수직도 겸임하고 있었다. 대만에서 미국으로 이민온 지 30년 되었다고 하는 그는 이민 와서 고생한 이야기며, 과학수사연구소에서 겪는 일들, O. J. 심슨 사건 때 있었던 에피소드 등을 재미있게 들려주었다.

평생을 코티네컷주 검찰청에서 근무해온 디어링턴 검사장과 함께

   그날 검사장은 지역 주민들을 위해 헨리 리 박사를 초청한 강연회가 열리는데 우리 부부도 참석해달라고 했다. 강연회는 저녁식사 후 우리나라 구민회관과 같은 장소에서 열렸는데 헨리 리 박사의 명성 때문인지 2층 강당이 꽉 찼다. 대부분의 주민들이 백인들이었다. 검사장 부부와 우리 부부를 위해서는 앞자리가 마련되어 있었다.

   헨리 리 박사는 슬라이드를 한 장씩 비춰가며 강연을 진행했는데 범죄 피의자 사진 대신 자기 얼굴을 합성해서 붙이는 등 유머 감각이 대단했다. 특히 O. J. 심슨 사건 때의 사체 부검 이야기는 무척 흥미진진했다. 자신은 다른 사람이 부검을 실시하고 시간이 흐른 다음에야 그 사건에 관여하게 되었는데 먼저 부검을 실시한 사람이 결정적으로 중요한 몇 가지 단서를 놓쳐 무죄를 받게 되었다면서 아쉬워했다.

   검찰청 연수를 마치면서 검사장에게 우리나라 태극 부채와 조그만 자수 매듭 한 점씩을 선물했다. 검사장은 색깔이 너무 곱다면서 벽에

소중히 걸어두겠다고 했다. 디어링턴 검사장과는 연수를 마치고 한국
으로 돌아온 다음에도 편지를 주고받는 사이가 되었다.

우리나라 법무부에서는 매년 검사들을 미국 검찰청에 연수를 보
내고 있다. 그래서 디어링턴 검사장에게 한국 검사들을 초청해달라고
부탁했더니 흔쾌히 좋다고 했다. 그 덕분에 두 명의 검사가 석 달간
코네티컷주 검찰청에서 연수받는 기회를 가질 수 있었다.

3부

야누스의 두 얼굴, 미국

미국도 망할지 모른다

예일 로스쿨 수업 시간에 한 흑인 학생의 발표 내용에 대해 백인 학생 한 명이 비난을 하자 흑인 학생이 발끈하는 일이 벌어졌다. 단순한 비판이 아니고 흑인을 경멸하는 인신공격이었다는 것이다. 바로 다음 날 그 흑인 학생은 상대 백인 학생을 공격하는 내용의 대자보를 학교 1층 복도에 붙였다. 여러 학생들이 대자보 끝에 지지 서명을 했다. 백인 학생이 곧바로 반박하는 대자보를 붙였다. 인신공격이나 흑인을 차별할 의도가 전혀 없는 순수한 비판이었다는 내용이 실렸다. 이 대자보 밑에도 지지 서명이 따랐다.

몇 차례의 대자보 공방과 찬반양론이 오가면서 학교는 온통 인종 차별 시비에 휩싸였다. 며칠이 지나 두 학생이 직접 만나 오해를 풀었다는 내용의 대자보가 붙으면서 사태는 일단락되었다. 문제의 현장을 지켜봤던 학생들의 이야기로는 백인 학생의 코멘트를 인종 차별로 보기는 어려웠다는 것이다. 하지만 이렇게까지 논란이 되었다면 그 백인 학생은 나중에 연방대법관이 되기는 어려울 것이라는 말도 나왔다.

연방대법관이 되기 위해서는 까다로운 청문회를 거쳐야 하는데 그때는 아주 사소한 일까지도 모두 문제가 되며 인종 차별 시비는 중요하게 다뤄진다는 것이다.

친구들 사이에서도 인종 차별 문제가 제기되면 미묘한 긴장 관계가 조성된다. 수업 시간에 다른 학생의 발언에 대해 자유롭게 비판할 수는 있지만, 상대방이 자기와 피부 색깔이 다를 때에는 조심해야 한다. 자칫 오해를 받을 수 있기 때문이다.

법학을 전공하는 사람들은 미란다 판결^{Miranda v. Arizona 384 U.S. 1966}을 잘 알고 있다. 신체가 구속되는 피의자는 진술 거부권, 변호인 참여권, 변호인 선임권 등이 있음을 고지받아야 하고, 피의자가 이들 권리를 포기하지 않는 이상 이러한 권리가 침해되는 상황 아래서 이루어진 자백은 증거로 사용할 수 없다는 내용이다. 아무리 피의자의 자백이 사실이라 해도 자백을 얻는 과정에 잘못이 있을 경우에는 그 자백만으로는 처벌할 수 없다. 이 판결은 한편으로 피의자의 인권을 보장하고, 또 다른 면에서는 수사기관이 그러한 잘못을 저지르지 못하도록 견제하는 의미를 가지고 있다.

이 밖에도 미국의 연방대법원은 1960년 이후 여러 인권 보장 판결들을 선고하였다. 그런데 판결의 주인공들은 모두 흉악한 강간 살인범, 강도, 마약사범들이 대부분이다. 흉폭한 범죄자들의 자백을 통해 그가 진범이라는 사실을 알면서도 자백을 얻는 과정에서 생긴 절차적 잘못 때문에 석방해야 한다는 것은 이들 때문에 피해를 본 피해자나 가족들의 가슴에 못을 박는 것이다.

대학 시절 이러한 판례들을 공부할 때면 미국은 범죄자의 인권까지도 엄격히 보장하는 인권 선진국이라고 생각했다. 한편, 미국인들은 이같은 결론을 어떻게 수긍했는지 궁금하기도 했다.

우리나라에서 미성년자를 강간하고 살인까지 한 흉악범을 경찰이 조사해서 범행을 모두 자백받았는데, 그 과정에서 묵비권이 있다는 사실을 범인에게 알리지 않았다는 이유로 석방한다면 국민들이 과연 받아들일 수 있을까?

그러나 미국에서 공부해보니 이들 판결의 배후에는 인권 문제를 넘어 인종 문제가 깔려 있었다. 그와 같은 판례의 주인공들은 대부분 흑인이었다. 이들 판례는 범죄자의 인권을 보호한다는 의미 못지않게 소수 인종에 대한 차별을 배격하려는 의미가 깔려 있었다. 이들 판례가 나온 1960년대는 흑인 인권 운동에 불이 붙었던 때였다.

1965년도 8월에는 워싱턴, 시카고, 앨라배마 등 미국 전역에서 흑인 빈민들의 폭동이 일어나 총 4,000여 명의 흑인들이 체포되었다. 흑인들의 폭동을 가라앉히기 위해서는 이들의 분노를 가라앉히는 정책들이 필요했다.

이 같은 상황 때문에 언론과 국민들은 미란다 판결 같은 법원의 결정에 따라 흑인 범죄자들을 과감하게 석방하는 것을 받아들였던 것이다. 이러한 역사적인 배경을 모른 채 형사 판례들을 보면 진정한 의미를 알 수 없다. 미국의 사회 현상과 정책들을 해석하는 데 있어서 흑백 문제와 인종 문제는 나침반 구실을 한다.

미국이 망한다고 하면 외국의 침략 때문이 아니고, 여러 주나 계층별로 분해될 것이라는 이야기들을 많이 한다. 오늘날 미국의 가장 큰 문제는 빈부격차인데, 가난한 사람들의 대부분이 유색 인종이라는 점은 문제를 더욱 복잡하게 만든다.

현대 국가의 기본적인 과제는 지속적인 경제발전을 이룰 수 있는 경제 시스템을 유지하면서 그로 인한 부자와 가난한 자의 갈등과 반목때문에 나라가 깨지는 것을 막는 것이라고 한다. 자유와 평등을 어떻게 조화시키느냐 하는 문제이다. 자유를 앞세우면 불평등이 심화되어 판 자체가 깨질 수 있는 것이요, 평등에 치우치면 자유로운 창조활동을 저해하여 경제발전이 가로막힐 수 있다. 이 뿌리 깊은 난제를 미국의 리더들이 과연 풀어나갈 수 있을지 지켜볼 일이다.

법과 정치의 변주곡

　예일 로스쿨의 학생 동아리 중에는 기성 정당과 연결된 동아리도 있다. 나는 이 점이 무척 신기했다. 이들 동아리를 소개한 안내장에는 동아리에 가입하면 고위 관료나 유명 정치인들과 만날 수 있고, 정당 행사에도 참석할 수 있다고 자랑하고 있다. 학생들은 정치와 멀리 떨어져 있지 않았다. 클린턴 대통령은 학생 시절부터 선거 운동에 적극 참여하면서 정치가의 뜻을 키웠다고 한다. 예일 로스쿨에 다닐 때는 코네티컷주 상원의원 후보자를 도와 선거 운동을 했다고 한다.

　내가 예일대학에 머무르던 해에 미국 대통령 선거가 있었다. 클린턴 대통령이 재선에 도전했을 때였는데 힐러리 여사가 예일대학을 방문하여 강연하기도 했다. 점심 식사가 포함된 행사도 있었는데 재미있는 것은 행사에 참가하려면 입장료를 내야 한다는 것이었다. 참가비는 학생이냐 교수냐에 따라 또 식탁의 위치에 따라 액수가 달랐다. 힐러리 여사와 같은 테이블에 앉아 식사를 하기 위해서는 많은 돈을 지불해야 했다.

대통령 선거 기간 내내 많은 학생들은 자신이 지지하는 후보자와 정당을 상징하는 스티커를 자동차 유리창에 붙이고 다녔다. 선거 운동을 위해 실제로 뛰어다닌 학생들이 많았는지는 알 수 없지만 학생들은 정치와 선거를 가깝게 느끼고 있었다.

미국에서는 주 검찰총장과 판사들도 선거로 뽑는 경우가 많다. 판사로 입후보하려면 정당의 공천을 받아야 한다. 우리 기준에서 보면 가장 중립을 지켜야 할 사법부와 검찰이 이렇게 정치와 가까워서야 정치권의 영향을 받지 않고 공정한 판단을 내릴 수 있을까 의심스러울 것이다. 또한 가장 순수해야 할 학생들이 기성 정당과 가깝게 지내는 것을 긍정적으로만 볼 수는 없을 것이다. 하지만 이들에게는 나름대로의 규칙이 있다.

미국의 경우 대통령이 새로 취임하면 그 전에 근무하던 많은 고위직 공무원들이 사표를 내고 자리를 떠난다. 연방 검사들은 전원 사표를 제출한다. 제도적으로만 보면 이들 고위 공무원들에 대해서는 정치적 중립성이 전혀 보장되어 있지 않다. 실제로도 대통령이나 대통령 측근들과 친한 사람들이 고위 공무원으로 임명되는 경우가 많다. 레이건 대통령 시절에는 캘리포니아 출신들이 부각되면서 '캘리포니아 마피아'라는 말을 들었고, 케네디 대통령 시절에는 하버드 대학 출신들이 득세했다. 그런데도 연방 검사들을 포함하여 고위 공직자들이 정치의 시녀라고 비판을 받는 일은 없다. 왜 그럴까? 그 이유는 사람이 누구냐에 따라 법 집행 결과가 달라지지 않기 때문이다.

누가 그 자리에 앉더라도 법대로 해야 한다. 그리고 그 법은 치밀하고 상세하게 규정되어 있어 집행자가 마음대로 해석할 여지가 별로 없도록 하였다. 상급자도 법을 어기는 지시를 내릴 수 없다. 권한을 남용하지 못하도록 철저하게 나누어 놓고, 서로 감시하도록 되어 있다. 사회 곳곳에서 이들 공무원들의 행동거지를 살펴보는 감시자들의 눈길이 매섭기만 하다.

날카로운 언론은 미국 역사상 가장 막강한 권력을 누렸다는 닉슨 대통령을 권좌에서 끌어내렸다. 시민단체 역시 국회의원과 공직자들의 일거수일투족에 대해서 엄정한 평가를 내린다. 공무원의 잘못된 권한 행사로 피해를 입은 국민은 자신이 입은 피해에 대해 소송을 제기한다. 잘못된 공권력 행사에 대해서는 엄청난 액수의 손해배상 책임을 지운다. 이러다 보니 자기 마음대로 처리할 수 있는 일이 별로 없다. 검찰은 물론이고 대통령도 마찬가지다.

클린턴 행정부 시절 법무부장관 겸 검찰총장이었던 자넷 리노의 경우에도 모든 업무의 기준은 '법과 원칙'이었다. 클린턴 대통령 부부를 조사하는 특별 검사를 포함해서 7명의 특별 검사를 임명하여 클린턴 대통령을 궁지에 몰아넣기도 했지만 근거가 부족한 특별 검사 임명 요구에 대해서는 단호하게 거부했다. 그는 의회 청문회에서 특별 검사 임명 결정은 증거와 법에 따라 이루어지는 것이지 신문 기사나 사설, 여론 조사나 위협에 의해 결정하는 것이 아니라고 강변했다. 여야 모두가 수긍할 수밖에 없었다.

한편 연방 법원의 판사들은 양형기준법에 따라 판결을 해야 한다. 예컨대 폭파사범에 대한 재판을 할 때 유사 전과가 몇 번 있었는지, 피해 정도는 어떠한지, 자수를 했는지, 피해는 회복되었는지 등 여러 가지 변수에 대하여 일정 점수를 매기고 그 기준에 맞춰 판결을 내려야 한다. 유무죄는 배심원들이 결정하고, 유죄가 선고된 사안에 대한 형량은 양형기준법을 따르도록 하여 판사의 권한 남용이 불가능하도록 한 것이다.

2009년 다단계 금융사기로 기소된 전 나스닥 증권거래소 위원장에게 미국 법원은 양형기준에 따라 징역 150년을 선고하였고, 3,000만 원을 뇌물로 받은 주 상원의원에게 미국 검찰은 징역 40년을 구형했다. 같은 해 미국 연방 하원의원 5명이 워싱턴 D.C. 수단 대사관 앞에서 인권탄압에 항의하는 시위를 벌이다가 폴리스라인을 넘는 위법행위를 하자 경찰은 망설임 없이 하원의원들의 손을 등 뒤로 하여 수갑을 채우고 체포했다. 그중에는 여당의 실세 의원도 포함되어 있었다.

이와 같은 시스템 아래에서 모든 국가 권력의 행사는 법과 규칙에 따라 이루어진다. 정치도 법 아래 있는 것이다. '법치주의'는 거대 제국 미국을 지탱시켜주는 가장 단단한 버팀목이다.

꽉 막힌 친구들

FBI 본부를 방문한 적이 있다. 국제 관계를 담당하는 요원들과 대담을 나누고 FBI에서 마련한 VIP 투어를 하기로 되어 있었다. VIP 투어는 FBI의 업무를 소개하고 본부 내 주요 시설들을 보여주는 과정이었다. 담당자들과의 미팅을 끝내고 요원의 안내를 받아 투어 장소로 향했다.

투어 시간에 조금 늦지 않았나 싶었는데 안내 요원은 별로 개의치 않았다. 약속 장소에 도착했을 때에는 3분가량 늦어 있었다. 그런데 그곳의 경비원은 투어 일행들이 이미 출발했기 때문에 들어갈 수 없다고 주장했다. 나를 안내했던 요원이 난감해졌다. "한국에서 온 검사인데 FBI를 공식 방문하고 살펴보려는 것이다. 지금 시간을 놓치면 다시 방문하기가 어렵다"고 통사정을 하자 자기가 들여보내줄 수는 없고 대신 상급 경비원에게 안내해주겠다는 것이다. 안으로 들어가 상급자를 만났는데 그도 역시 자기는 어떻게 할 수 없으니 투어 책임자를 만나보라고 한다. 잠시 후 나타난 투어 책임자는 VIP 투어 예정자

성조기가 휘날리는 FBI 건물 근처 벤치는 워싱턴 노숙자들의 쉼터이다

리스트에서 내 이름을 찾아내고는 앞서 출발한 팀에 바로 합류시켜주
었다. 일이 싱겁게 해결되었다. 별것도 아니면서 못 들어가게 한 경비
원들이 우습기도 했지만 그들을 나무랄 수는 없었다. 자신들의 규칙
에 따랐기 때문이다. 미국에 있다 보면 이런 저런 규칙 때문에 안 된
다고 딱 잘라 말하는 경우를 접하게 된다. 어떤 때에는 인종 차별을
하는 게 아닌가 싶어 은근히 화가 날 때도 있지만 오해인 경우가 많
다. 백인과 흑인 모두에게 그렇기 때문이다.

《시카고 트리뷴》지의 기자 친구를 만나기 위해 시카고를 방문했을
때였다. 신문사 정문을 지키고 있는 관리원은 방문 목적을 확인하더
니 5층에 있는 친구 사무실을 알려주었다. 5층으로 올라가니 다른 관
리원이 있어 다시 한 번 그의 확인을 받아야 했다. 불편하기는 했지만
친구와 오랜만에 만난다는 기쁨에 들떠 별로 개의치 않았다. 반갑게
인사를 나누고 사무실을 둘러 본 뒤 퇴근 시간인 6시쯤 다시 사무실

에서 만나기로 했다.

시카고의 멋진 현대 건축물들을 만끽한 다음 다시 신문사를 찾아가 건물 1층 관리원에게 사정을 이야기했다. 조금 전에 다녀갔는데 5층에 있는 기자를 다시 만나야 한다고 했다. 관리원은 먼저 사람과는 다른 사람이었는데 그냥은 안 되고 다시 한 번 확인을 해보겠다며 친구 기자와 통화를 나누었다. 그러고는 혼자서는 위로 올라갈 수 없으니 자기를 따라 오라는 것이다. 조금 전만 해도 나 혼자 엘리베이터를 타고 올라갔는데 이제 와서 혼자서는 안 된다고 하니 이해가 되지 않았다. 사람을 차별하는 것이 아닌가 하는 생각이 들자 은근히 화가 났다. 그냥 넘어가려다가 "왜 혼자서 올라가지 못하게 하는가? 몇 시간 전만 해도 혼자 갔다"라고 항의하듯 물었다.

대답은 간단했다. 퇴근 시간이 지나면 규정상 그렇게 해야 된다는 것이다. 시계를 확인하니 6시가 조금 넘은 시간이었다. 규정이 그렇다니 어쩌겠는가. 애꿎은 관리원을 오해했던 것이 미안했다.

미국인들은 어찌 보면 답답할 정도로 정해진 규칙을 따른다. 그렇기 때문에 업무를 처리하는 데 시간이 오래 걸리기도 한다. 기다리는 상대방 입장에서는 답답할 수 있지만 규칙대로 하기 때문에 편법이 통할 여지가 별로 없고, 특혜 시비가 일어나는 일도 드물다.

낙태 논쟁

미국에서 가장 뜨거운 논쟁거리 중 하나는 여성들에게 낙태할 권리를 인정해줄 것인지 아닌지의 여부다. 뉴욕이나 워싱턴 거리를 걷다 보면 태아의 생명권을 존중해야 하기 때문에 낙태에 반대한다는 피켓을 들고 가는 사람들을 종종 볼 수 있다. 이런 시위가 있고 나면 얼마 후 낙태는 여성의 기본적인 권리라고 외치며 지나가는 사람들과 마주치게 된다. 낙태를 반대하는 사람들 중 극단적인 사람들은 낙태 시술 병원에 폭탄 테러를 가하기도 한다. 1996년 겨울에는 애틀랜타의 낙태 시술 종합병원 주차장에서 폭탄이 터져 수십 명이 죽거나 다쳤다. 2009년도에는 캔자스주의 한 교회에서 유명한 낙태시술 의사가 총에 맞아 살해당했다. 낙태 문제로 희생된 네 번째 의사였다.

1973년 1월 22일 로우 대 웨이드 Roe v. Wade 사건에서 연방대법원은 여성의 프라이버시에 관한 권리로서 낙태를 결정할 수 있는 권리를 인정했지만 그 이후로도 각 주에 따라서는 낙태 시술에 대해 여러 제약을 가하였다. 어떤 주에서는 미성년자의 경우 부모의 동의가 있어야 하고, 기혼녀의 경우 남편의 동의를 얻어야 한다. 이러한 제약들이 타당한 것인지에 대한 논란이 연방대법원 판결 이후에도 계속되었다.

하루는 헌법 수업 시간에 낙태에 관한 논쟁이 벌어졌다. 여러 이야기들이 오고갔는데, 수업이 끝난 후 한 미국인 친구가 한국에서는 낙태가 합법인지 불법인지를 물었다.

"우리나라에서는 형법에서 낙태를 범죄로 규정하고 있어. 예외적으로 모자보건법이라는 특별법에서 유전병이 있거나 임산부의 건강을 해칠 염려가 있는 경우에만 낙태가 허용돼."

"그렇다면 낙태는 별로 이루어지지 않겠네?"

"그렇지는 않아. 우리나라는 국토에 비해 인구가 많아 산아 제한이라는 명목 아래 오랜 기간 국가적으로 낙태를 방관해왔기 때문에 낙태가 널리 행해졌어."

"그렇게 엄하게 처벌하면서 낙태가 많이 이루어진다면 형사 처벌되는 사례가 많겠네?"

"아니, 낙태로 실제 처벌되는 의사나 임산부는 1년에 몇 건 안 돼. 정책적으로 산아 제한을 널리 권장했기 때문에 엄하게 처벌할 수는 없지."

실제 낙태죄로 기소된 사례는 2006년도에 5명, 2007년도에는 2명밖에 없었다.

미국인 친구는 낙태가 널리 행해지고 또한 실제로 처벌되지 않는다면 낙태죄를 폐지하자는 주장이 거세지 않냐고 물었다. 그러나 한국에서는 낙태를 더 엄격하게 제한해야 한다는 가톨릭계의 주장이 오히려 강하다고 했더니 그는 이해하지 못하겠다는 표정을 지었다. 모두들 낙태를 행하고 있고, 국가에서도 형사 처벌을 하지 않는다면 낙태를 처벌하는 법은 없애야 하는 것이 마땅하지 않느냐는 것이었다.

나는 강한 혈통 의식과 가족주의로 인해 많은 사람들이 낙태에 대해 죄의식을 가지고 있어 낙태를 공개적으로 찬성하기는 어려운 분위기라고 대답했다. 그러나 한편으로 일반 시민들이 낙태죄를 규정한 형법조항에 대해서 별 불편함을 느끼지 못하기 때문에 낙태죄를 없애자는 주장이 별로 없는 것이 아닌가 하는 생각이 들었다. 낙태죄를 처벌하는 법이 있더라도 실제 처벌되는 사람도 없고, 병원에서 낙태를 못 해주겠다고 거부하지도 않는다. 법이 있으나 없으나 별 차이가 없다.

미국은 어떤가? 어느 주에서 낙태를 제한하는 법을 만들면 병원에서는 법이 정한 요건을 따져 낙태 여부를 결정한다. 기준에 어긋날 경

231

우에는 엄격한 제재를 받고, 주에서 나오는 보조금도 받지 못하기 때문이다. 법이 사람들의 실제 생활에 바로 영향을 미치게 되고, 따라서 그 법 때문에 불편함을 느끼게 되는 사람들은 법을 바꾸라고 강하게 요구하게 된다.

다른 모든 분야에서도 마찬가지다. 정치 자금을 엄격하게 규제하는 법을 만들면 그 법을 따라야 한다. 그리고 지킬 수 있을 만한 법을 만들어놓는다. 법이나 제도 자체가 문제가 아니다. 법을 지키려는 사회 공동체의 의지와 준법 문화가 없으면 법과 제도는 무용지물에 불과하다.

되돌아온 1달러

예일 로스쿨 학생들은 보통 구내식당에서 점심을 먹지만 가끔은 태국 음식이나 베트남 음식과 같은 별미를 먹으러 학교 밖으로 나간다. 함께 식사를 하고 나면 음식값은 대개 각자 지불한다. 그렇기 때문에 식사가 끝나면 음식 값에 봉사료를 10퍼센트 내지 20퍼센트 정도 더한 금액을 계산한 다음 모두가 똑같이 나누는 작업을 해야 한다. 미국 학생들은 익숙해서 그런지 자신이 얼마를 내야 하는지 기막히게 빨리 계산한다.

미국 학생들과 학교 밖으로 점심 식사를 하러 나간 적이 있다. 식사가 끝나자 각자 내야 할 금액을 계산했는데, 한 친구가 돈이 부족하다면서 1달러만 빌려달라고 했다. 당시 환율로는 우리 돈으로 천 원도 안 되는 돈이다. 아무 부담 없이 빌려주었고, 돌려받으리라고는 생각지도 못했다. 그러나 며칠 후 학교 우편함에는 고마웠다는 간단한 메모와 함께 1달러가 든 봉투가 들어 있었다.

개인 간에 돈을 빌리는 것을 수치스럽게 생각하고, 만약 돈을 빌렸을 때는 반드시 갚아야 되는 것으로 생각하는 것이 그네들의 사고방식이라는 것을 나중에 듣게 되었다. 생활 속의 작은 약속부터 지켜나가는 것이 얼마나 중요한지 생각하게 되었다.

금전 거래에 관한 우리의 습속은 어떤가. 돈을 빌려달라고 말하는 것을 부끄러워하는 것이 아니고, 오히려 아는 사람이 돈을 빌려달라고 하거나 보증을 서 달라고 했을 때 이것을 거절하면 죄스럽게 느껴진다. 친척이나 선후배, 친구들끼리 돈을 주고받거나 보증을 설 때 계약서를 작성하거나 문서로 처리하는 것은 피한다. 서류로 남기자고 요구하면 왠지 속 좁은 사람처럼 여겨지기 때문이다. 좋을 때야 아무 문제도 없지만 보증 때문에 남의 빚을 수천만 원씩 대신 갚게 되면 이제 친구가 아닌 원수가 되어버린다.

금전 거래를 둘러싼 형사 사건 수도 기하급수적으로 증가하고 있다. 우리나라의 경우 돈 문제 때문에 생기는 사기 사건 수가 미국이나 일본에 비해 수십 배, 수백 배가 된다. 검사나 판사들이 다루고 있는 엄청난 양의 사건들도 대부분 이러한 유형이다. 이런 사건들은 당사자들 간에 감정의 골이 깊고 문서로 남긴 증거가 없는 경우가 많기 때문에 잘 해결되지도 않는다.

이런 일은 우리가 약속을 그다지 중요하게 생각하지 않기 때문에 일어난다고 생각한다. 약속을 할 때는 체면치레 때문에 문서 없이 말 한마디로 쉽게 해버리지만 그만큼 지키는 것도 가볍게 여기는 것이다.

예일 로스쿨에서는 교수와 학생 간의 약속이 어떻게 이루어질까? 예일 로스쿨에서는 수업 첫 시간에 그 학기의 수업 진도표를 나누어 준다. 이번 학기에는 어떠한 교재를 택해 매주 어느 분량만큼 진도를 나갈 것인지 미리 정해놓는다. 교수들은 어떻게든 이 진도표를 맞추기 위해 최선을 다한다. 매 시간 수업 내용도 여기에 따라 진행되고, 예기치 못한 상황이 발생해서 수업을 못하게 되면 반드시 보충 강의를 한다. 교과서의 앞부분에만 손때가 묻어 있고 뒤로 가면 새 책 그대로 남는 일은 없다. 학생들에 대한 약속을 반드시 지키는 것이다.

어느 사회의 선진화 여부를 결정하는 기준은 여러 가지가 있지만 법률가의 입장에서 보면 '법치주의'가 중요한 잣대다. 법치주의는 국가 입장에서 보면 사회 구성원들이 서로 싸우지 않고 살 수 있는 규칙을 만드는 것이지만, 국민의 입장에서 보면 법에 어긋나지 않는 한 어떠한 권력자도 국민의 권리를 침해할 수 없다는 보호적 의미를 갖는다.

법치주의는 약속은 스스로 알아서 지키는 생활양식을 말한다. 물론 윗사람들부터 법을 제대로 지켜야 한다. 윗물이 흐릴 때 아랫물이 맑기를 기대할 수는 없기 때문이다. 그렇지만 그에 못지않게 시민들 모두가 생활 속에서 자기가 한 약속을 철저히 지키는 습관도 중요하다. 가정에서, 학교에서, 직장에서 보고 느끼는 것들이 결국에는 습관이 되어 다른 모든 곳에서 다 똑같이 이루어지기 때문이다.

돌이켜보면 나 역시 내가 지켜야 할 약속은 쉽게 잊어버리고 다른 사람들이 약속을 지키지 않을 때면 못마땅해할 때가 많았다. 사건을 다룰 때도 남들에게는 엄정한 법의 잣대를 들이대고 정작 내 생활 속에서는 급하거나 어쩔 수 없다는 핑계를 대며 신호등을 지키지 않거나 중앙선을 넘은 적도 적지 않았다. 그렇게 이중 잣대를 가지고 있었던 것이 어디 한두 번이었는가. 우편함으로 돌아온 1달러는 많은 생각을 하게 만들었다.

골동품이 대접받는다

예일 로스쿨 건물이 있는 거리를 따라 한적한 골목길을 걸어가면 오른편으로 유서 깊은 피자집과 함께 자그마한 이발소가 보인다. '필스Phil's'라는 집인데, 대부분의 법대생들이 이곳에서 머리를 깎는다. 나역시 이 이발소를 애용했다. 남자 이발사 세 명과 젊은 여자 이발사한 명이 있다.

우리나라 이발사들과 마찬가지로 이들 역시 입심이 무척 세다. 알고 보니 머리가 하얗게 센 앵글로색슨족 이발사 한 명은 이곳에서 일한 지 50년 가까이 되었다. 이발사를 시작한 때가 1950년대 초였다고한다. 부시 대통령과 클린턴 대통령 모두 학생 시절 자기 단골이었다고 자랑했다. 벽에는 아버지 부시 대통령의 사진을 걸어놓고 있었다.

한국이 5천 년의 역사를 자랑한다고 하면 이곳 사람들은 놀란다. 미국이 독립을 선언한 것이 1776년이므로 미국의 전체 역사는 200년남짓할 뿐이다. 그렇지만 대통령제의 역사, 삼권 분립의 역사, 대의제민주주의의 역사, 사법 심사 제도의 역사, 법치주의의 역사를 따지면 그 역시 200년이다. 결코 짧지 않다. 20세기 최대의 승자로 평가되는 나라가 미국이다. 최근 월스트리트에서 비롯된 국제금융위기로 비틀거리기 전까지만 해도 최장기간 호황을 누리기도 했다.

그러나 유럽에서 온 친구들은 미국인들이나 미국 문화에 대한 이야기가 나오면 금방 냉소적인 표정을 짓는다. 한마디로 우습다는 것이다. 유럽 학생들은 미국 문화는 "깊이가 없다 too shallow"고 딱 잘라 말한다. 벼락부자들이 행세하는 것을 바라보는 오랜 귀족들의 눈길과도 같다. 비록 자본주의가 번창하여 세계 경제를 좌지우지하고 세계 최강국임을 내세운다고 하지만 문화나 철학, 정신적인 면에서는 어림없다는 것이다. 미국이 자랑하는 뉴욕의 메트로폴리탄 미술관, 현대미술관 MoMA, 구겐하임 미술관에 가보아도 주요 미술품들은 모두 유럽 작가들의 것이지 진짜 미국 작품은 얼마 없다고 주장한다. 사실 미국 작가로는 팝아트 분야의 앤디 워홀과 같은 현대 미술가들이 명성을 얻

부시 대통령과 클린턴 대통령도 단골이던 로스쿨 옆의 필스 이발소 전경

고 있을 뿐이다. 이들 미술관에는 오래된 공예품들을 전시하는 공간도 있지만 토종 미국 것으로는 두드러진 게 없다.

미국인들도 이러한 약점을 잘 알고 있는지 조금만 오래된 것이 있으면 문화재나 사적지로 지정하는 등 야단법석이다. 오래된 집의 대문에는 'Historic House'라는 팻말을 붙여놓지만 우리가 보기에는 요즘 지은 집들과 다를 것이 없다. 백 년 전이나 지금이나 똑같은 나무집이고, 모습도 비슷하기 때문이다. 우리의 민속촌에 해당하는 올드 세일럼Old Salem이라는 마을에 가보아도 오늘날 미국의 시골 동네와 거의 비슷하다.

웬만큼 사는 집들은 골동품 가구나 손때 묻은 장식품들을 갖추어놓고 있다. 한 가지 속상한 것은 이곳 식자층이라는 사람들 집에 가보면 대부분 일본의 골동품이나 공예품들을 장식해놓고 자랑스럽게 소개한다는 점이다.

예일대학 역시 옛것을 숭상하기는 마찬가지다. 학교 건물이 온통 고딕식으로 되어 있는데, 얼핏 보면 중세 시대에 지은 건물 같다. 하얀 벽돌 색깔이 누렇게 바랜 곳이 많고, 이끼가 잔뜩 끼어 있다. 유리창도 곳곳이 깨진 상태로 땜질을 해놓은 모습들이 여기저기 눈에 띈다.

그러나 실상은 그게 아니다. 벽돌 색깔은 처음 지을 때부터 약품 처리를 해서 오래된 것처럼 보이게 했고, 유리창 역시 만들 때부터 일부러 깨뜨린 다음 찰흙으로 붙여놓은 것이다. 가만 보면, 깨진 유리창을 붙여놓은 모습이 'Y' 자 형태를 띠고 있는 것이 유난히 많다. 'Y'는 Yale의 첫 글자이다. 오랜 역사를 가지고 싶은 소망이 이렇게도 표현되는 것이다. 로스쿨의 강의실 벽에는 초상화가 한두 장씩 걸려 있다.

이미 작고했거나 원로로 활동하는 교수들 것이다. 도서관 홀에는 예일 로스쿨이 배출한 명망가들의 초상화를 빙 둘러서 높이 붙여놓았다.

로스쿨의 과목을 보아도 이런 경향은 잘 나타나 있다. 미국법의 역사와 미국 헌법에 대한 강의는 시간 배정도 많고 담당 교수도 여러 명이다. 강의 외에 세미나와 초청 강연도 수시로 열린다. 특히 미국 헌법 조항과 헌법 정신은 그야말로 금과옥조같이 애지중지한다.

'Honor the Past, Imagine the Future'

미국인들이 오래된 것, 골동품이면 사족을 못 쓴다고 해서 그저 과거의 영화에 안주하고 있다고 생각할 수는 없다. 미국은 우주항공 분야, 생명공학, 컴퓨터 공학 등 미래 첨단 분야를 선도하고 있다.

첨단과학 분야에 대한 예일 로스쿨 학생들의 관심도 대단했다. '첨단과학과 법'이라는 학생 모임에서는 각계의 과학자와 전문가를 초청하여 세미나를 개최하곤 했다. 인터넷과 정보통신 분야에 정통한 학생들도 있어 이들 중 몇몇은 졸업 후 벤처기업을 경영할 계획을 가지고 있었다.

교포 2세인 윤정진^{에릭}도 다이애너 프로젝트라고 국제 인권 관련 자료를 인터넷에서 정리, 공급하는 일에 참여했다가 인터넷에 흠뻑 빠져 로스쿨을 졸업한 다음 실리콘밸리에 있는 컴퓨터 벤처기업의 동업자로 활약하고 있다.

미국 행정부가 정한 21세기 국가 발전의 모토는 'Honor the Past,

Imagine the Future^{과거를 존중하고 미래를 상상하라}'이다. 우리말로 바꾼다면 온고지신溫故知新이다. 미래를 '상상하자'는 말이 재미있다. 요즘의 과학 기술 발전 속도와 사회의 변화 양상을 지켜보면 앞으로 펼쳐질 세상은 새로운 것을 만들어내는 단계를 넘어서서 상상의 세계가 현실로 실현되는 세상일 것이다. 첨단을 걸으면서도 과거의 유산들을 소중하게 간직하려는 자세, 이것이 바로 우리 선조들이 강조한 '온고지신'이 아닌가 싶다.

미래를 개척해나가더라도 우리가 현재 서 있는 위치, 우리가 갖고 있는 기본 토양과 자산들, 우리의 정신문화와 고유 가치는 외면하고 새로운 것, 외국 것만 추구해서는 좋은 결과를 얻기 어렵다. 아무리 외국 것이 훌륭하더라도 우리 몸에 맞지 않으면 소용이 없다. 반만 년의 장구한 역사를 살펴보면 우리에게도 훌륭한 사회 제도와 교육 시스템, 값진 문화유산과 웅혼한 사상 체계들이 너무나도 많다. 그 모두를 멀리하고 외국의 새로운 문물만 찾는 것은 효율적이지 못할 뿐만 아니라 어리석다고 말할 수밖에 없다.

하지만 우리 것을 소중히 한다는 명분 아래 급변하는 시대 흐름을 외면하고, 우리보다 앞서가는 나라를 배우고 익히려는 노력을 게을리해서는 안 된다. 우리는 이미 구한말 세계 흐름에 눈이 어두워 우리가 감내해야 했던 치욕의 역사가 어떠했는지 잘 알고 있다. 특히 거대한 물결이 지나가고 새로운 물결이 다가오는 격변기에는 잠깐의 방심이 어마어마한 격차를 가져올 수 있다. 역사는 과거와 미래의 대화라고 했는데, 우리에게는 과거와 미래를 함께 보는 것뿐만 아니라 우리 것과 남의 것을 융화시키는 것 역시 우리가 짊어져야 할 시대적 과제이다.

부러진 어금니

미국에 도착한 지 이틀밖에 안 되었을 때다. 도착하자마자 큰 도움을 준 한인 유학생 회장이 뉴헤이븐시 축제에 함께 가자고 했다. 축제 현장을 둘러본 다음 동네에서 소문난 스테이크하우스로 안내했다. 스테이크에 앞서 나온 샐러드 맛을 즐기고 있는데, 갑자기 눈에서 불똥이 탁 튀었다. 샐러드에 들어 있던 올리브를 먹다가 씨앗을 꽉 깨문 것이다. 어금니가 4분의 1가량 깨졌다.

수소문해 집에서 한 시간 떨어진 곳에 있는 한국인 치과 의사에게 달려갔다. 의사는 부러진 이를 떼어내고 새로 이를 붙여 넣는데 여러 달이 걸릴 것이라 했다. 2주에 한 번씩 찾아가 치료를 받는 일이 계속되었다. 그 과정에서 잇몸을 갈아내는 수술이 필요했는데 한국인 의사는 그 부분은 자기 전공이 아니라면서 근처의 권위자를 소개해주었다.

수술을 받기 전에 미국인 의사가 예전에 다른 병력이 있었는지, 알레르기 반응을 일으키는 약물은 없는지 여러 가지를 점검했다. 수술을 위해 진료대에 앉자 여자 간호사가 다가오더니 음악을 듣고 싶은

지 물었다. 헤드폰을 끼고 들을 수도 있고 그냥 들을 수도 있다고 했다. 나는 괜찮다고 대답했다.

준비가 끝나자 의사가 들어와 수술 내용과 진행 과정을 상세하게 수술 거울을 비춰주면서 설명해주었다. 수술이 끝나자 잇몸 사이를 닦는 특수 칫솔과 양치질 용액을 주면서 칫솔질 방법도 자세히 알려주었다.

다음 번 진료 예약을 하고 돌아왔는데 진료 일자 이틀 전에 병원에서 예정된 시간이 괜찮은지 확인 전화가 왔다. 불편하면 시간을 바꿔주겠다고 이야기한다. 네 차례 진료를 받으러 가면서 대기실에서 기다린 적이 한 번도 없이 바로 처리되었다. 진료비 청구서에 적힌 금액은 적지 않았지만 아깝다는 생각이 들지 않았다.

미국 산업의 강점은 서비스업이라고 한다. 그들은 무엇보다도 고객의 편의를 최우선으로 생각한다. 낮에 은행을 찾기 어려운 직장인들을 위해 대부분의 은행들이 일주일에 한두 번은 오후 1시부터 영업을 시작해서 밤늦게까지 문을 연다. 동네 우체국도 일주일에 한 번씩은 아침에 일찍 여는 날을 정해놓고 있다. 야간 근무자들이 많은 뉴욕 맨해튼의 우체국은 일주일에 며칠은 아예 밤새도록 영업을 한다. 동네 도서관도 밤 10시까지는 문을 열어둔다. 주민들을 위한 배려다.

예일 로스쿨에서도 학교는 학생들의 요구를 충족시키기 위해 최선을 다한다. 학생들이 요청하면 새로운 주제에 대한 강의가 개설되기도 한다. 학생들의 여름방학 인턴직 선택과 졸업 후 장래 진로방향을 돕기 위해 직업상담실이 설치되어 있다. 장래 진로에 대한 상담을 전담하는 요원들이 있고, 예일 로스쿨 졸업생들을 멘토로 맺어주는 프로그램도 진행한다.

고객은 자기가 돈을 지불한 만큼의 서비스를 받을 권리가 있다. 구입한 물건이 마음에 들지 않으면 그 물건을 사용했다 하더라도 바로 교환해달라고 요구할 수 있고, 식당에서 주문한 음식이 맛이 없으면 다른 것으로 바꿔달라고 할 수도 있다. 그것은 사업자가 베푸는 선행이 아니고, 고객이 당연히 요구할 수 있는 권리이다. 고객과 소비자의 권리가 존중되는 사회, 그것이 바로 선진국으로 발전할 수 있는 토대가 아닐까 한다.

토크쇼 즐기는 문화

오프라 윈프리쇼, 도나휴쇼, 래리 킹의 CNN 토크쇼 등 미국 텔레비전은 각종 토크쇼 프로그램을 많이 방영한다. 초대 손님을 불러다가 신변잡기부터 재담, 정치적 소신에 이르기까지 온갖 이야기를 하며 웃고 떠드는 것이다. 초대 손님도 유명 배우뿐만 아니라 미국 대통령이 출연하는가 하면 발가락으로 앵무새와 대화하는 소년도 등장한다. 한 가지 공통점은 모두들 너무나 자연스럽게 이야기를 주고받는 것이다.

예일 로스쿨의 수업 시간에 보면 똑같이 미국에서 태어나고 자란 사람이라도 백인과 동양인은 뭔가 조금 다르다. 수업을 주도하는 사람 대부분은 백인들이다. 그들이 더 똑똑해서도 아니고, 아는 것이 더 많아서도 아니다. 순전히 이야기하고 토론하는 문화에 익숙하기 때문이다. 자기 할 말은 누가 뭐라고 해도 딱 부러지게 하는 것이 체질화되어 있다. 함께 수업을 듣는 한국인 2세들도 조용히 듣고만 있는 경우가 많기에 이들에게 그 이유를 물었더니 "뭐, 굳이 말을 많이 할 필요 있느냐?"라는 게 그들의 대답이었다. 한국인 2세들도 부모의 영향 때문인지 남들 앞에서 이야기하는 것에 소극적이었다.

교포들의 이야기를 들어보면 중·고등학교 때에도 한국인 2세들은 대개 수업 시간에 조용히 앉아 있어 미국인 교사는 그들의 능력이 어떤지 잘 모르는 경우가 많다고 한다. 그러나 시험을 치르면 1등을 차지하는 것은 늘 한국인 2세들이라 놀란다는 것이다.

미국인들이 모여 있는 곳이면 수업 시간은 물론 어디를 가도 시끌벅적하다. 파티 때도 맥주 한 캔씩 들고 서서 무슨 이야기를 그리도 많이 하는지 시간 가는 줄 모른다. 사람들이 모이더라도 토론보다는 술잔을 돌리거나 노래를 하며 회포를 푸는 데 익숙한 우리들은 이들 토크쇼 문화에 적응하기가 쉽지 않다.

어느 한국인 외교관은 여러 나라 외교관들이 부부 동반으로 모였을 때 식사를 제일 먼저 끝내고 멀뚱멀뚱 쳐다보고 앉아 있는 사람은 한국인 아니면 일본인들이라고 지적했다. 말을 이어가는 데 익숙하지 않기 때문이다. 게다가 우리말과 영어는 구조적으로 많은 차이가 있다. 우리말은 주어 다음에 시간과 장소 등을 나타내는 부사나 목적어가 나오고 맨 마지막에 동사가 나온다. 그렇지만 영어에서는 주어 바로 다음에 동사가 나온다. 영어는 말을 시작하면 바로 결론을 알 수 있지만 우리말의 경우에는 마지막까지 들어봐야 긍정인지 부정인지 알 수 있다. 우리는 'Yes, No'를 분명하게 이야기하는 것보다는 상대방이 자신의 태도와 분위기로 자기의 뜻을 알아서 이해해주기를 원하는 경우가 많다. 이렇다 보니 우리는 영어로 말할 때도 맺고 끊는 것이 딱 부러지지가 않는다. 그래서 미국 사람들은 한국인과 말할 때 답답함을 느끼는 경우가 많다고 한다.

　　우리의 은근한 이심전심 문화가 앞선 것인지, 미국인들의 직설적인 의사 표현 문화가 좋은 것인지 우열을 따질 수는 없다. 그들의 유연한 언변과 부드러운 제스처 속에 진심이 담겨 있지 않을 때가 많다는 것을 알게 되면 그나마 갖고 있던 정나미도 뚝 떨어지기 십상이다. 그러나 지구촌 역학 관계가 아직 그들의 문화를 중심으로 펼쳐지고 경제와 문화도 그들의 언어를 중심으로 이루어지고 있기 때문에 그들의 직선적인 언어 문화를 경원시할 수만은 없다.

칭찬이 힘이다

미국식 토론 문화의 특징 중 하나는 호들갑스럽다는 점이다. 동양의 점잖은 선비 입장에서 듣고 있으면, 별것 아닌 것을 놓고 그러는 태도가 우스울 때도 있다. 그러나 그들의 장점은 자신과 다른 생각이라도 일단은 존중하며 끝까지 들어준다는 점이다. 그리고 다른 사람에 대한 칭찬이나 격려에 인색하지 않다. 교수나 학생이나 서로 북돋아주는 데 열심이다.

예일 로스쿨의 아시아 법률 포럼에서 한국의 검찰 제도와 형사사법 시스템에 대해 발표한 적이 있다. 나는 나름대로 우리의 참모습을 이해시키려고 진땀을 뺐다. 참석자들은 모두 진지하게 들어주었고, 한 시간가량의 이야기가 끝나자 "한국 문화에 대한 새로운 패러다임을 얻었다", "다각적인 관점에서 본 깊이 있는 분석이었다"는 등 칭찬과 격려가 대단했다. 사실 영어 실력도 짧고 발표 내용도 대단한 것이 아니었지만 칭찬을 아끼지 않아 그들의 말을 곧이곧대로 들으면 우쭐해질 정도였다.

2학기에 들어와서는 영어 실력도 어느 정도 향상되어 수업 시간에 종종 질문도 하고 의견도 발표할 수 있게 되었는데, 그때 역시 마찬가지였다.

형법 시간의 일이다. 미국에서는 검사의 결정에 대해 범죄 피해자가 이의를 제기할 수 있는 정식 절차가 없다. 한국에서는 검사의 불기소 결정에 대해 고소인이나 고발인은 상급 검찰청에 대해 항고를 할 수 있고 그 결과마저 잘못되었다고 생각하면 법원이나 헌법재판소에 다시금 이의를 제기할 수 있다. 미국에는 왜 그런 절차가 없는지 궁금했다.

"범죄 피해자가 검사의 결정에 대해 이의를 제기할 수 있는 방법을 전혀 인정하지 않는 것은 문제가 있는 것이 아닙니까? 미국에서는 검사의 결정에 대해 불만을 갖는 사람들이 전혀 없나요? 만약 불만이 있으면 어떻게 해야 합니까?"

뉴욕 연방검찰청에서 검사로 근무한 경력이 있는 케이트 스티스 교수는 그와 같은 생각을 미처 해보지 못했다면서 훌륭한 지적이라고 칭찬을 아끼지 않았다. 그러고는 다른 학생들에게 이에 대한 생각들을 물었다. 이렇게 교수가 격려를 해주니 수업 시간이 한층 더 재미있게 느껴졌다.

또 다른 일도 있었다. 미국의 형법은 우리와 다르기 때문에 우리가 처벌하는 범죄에 대해 미국은 처벌하지 않는 경우도 있고, 그 반대인 경우도 있다. 예컨대 우리나라에서는 간통죄나 도박죄를 처벌하지만, 미국에서는 그렇지 않은 주들이 많다. 이럴 때 서로 다른 법 제도를 이해하지 못하면 큰 낭패를 초래할 수 있다. 그런데 미국인들은 대

미국의 수도 워싱턴에 자리 잡고 있는 링컨 기념관. 이처럼 전직 대통령들을 기리는 기념관이나 기념 도서관이 곳곳에 세워져 있다

체로 자기네 법이 다른 나라 법보다 우선한다는 오만한 생각들을 가지고 있다. 모든 나라들이 미국과 같은 법을 가지고 있을 것으로 생각하는 사람들도 있다.

형사법 수업 시간에 그와 같은 문제점을 지적했다. 미국인들이 가지고 있는 우월적 사고방식은 국제적인 형사 문제에서 예기치 않은 혼란을 초래할 수 있다는 요지였다. 그날은 버클리에서 교환교수로 온 분이 수업을 진행하고 있었는데 대수롭지 않게 여기면서 그냥 넘어갔다. 애써 강조한 이야기에 교수가 별 관심을 기울이지 않아 내심 서운했는데, 수업 시간이 끝나자 여러 학생들이 찾아와 격려해주었다. 정말 소중한 충고였다는 것이다.

이처럼 미국인들은 칭찬과 격려가 체질화되어 있다. 우리 같으면 낯간지러워 하기 힘든 말들도 쉽게 잘 한다. 그중에는 진심이 담기지 않은 칭찬도 있을 것이다.

칭찬에 익숙한 이들은 영웅을 잘 만들어내기도 한다. 조그마한 선행도 크게 보도하고 오랫동안 인구에 회자된다. 스포츠나 연예계 스타들을 위해 곳곳에 명예의 전당을 세운다. 전직 대통령들도 기념관이나 기념 도서관을 갖고 있다. 카터 대통령이나 레이건 대통령과 같이 국민의 사랑을 받는 전직 대통령뿐만 아니라 불명예로 퇴진한 닉슨 대통령도 나라를 위해 봉사한 사람으로 존중받는다. 워싱턴의 연방 건물에는 전직 대통령의 이름을 붙여 그 명예를 기리기도 한다.

칭찬과 격려는 사람을 키워준다. 우리의 경우 건국 이후 국민의 존경을 받는 인물이 별로 없어 문제라는 언론 보도가 있었다. 국민들이 존경하는 사람이 세종대왕이나 이순신 장군, 가까이로는 백범 김구 선생 같은 역사 속 인물밖에 없다는 것이다. 그러나 존경받을 만한 인물이 없어서가 아니라 우리가 인물을 키우고 인정하는 데 인색했기 때문이 아닌지 생각해보게 된다.

동성애자임을 선언하다

어느 날 아침 로스쿨 1층 복도에 여러 학생들이 둘러서서 벽에 붙은 벽보를 보고 있었다. 도화지 크기의 종이에는 서너 줄의 문구가 쓰여 있고, 그 아래로 학생 20여 명의 명함판 흑백 사진들이 인쇄되어 있었다. 여자들 사진들이 많았는데 남자들도 몇 명 끼어 있었다. 사진 위에는 '우리는 동성애자들이다. 우리도 행복하게 살 권리가 있다'는 문구와 함께 '권리를 찾기 위해서는 우리들의 목소리를 생생하게 전달할 필요가 있다고 생각하여 우리들의 얼굴을 드러낸다'고 쓰여 있었다.

이 친구들이 동성애자였다니. 서너 명은 많이 보았던 학생들이었고, 몇몇은 여학생이면서도 머리를 짧게 깎고 다녀 평소에도 좀 특이하다고 생각했던 학생들이었다. 그래도 이렇게 벽보에 붙은 네모난 사진들 속에서 아는 얼굴을 발견하니 낯설게 느껴졌다.

후에 한국 유학생에게 물어보니 예일대학 전체 학생 중 10퍼센트가량이 동성애자일 거라고 했다. 그 정도 비율이면 LA나 뉴욕 등 대도시에 있는 다른 학교보다는 훨씬 적은 비율이라는 것이다. 그 유학생 이야기로는 모두들 쉬쉬하고 있지만 몇 년 같이 지내다 보면 누가 동성애자인지 알게 된다고 한다. 그렇지만 이렇게 학교에서 공개적으로 포스터를 붙이고 자신들이 동성애자임을 공개한 것은 아마도 처음일 것이라고 했다.

그로부터 한참 지난 어느 날 호주에서 온 유학생 한 명이 교실에서 자신의 파티 계획을 발표했다. 파티의 취지와 함께 그 파티에는 법대 학생이 아니라도 누구나 함께 참석해도 좋다고 말하면서, "Boy friend, girl friend or same sex partner, everybody OK"라고 했다. 'Same sex partner'라는 말에 학생들 사이에서 폭소가 터져나왔다.

동성애 문제는 미국에서 한참 뜨거운 이슈가 되고 있었다. 낙태 문제와 함께 진보와 보수를 편 가르는 중요한 의제 중 하나이다. 하와이 주에서는 동성애와 동성 부부의 권리를 인정하는 판결을 내려 전국적인 논란을 불러일으켰다. 동성 부부의 법적 권리 인정은 그 배우자에게 연금이 지급되고 여러 가지 법적 혜택을 받을 수 있음을 의미한다.

동성애와 관련하여 미국에서는 증오 범죄 문제가 심각하다. 우리에게도 미국의 증오 범죄는 낯설지 않다. 미국 인디애나주 한인 교회에 다니던 한국 유학생이 백인 우월주의자가 난사한 총탄을 맞고 숨진 사고가 발생했다. 예전에는 남부의 KKK단이나 미시간 민병대, 몬태나 민병대와 같은 극우 백인 우월주의자들에 의한 인종적 테러가 주로 문제되었지만 요즈음에는 그 대상이 확산되고 있다. 동성애 반대자들이 동성애자들에게 가하는 폭력도 상당한 수준이고, 특히, 일부 지역에서는 경찰관 등 공권력에 의하여 은근히 가해지는 조롱이나 가혹 행위가 심각하다고 한다.

미국에서는 아주 친한 사이가 아닌 이상 정치와 종교 이야기는 거론하지 않는 것이 에티켓이다. 그중에서도 동성애, 낙태 문제나 인종 문제, 성 문제 등을 꺼낼 때는 특히 조심해야 한다. 자칫 잘못하면 인종 차별자, 성 차별자, 인권 탄압론자로 오해받을 수 있기 때문이다. 한번은 헌법 시간에 동성애에 대한 토론이 벌어졌는데 처음에는 모두들 조심스럽게 말을 꺼내었으나 토론이 끝날 무렵에는 여러 학생들의 얼굴이 벌겋게 상기되어 있었다.

동성애에 대한 형사 처벌이 타당하냐는 것이 주제였는데, 형사 처벌을 반대하는 학생들이 먼저 포문을 열었다. 동성애는 어디까지나 개인적인 문제인데 여기에 국가가 개입하는 것은 온당치 못하다는 것이 주된 논지였다. 처음에는 별다른 반박 없이 조용히 끝날 것처럼 보였는데 보수적인 남부에서 온 학생이 손을 들었다.

"동성애가 순전히 개인적인 일이라는 주장에 대해서는 찬성할 수 없습니다. 얼핏 생각하기에는 성애性愛방법은 각자가 결정할 문제인 것처럼 생각하기 쉽지만 사실은 성애를 바탕으로 한 결혼과 육아의 방식은 사회를 지탱하는 가장 기본적인 질서입니다. 이 질서가 깨지면 사회 전체에 돌이킬 수 없는 피해가 야기됩니다. 가정이 파괴된 사회를 생각해봅시다. 그러한 가정에서 나온 아이들이 어떤 모습을 보이고 있습니까?"

이에 대한 반박 주장이 바로 이어졌다.

"물론 가정의 소중함을 모르는 것이 아닙니다. 그러나 가정을 보호하고 잘 가꾸는 방법이 문제입니다. 형사 처벌을 한다고 동성애가 없어집니까. 형사 처벌은 남에게 직접적으로 피해를 입힐 때에 한해서 인정해야 한다고 생각합니다."

그러나 이 주장에 대해서는 반대하는 의견들도 상당했다.

"남에게 직접적인 피해를 입힐 때에만 형벌을 가할 수 있다고 한다면 집에서 혼자 마약을 흡입하는 행위도 처벌할 수 없는 것이 아닌가요? 자동차를 운전할 때 안전벨트를 매지 않는 것도 마찬가지일 것입니다. 이러한 행위들은 그 행위자 자신에게만 피해를 줄 뿐 남에게 직접적인 피해를 주지는 않습니다. 그렇지만 국가는 일정한 범위 내에서 바람직한 사회질서를 유지하기 위해 이러한 행위들을 금지하고 형벌로 처벌할 수 있다고 생각합니다."

결론을 내기 힘든 주제였지만, 학생들은 자신들의 가치관을 바탕으로 진지하게 토론을 벌였다.

미국에서도 동성애 문제를 보는 시각은 천차만별이다. 1961년까지 미국의 50개 주 모두에서 동성 간의 성교 행위를 처벌했고, 1986년 이러한 형사 처벌 법규가 헌법에 적합하다고 판시한 연방대법원 판결이 나올 무렵에도 24개 주가 그와 같은 처벌 법규를 가지고 있었다. 당시 미국 연방대법원은 동성애를 향유할 권리는 미국의 역사나 전통에 비춰 인정될 수 없다고 판시했다.

게이와 레즈비언에 대한 전통적인 시각을 바꾸어놓은 것은 1996년 5월 20일에 선고된 미국 연방대법원의 판결이었다. 문제가 된 것은 콜로라도주의 개정 헌법 내용이었다. 콜로라도주에서는 동성애를 보호하려는 내용의 법률이나 규칙들은 모두 무효로 한다는 헌법 개정안을 통과시켰다. 지역에 따라 동성애자들을 보호하는 법률이나 규칙을 만들어내자 아예 주 헌법으로 그러한 법규는 무효라고 선언한 것이다.

그러나 연방대법원은 그와 같은 콜로라도주의 헌법 개정 내용은 동성애자들을 차별 대우하는 결과를 가져오므로 미합중국 연방헌법상의 평등 원칙 위배로 무효라고 판시했다. 이에 따라 각 주와 지방 자치단체에서는 교육, 고용, 주택 구입 등에 있어 동성애자를 차별 대우하는 것을 금지할 수 있게 되었다. 다만, 이 판결은 어디까지나 동성애자 차별을 금지한다는 것이지 동성애자들에게 부부로서의 권리나 법적 상속권을 인정한다는 것은 아니다. 동성 결혼의 합법성을 인정할지 여부에 대해서는 미국 내 각 주마다 판단을 달리하고 있다. 코네티컷, 메사추세츠, 메인, 버몬트, 뉴햄프셔 등 주로 미국 북동부 지역 여러 주들이 동성 결혼을 합법적으로 인정하는 반면 캘리포니아주에서는 동성 결혼을 금지하는 법률이 제정되었다.

사실 나는 법률가이면서도 이날 벽보를 보기 전까지만 해도 동성애에 대해서는 그리 심각하게 생각해본 적이 없었다. 우리나라에서는 군軍 형법에서 동성애를 형사 처벌하고 있지만 일반 형법에서는 처벌 규정을 두고 있지 않다. 동성애로 맺어진 관계가 깨어지면서 발생하는 살인이나 폭력 사건들이 종종 있을 뿐이다. 미국에서 동성애 문제가 커다란 사회적 이슈가 되고 있다는 것은 가족 문제 자체가 심각한 상황에 이르렀음을 말해주는 것이기도 하다. 동성애를 사회적으로 수용할 것인지 여부에 대해서는 찬반론이 있을 수 있으나, 예일 로스쿨의 학생들이 자신들의 사진까지 공개해가면서 당당하게 의견을 나타내고 이에 대한 반론도 거리낌 없이 펼치는 모습은 참으로 인상적이었다.

미국을 움직이는 유대인들

설날에 학생들과 교직원들이 우리 집에 모여 돌아가면서 자기 나라의 노래들을 자랑하던 때였다. 순서가 돌아 이스라엘 학생들의 차례가 되었다. 기데온이라는 친구와 하눅이라는 친구가 앞으로 나섰다. 이 두 사람은 이스라엘에서 유학을 왔기 때문에 그들이 유대인임을 누구나 알고 있었다. 그런데 그때 《시카고 트리뷴》지의 중견 기자인 주디도 일어서는 것이었다. 함께 있던 학생들 사이에서 나지막하게 "아!" 하는 탄성이 터져 나왔다. 다들 그녀가 유대인이라는 사실을 몰랐던 것 같다. 앞으로 나선 그들은 이스라엘 국가를 힘차게 불렀다.

체코 태생의 매들린 올브라이트는 여성 최초의 미국 국무장관이며 북한을 방문하여 김정일 국방위원장과 회담을 가지기도 하였다. 클린턴 대통령이 국무장관에 임명하였을 때 《워싱턴 포스트》지는 그녀가 유대인 출신이고 그의 가족 중에는 나치의 유대인 학살로 인한 피해자도 있다고 특종 보도했다. 그런데 그 기사에 대하여 올브라이트는 자신이 유대인인 줄 모르고 있었다고 주장했다. 그러자 많은 유대

인들은 그녀를 비난했다. 유대인임을 알고 있었으면서도 일부러 숨겨
왔다는 것이었다. 《워싱턴 포스트》지에 특종 기사를 낸 마이클 도브
스^{Michael Dobbs} 기자는 『매들린 올브라이트, 20세기 오디세이』라는 책을
통해 그녀가 유대인이라는 것을 이미 알고 있었을 것이라고 주장했
다. 올브라이트는 어머니의 친척들로부터 자신에게 유대인 피가 흐른
다는 사실을 들었고, 그와 같은 내용의 편지를 받은 사실도 있었다는
것이다.

그만큼 유대인들은 자신이 유대인이라는 사실을 드러내놓고 밝히
는 것을 꺼려 한다. 《시카고 트리뷴》지의 기자로 활약하는 주디가 학
생들 앞에서 스스로 유대인임을 밝힌 것은 대단한 용기였다는 것을
알게 되었다.

오늘날 미국을 움직이는 가장 영향력 있는 집단을 들라고 하면 돈
줄을 쥐고 있는 금융인, 신문과 방송을 장악하고 있는 언론인, 사회의
기본 규칙인 법을 다루는 법률가들이 아닌가 싶다. 미국에서 많은 정
치인들은 법률가들이다. 이 모든 분야의 최상층은 와스프^{WASP: White Anglo-}
^{Saxon Protestant}라고 하여 기독교 앵글로색슨 백인들이 차지하고 있다. 그러
나 이들을 제외하면 이들 세 분야 모두에서 막강한 영향력을 행사하
고 있는 사람들이 유대인들이다.

유대인들이 돈 장사에 밝은 것은 익히 잘 알려져 있다. 뉴욕의 주
요 금융인과 귀금속 판매상들 중에는 유대인들이 많다. 세계 최고의
투자은행으로 손꼽히는 골드만삭스는 1869년 장인과 사위가 만들었
는데 이들도 유대인이다. 유대인들의 영향력이 강한 금융회사에는 골
드만삭스 외에도 월스트리트를 움직이는 쟁쟁한 금융사들이 다수 포

함되어 있다.

　주요 언론사 사주들도 유대인이 많다. AP, UPI, 뉴욕타임스, 워싱턴 포스트, 월스트리트저널, 뉴스위크 등 유수의 언론사들이 유대인과 연관되어 있다. 1970년대 우리나라가 박동선 로비사건으로 미국 언론의 집중 포화를 받고 외교적으로도 크게 어려움에 처한 적이 있었는데 당시 미국 언론들이 우리나라를 가혹하게 몰아붙였던 것은 그 직전에 아랍 국가들과 수교하면서 이스라엘과의 국교를 단절했기 때문이라는 분석도 있었다.

　법조계 역시 유대인들이 맹활약하는 무대다. 예일 로스쿨에서도 학장을 지낸 앤서니 크론먼 교수를 포함하여 많은 교수들이 유대인이다. 학생 중에서도 유대인들이 상당수 있었다. 유대인들의 전통 명절인 욤 키퍼 때는 공식적인 공휴일도 아니고 학교가 쉬는 날도 아닌데 유독 로스쿨에는 수업이 없다. 로펌의 변호사들 중에서도 유대인들이 상당히 많다.

　새로 출범한 오바마 행정부에도 유대인 실력자들이 적지 않다. 람 이매뉴얼 대통령 비서실장, 티모시 가이스너 재무장관, 로렌스 서머스 국가경제위원장, 폴 볼커 경제회복자문회의 의장, 피터 오스자그 백악관 예산국장, 제임스 스타인버그 국무부 정책 담당 부장관 등이 그들이다. 대통령 선거전에서 오바마 대통령의 선거자금 총책이었던 앨런 솔로몬 역시 시카고에서 유대계 자선단체를 인솔했던 유대인이다.

　재미있는 것은 유대인들에 대한 앵글로색슨계 미국인들의 태도이다. 아무도 누구누구가 유대인이라는 이야기를 하지 않지만 유대인을 바라보는 시선이 곱지만은 않다. 유대인들은 자기가 해야 할 일을 분명하게 처리하고 뛰어난 점도 많지만 자기 것만 확실하게 챙기는 모습을 보면 얄밉다는 것이다. 유대인들이 가장 많이 살고 있는 국가가 미국인데, 이곳의 유대인들은 미국인들이 언제 자신들에게 등을 돌릴지 모르기 때문에 경계심을 늦추지 않고 있다는 이야기도 있다.

내가 보기에는 유대인들이 우리와 공통점도 많고, 또 그들에게 배울 점도 적지 않았다. 부지런하고, 가족을 중시하는 점도 똑같았다. 교육열에 있어서는 우리와 선두를 다툴 것으로 생각한다. 가까이 지낸 주디를 통해서 보면 유대인들은 다른 민족들보다 정도 많았다.

로스쿨을 마치고 한국으로 돌아온 후 업무상 출장으로 미국 동부를 다시 방문했을 때 하루 시간을 내어 시카고를 찾았다. 주디는 이때도 자기 집에 머무르라고 강권을 하여 나는 그녀의 집에서 하루 신세를 졌다. 나는 그녀와 유대인들의 관습에 대해 이야기를 나누게 되었다.

유대인들은 모계 혈통주의를 따르고 있다고 들어서, 아버지가 유대인이라도 어머니가 비유대인이면 자식은 유대인이 될 수 없느냐고 물었다. 주디는 유대인이 되는 방법은 두 가지인데 하나는 혈통상 인정되는 것이고 또 하나는 유대교를 믿겠다고 서약하면서 전통적인 할례에 견줄 수 있는 예식을 치르면 된다고 했다. 보수적인 유대인들은 어머니 혈통만을 주장하지만 요즘은 자기와 같은 개량주의자들이 많기 때문에 꼭 전통적인 원칙과 교리를 고집하지는 않는다고 덧붙였다.

유대인들이 여러 민족들로부터 질시와 미움을 받았던 이유는 그들의 생존을 위한 처세술 때문이 아니었나 생각한다. 오랜 역사에 걸쳐 전 세계 여러 곳에서 핍박을 받으며 살았기 때문에 살아남기 위해서라도 철저한 자기 보전의 방법을 익힐 수밖에 없었을 것이다. 우리 역시 크지 않은 영토와 빈약한 자원 속에서 미국, 일본, 중국, 러시아에 둘러싸여 있는 처지를 생각해보면 이들과 크게 다르지 않다. 살아남기 위해서는 열심히 공부하고 치열하게 노력하는 수밖에 없다.

미국에서 부러운 것 세 가지

예일 로스쿨 연수 과정이 끝난 후 석 달간의 여유가 있었다. 대학에서 여름강좌를 들어볼까 생각했지만 그것보다는 미국 대륙을 돌아보는 게 더 보람될 것이라는 판단을 했다. 5월 10일, 뉴욕 JFK 국제공항에서 비행기로 샌프란시스코를 향해 출발하여 6월 30일 다시 뉴욕으로 돌아오기까지 50일이 조금 넘는 기간 동안 우리 가족은 미국과 캐나다 서부 여행을 강행군했다.

샌프란시스코에서 차를 빌려 남쪽으로 향하여 LA를 거쳐 미국 서부 최남단의 샌디에고까지 간 다음 라스베이거스와 피닉스를 지나 동쪽으로 텍사스주의 엘파소 지역에 이르렀다. 그 후 계속 북상해서 산타페, 덴버, 솔트레이크시티를 거쳐 캐나다의 로키산맥까지 올라갔다. 로키산맥을 넘어 서쪽 밴쿠버를 여행한 뒤 다시 남쪽으로 내려와 샌프란시스코로 돌아왔다. 아메리카 대륙 반쪽을 여행하면서 서부에 있는 거의 모든 국립공원과 너른 평원, 사막 지대를 샅샅이 볼 수 있었다. 겨울방학 때 돌아본 미국의 동부와 남부에서 문화와 예술의 향기를 느낄 수 있었다면 서부에는 웅장한 자연의 숨결이 살아 있었다.

두 달 가까이 온 가족이 하루도 빠짐없이 세끼 식사를 같이한 것도 큰 의미가 있었다. 앞으로도 그럴 기회를 갖기가 쉽지 않을 것이다. 아침은 모텔에서 제공하는 가벼운 빵과 우유, 과일로 간단히 때우고, 점심은 매일 아침 아내가 준비한 김밥이나 도시락을 먹었다. 차를 타고 가다가 근사한 경치를 만나면 자리를 깔아 도시락을 먹곤 했다. 저녁은 모텔에 도착해서 방에서 밥과 찌개를 요리해 먹었다.

장기간 미국 여행을 하려면 전기밥솥과 전기 프라이팬, 아이스박스가 꼭 필요하다. 여행 도중 한국인이 운영하는 가게를 곳곳에서 만날 수 있었기에 김치와 반찬거리를 구하는 것은 어렵지 않았다. 장기간 여행을 했는데도 아이들은 감기 한 번 걸리지 않고 씩씩하게 지내주어 다행이었다.

미국을 돌아보면서 가장 부러웠던 것은 사통팔달로 연결된 도로였다. 그 넓은 땅덩어리를 불편함 없이 다닐 수 있도록 구석구석 도로가 깔려 있어 험한 로키산맥 꼭대기까지도 길이 놓여 있고, 네바다주의 끝없는 사막과 애리조나주의 황야에도 잘 포장된 도로가 놓여 있다. 뉴올리언스에는 폰차트레인 호수가 자리 잡고 있는데 호수를 가로지르는 다리가 있었다. 기네스북에 등재된 세계에서 가장 긴 다리로 길이가 38킬로미터도 넘어 차로 건너는 데도 30분이 더 걸렸다.

지도만 있으면 어느 곳이나 찾아갈 수 있도록 도로가 잘 정비되어 있고 도로에는 길 안내 표지판이 큼직하게 붙어 있었다. 미국과 캐나다의 도로를 달리다 보면 바로 느낄 수 있는 것이 도로 표지판의 크기다. 캐나다의 도로 표지판은 미국 표지판의 3분의 1 정도밖에 되지 않는다. 멀리서는 잘 보이지도 않아 가까이 가서 보다가 갑자기 차선을 바꾸어야 했던 적이 한두 번이 아니었다. 이런 작은 것에서도 국력의 차이가 드러났다.

지도의 효용도 대단하다. 큰길뿐 아니라 작은 시골길까지도 모두 정확하게 표시되어 있어 지도만 갖고 있으면 어디든지 갈 수 있었다.

미국의 웬만한 도시에는 박물관과 미술관이 있는데 이 역시 부러움의 대상이었다. 역사가 짧아 문화유산이 빈약한 미국은 막대한 돈을 들여 외국의 문화재와 미술품을 구입해 박물관과 미술관을 장식했다. 각 도시나 주의 역사를 보여주는 역사박물관도 곳곳에서 볼 수 있다. 박물관은 견학 온 학생들과 아이들로 늘 붐볐다. 박물관이 살아 있는 교육장으로 활용되고 있는 것이다.

국가의 문화 역량은 어느 날 갑자기 키울 수 없다. 특히 문화에 대한 안목은 하루아침에 길러지지 않는다. 아름다운 건축물에 둘러싸여 살아온 시민들은 자연스럽게 건축에 대한 심미안을 가지게 되고, 훌륭한 예술 작품을 어려서부터 자주 접한 어린아이들이 색과 구도에 대해 남다른 시각을 갖게 되는 것이다.

시골 도서관의 추억

박물관과 함께 꼭 이야기하고 싶은 것은 마을 곳곳마다 자리 잡고 있는 공공 도서관이다. 우리 가족이 살던 곳은 예일대학이 있는 뉴헤이븐시 바로 옆 햄든Hamden이라는 조그마한 마을이다. 나는 이 지역 도서관을 자주 애용했다.

뉴헤이븐시 바로 옆 햄든에 있는 도서
관에서는 독서 지도와 인형 만들기 등
아이들을 위한 문화 행사도 자주 열렸
다

　시간이 나면 저녁마다 이곳에 들르는 것이 일과였다. 굳이 예일대
학 도서관까지 가지 않더라도 웬만한 책들은 다 있었고, 특히 신간들
은 서점처럼 비치해놓았다. 각종 신문과 잡지 들도 볼 수 있고, 비디오
와 음반까지도 빌려주었으며 인터넷도 할 수 있었다. 어린이 전용 코너
가 마련되어 있는데 책은 물론 여러 가지 장난감까지 갖추어놓았다.

　이곳에서는 아이들을 위한 문화 행사도 자주 열었고, 종이 접기,
인형 만들기, 독서 지도 등 여러 가지 교육도 이루어졌다. 도서관은
밤 10시까지 운영했는데 관리 요원들은 대부분 노인들이었다.

　타운 홀 앞에 있는 도서관 본점 외에 조금 떨어진 곳에 살고 있는
주민을 위해서는 도서관 분점도 두 개 더 있었다. 이 도서관의 이름이
'밀러 메모리얼 라이브러리'Miller Memorial Library'인 것을 보면 어느 독지가가
낸 기부금으로 지은 도서관이 아닌가 싶었다. 동네 도서관은 지역 공
동체의 중심이었다.

정보화 시대일수록 책을 읽어 전문 지식과 교양을 넓혀야 한다는 것은 우리도 잘 알고 있다. 하지만 이를 위한 물적 기반을 갖추려는 노력은 별로 이루어지지 않는 것 같아 안타깝다.

한국의 기업들이 동네 도서관 건립에도 많은 정열과 자금을 투자했으면 하는 바람이다. 동네 도서관은 우리나라의 미래를 밝히는 견인차 역할을 할 수 있다. '정주영 기념도서관', '이건희 기념도서관'과 같은 공공 도서관들이 시골 동네 곳곳에 들어서기를 기대해본다.

크레이터 레이크 국립공원에서의 악몽

미국 서북부의 중심 도시 시애틀을 거쳐 오리건주의 크레이터 레이크 국립공원을 찾았을 때였다. 백두산의 천지와 같이 화산 폭발로 산 꼭대기에 커다란 호수가 생긴 곳이다. 한 점 오염 없는 깊은 코발트색 호수를 바라보고 있으면 쑥 빨려들어 갈 것만 같았다. 산과 호수가 절묘하게 조화를 이루고 있는 곳이었다.

공원 안내인은 저녁노을과 해 뜰 무렵의 경치가 특히 대단하다고 자랑했다. 자연 풍광을 사진기에 담는 일에 심취하였을 때인지라, 저녁노을에 젖어 있는 신비스러운 모습을 담아보겠다고 단단히 마음먹고 있었다. 그런데 심술궂은 날씨가 갑작스럽게 안개를 몰고 와 온통 구름으로 가득해졌다. 오랜 시간을 기다려보았지만 안개는 걷히지 않았다. 결국 저녁노을 사진은 포기하고 다음 날 아침 일찍 해 뜨는 모습을 기대하며 잠자리에 들었다.

다음 날 새벽, 아내와 아이들이 잠든 사이에 사진기를 들고 나와 산 정상 쪽으로 차를 몰았다. 산마루에는 호숫가 산등성이를 따라 드라이브 코스가 나 있었다. 길 오른쪽 나지막한 언덕 아래로 검푸른 호수가 이어지고, 왼쪽으로는 가파른 낭떠러지가 까마득했다. 새벽에도 안개가 잔뜩 끼어 있었는데, 바람이 안개를 갈라놓아 띄엄띄엄 시야가 열린 곳들이 눈에 띄었다. 사진을 찍기 위해 그곳까지 가야 한다는 다급한 마음에 급히 차를 몰았다.

5분쯤 달렸을까. 10여 미터 앞 길가에 지프차 한 대가 낭떠러지 쪽으로 기울어진 채 도랑에 빠져 있는 모습이 보였다. 새벽부터 참 안됐다고 잠깐 생각하는 사이 순간적으로 저 앞쪽 길이 온통 얼음으로 덮여 있는 것을 알아차렸다. 때는 6월 하순이었다. 바로 어제저녁까지도 더운 날씨에 반팔 티셔츠를 입고 다녔다. 길이 얼어 있으리라고는 전혀 예상할 수 없었다. 나중에 알고 보니 호숫가를 따라 만년설이 얼어 있는 곳이었는데 낮 동안 더운 날씨에 녹았다가 새벽바람이 거세게 불면서 약 20여 미터 구간이 얼어붙었던 것이다.

아찔한 마음으로 조심스럽게 브레이크를 밟고 엔진브레이크도 작동시키면서 차를 멈추려고 노력했다. 그러나 도로 자체가 낭떠러지 쪽으로 기운 바람에 속도는 줄었지만 차는 슬금슬금 낭떠러지 쪽으로 미끄러져 갔다. '어어, 이거 이러면 안 되는데' 하는 생각이 들면서, 순간적으로 아찔했다. 얼음 위로 미끄러지던 차는 도랑에 빠져 있는 지프차 옆면을 부딪치고서야 도랑에 한쪽 바퀴가 빠지면서 멈췄다.

새벽 5시인 데다가 일기도 나빠 지나가는 차는 한 대도 보이지 않았다. 차에서 내려 지프차 운전자와 어떻게 하면 좋을지 의견을 나누었다. 지프차와 내 차가 부딪치면서 생긴 피해는 나중 문제였다. 우선은 이 험난한 현장을 빠져나가야 했다. 추가 사고를 막기 위해 얼음이 덮여 있는 양쪽 길가에 서서 차량들을 막기로 했다. 그리고 조금만 더 기다려보다가 지나가는 차량이 없으면 국립공원 관리 본부까지 함께 걸어가자고 이야기했다.

30분을 서 있으니 스포츠카 한 대가 다가왔다. 멈춰 세워 사정을 이야기하자 신고를 하겠다며 오던 길을 되돌아갔다. 조금 지나자 반대 방향에서 또 다른 지프차 한 대가 왔다. 미끄러지지 않는 바퀴를 가진 차량이었다. 운전자는 자기에게 로프가 있으니 도랑에 빠져 있는 지프차를 끌어내보자고 제의했다. 한참 애쓴 보람이 있어 도랑에 빠진 지프차는 도로에 올라섰다. 이제 남은 것은 내가 몰던 미니밴이었다. 지프차와 달리 차체도 크고, 바퀴도 미끄러지기 때문에 로프를 매어 끌어올리기에는 역부족이었다. 결국 지프차들이 본부로 가 구원을 요청하기로 했다.

나 혼자 얼음 덮인 도로에 서서 차량들을 막고 있자니 걱정이 되기 시작했다. 매서운 얼음 바람에 몸은 점점 얼어가고 있었다. 차에 들어가서 앉아 있을까 생각도 했으나 잘못하면 추가 사고가 발생할 수도 있었다. 다행히 얼마 후에 경찰 지프차가 오는 것이 보였다. 오자마자 얼음 깔린 도로 양쪽으로 통행금지 표지판을 세우고 바리케이드를 설치했다. 잠시 후 먼저 갔던 지프차와 맨 처음 나타났던 스포츠카도 달려왔다. 저들이 왜 왔을까? 알고 보니, 걱정이 되어 다시 왔다는 것이다. 견인 차량도 달려와 도랑에 빠진 내 차를 꺼내주었다. 먼저 지나쳐 갔던 지프차 운전자가 연락을 취했다는 것이다. 일면식도 없는 사람들이었지만 그들의 따뜻한 마음이 느껴져 고마웠다.

해가 솟으면서 하늘도 맑아져 모든 상황이 한눈에 들어왔다. 도랑

옆 낭떠러지는 까마득했다. 도로 위의 얼음도 녹아 조금씩 물이 흘러 내렸다. 차를 몰고 숙소로 돌아오니 9시가 넘었다. 경찰관을 통해 연락 을 받고 기다리던 아내는 걱정이 되었는지 말도 제대로 꺼내지 못했다.

이번 사고를 통해 매사에 지극히 개인적인 미국인들이지만 어려움 에 처해 있는 이를 돕는 봉사 정신과 공동체 의식이 그들의 생활 속에 뿌리내려 있음을 느낄 수 있었다. 그 정신의 근본은 이웃에 대한 봉사 와 사랑을 강조해온 기독교 문화라고 한다. 오늘날 서구에서는 종교 의 역할이 아주 축소되었다고 하지만, 천년이 넘게 그들 문화를 지배 하고 있던 기독교의 박애정신은 아직도 사회 곳곳에 스며 있었다.

뉴욕 맨해튼에 창덕궁을 세우자

예일대학과 관계 있는 여성들의 친목 모임으로 '라운드 더 월드 우먼Round-the-World Woman'이 있다. 여교수, 여직원, 여학생이나 학교 관계자들의 아내들로 구성되어 있다. 교양 강의나 견학을 가기도 하고 봉사자의 집에 초청되어 다과회도 갖는 친목 모임이다. 중요 행사로 1년에 한 번씩 여는 세계 음식 축제가 있는데 회원들이 직접 음식을 만들어 파는 일일 장터와 같다. 수익금은 모두 봉사활동에 사용된다. 동네에서는 소문난 잔치여서 많은 사람들이 참여하기 때문에 여러 나라 회원들의 자존심 경쟁이 대단했다. 특히 한국과 일본 두 나라의 경쟁은 정말 뜨거웠다.

아내를 비롯한 한국인 유학생 아내들이 아침 일찍부터 좌판을 설치한다고 해서 도와주러 가보니 일본인들은 이미 대형 플래카드와 전통 조각품 등을 전시해놓고 분위기를 주도하고 있었다. 우리 쪽은 간판도 어설프고 준비도 충실하지 못해 보였다. 이러다가 망신을 당하는 것이 아닌가 걱정이 되었다. 그러나 음식 축제 결과는 한국의 압승이었다. 불고기와 잡채는 없어서 못 팔 정도였다. 김치의 인기도 대단했는데 일본인 주부들이 주로 사 갔다. 어떤 일본인 회원들은 자기네 음식은 먹지 않고 잡채와 불고기를 사 먹다가 다른 일본인들에게 핀잔을 듣기도 했다. 나도 제기차기 시범을 보이며 호객 활동을 했다.

우리의 불고기, 잡채, 김치 등은 정말 뛰어난 음식이라는 것을 미국에서 여러 차례 확인할 수 있었다. 모두들 우리나라 음식을 좋아했다. 그러나 문제는 그 음식들을 제대로 파는 곳이 별로 없다는 것이다. 있어도 허름한 음식점들이 대부분이고 중저가 음식이라는 이미지가 강했다.

미국에서 연수를 하는 동안 한국을 대표하는 문화 상징물이 빈약하다는 사실이 늘 아쉬웠다. 미국인들은 한국전쟁, DMZ, 가두 시위, 태권도, 88올림픽, 김치 정도를 떠올리지 않을까. 미국의 코리아타운을 가도 한국어 간판들이 늘어서 있을 뿐 우리 문화를 상징하는 건물이나 상징물은 없다. 박물관에서도 우리나라 전시 코너는 구석진 자리에 할애되어 있을 뿐이다.

일본만 해도 미국의 주요 도시에는 문화관이 있고, 유명 박물관에서도 가장 좋은 자리에 일본관이 마련되어 있다. 일본의 스시는 고급 음식으로 자리 잡고 있어 많은 미국인들이 맛은 별로라고 하면서도 스시 음식점에 초대받으면 크게 대접받는 것으로 생각한다. 많은 일식집들이 다다미방에 일본식 도자기 식기류를 갖추어놓고 기모노를 입은 종업원들이 일본의 정취를 느끼게 해준다. 일식집 구석에 가꾸어놓은 조그마한 일본식 정원은 정신 세계와 도를 나타내는 동양 문화의 상징처럼 인식되고 있다. 샌프란시스코, 포틀랜드, 캐나다 할 것 없이 웬만한 도시에는 일본식 정원이 중요한 관광 자원으로 마련되어 있다.

중국 역시 급부상하는 강대국으로서의 위상이 점점 높아져가고 있다. 차이나타운의 결속력은 대단해서 그들은 어느 도시에서나 처음 정착할 때면 도시의 중심부를 차지한 후 그 영역을 넓혀간다. 차이나타운에서는 다른 민족이 발붙일 수가 없다. 어느 차이나타운을 가더라도 그곳이 차이나타운임을 알려주는 붉게 솟은 거대한 문이 있다.

나는 미국에 가는 유학생들에게 꼭 한복을 준비하라고 말한다. 공식적인 파티 외에도 이런 저런 모임들이 많은데 그때 우리 한복을 선보이면 미국인들로부터 '원더풀'이라며 찬사를 받는다. 우리나라 외교관들에게 여러 파티에서 개량 한복을 입게 하면 한국 문화를 알리는 데 한몫하지 않을까.

우리의 맛깔스러운 음식들과 궁중 요리들을 멋진 정원이나 고궁과 함께 미국에 소개할 수 있다면 얼마나 좋을까. 한복을 곱게 차려 입은 종업원들이 손님들을 친절하게 맞이하고, 따뜻한 온돌방에서 청자, 백자로 만든 식기류에 담긴 한식을 맛볼 수 있는 곳이면 금상첨화일 것이다.

뉴욕 맨해튼의 타임스퀘어 대형 간판에 값비싼 광고를 내보내는 것 못지않게 우리 문화의 참된 가치를 홍보하는 것이야말로 우리 상품의 값어치를 올리는 첩경일 것이다. 뉴욕 맨해튼과 LA 코리아타운에 경복궁, 창덕궁이 멋들어지게 들어서는 날을 기대해본다.

야누스의 두 얼굴, 미국

"21세기 최후의 승자는 미국이다. 미국은 무엇이든지 할 수 있는 자유의 나라다. 미국은 백인들이 지배하는 나라다. 마약이 횡행하고 총기 사고가 범람하는 망조 든 나라다. 미국에서는 밤거리를 제대로 걷지도 못한다. 미국 문화는 미키마우스와 햄버거로 대표되며 싸구려 할리우드 문화밖에 없다. 탐욕과 투기로 점철된 카지노 자본주의가 횡행하며 그 번영은 결코 오래갈 수 없다."

미국을 논평하는 여러 이야기들이 많지만 기실 '미국이라는 나라가 이렇다' 하고 단정짓는 이야기들은 미국 전체가 아닌 어느 일면만을 강조하는 경우가 대부분이다.

도시 슬럼 지역을 지나갈 때면 차 문을 단단히 잠그고 지나가도 등 골이 오싹해짐을 느끼지만 교외의 주택가에서는 깜빡 잊고 밤에 출입 문 열쇠를 잠그지 않았다는 것을 알게 되더라도 별로 놀라지 않는다. 문맹률이 높으면서도 세계에서 노벨상 수상자가 가장 많이 나오는 곳 도 미국이다.

땅덩어리가 넓을 뿐만 아니라 남부와 북부, 서부와 동부, 중부가 다르고 도시 지역, 인접 지역, 농촌 지역의 문화가 다르다. 캘리포니아의 남부 도시나 플로리다의 마이애미에 가면 중심가에서 백인들을 찾아보기 어렵다. 멕시코 사람들이나 쿠바 난민들이 대부분이고 영어보다 스페인어가 더 많이 통용된다. 애리조나주, 뉴멕시코주 등에 있는 인디언 보호 구역에 들어서면 천막이나 임시 막사로 된 집들이 곳곳에 눈에 띄고 길가의 주유소 역시 때에 찌들어 있다. 낙후된 분위기가 역력하다. 가게에서는 담배를 개비로 팔기도 한다. 미국 동부의 백인 문화로는 이런 곳을 설명할 수 없다.

같은 지역에서도 그 사람의 사회적 지위에 따라 생활양식과 사고방식이 크게 다르다. 보통 사람들과 부자들은 옷이나 가구를 사는 가게가 서로 다르다. 보통 사람들이 가는 슈퍼마켓과 부자들이 가는 백화점은 같은 물건이라도 가격 차이가 크다. 뉴욕 맨해튼이라도 슬럼 지역에서 사는 사람과 최고급 아파트에 사는 사람들 사이에는 함께 공유할 수 있는 것이 없다.

예전에는 미국을 인종의 도가니라고 했다. 도가니 속에서 모든 인종이 용해되어 한 국민으로 융합될 수 있었다. 그러나 지금은 많이 달라지고 있다. 미국에 수십 년 살면서도 영어를 쓸 줄 모르는 사람들도 많다. LA에 가면 영어를 모르는 한국 사람도 별 불편 없이 살아간다. 가게나 거리에서 한국말이 모두 통하고, 텔레비전이나 라디오도 한국말로 나온다. 남미에서 온 사람들 중에는 영어를 모르는 사람들이 부지기수다. 부유한 백인들은 흑인이나 히스패닉들이 사는 지역은 기피하여 어떻게 하면 이들로부터 더 멀리 떨어져 살 수 있을까 궁리한다.

애리조나주 나바호 인디언 보호 구역에서 나무 집을 짓고 기념품을 팔고 있는 인디언 가족
들과 함께

이들이 도시를 떠나 조용한 전원 지역을 찾아가다 보니 도심은 점점
슬럼화되고 살벌해져간다.

　예일 로스쿨에 함께 와 있었던 이동신 판사 부부가 필라델피아에
며칠 머물다가 뉴욕 쪽으로 돌아오기 위해 필라델피아를 벗어나고 있
었다. 그런데 고속도로에 접어든 다음에야 차에 기름 넣는 것을 잊었
음을 깨달았다. 깜깜한 밤이었는데 필라델피아는 어디든 우범 지역이
라는 소문을 들어서 아무 출구로나 나설 수가 없었다고 한다.

　그래서 잠시 차를 세우고 지도를 보며 어디로 나갈지 궁리하고 있
는데, 낯선 차량 한 대가 슬그머니 다가와 그들 차 뒤에 멈추는 것이
아닌가. 승용차 안의 부부는 덜컥 겁이 났다. 가만히 상황을 살피는데
저쪽 차의 내부 실내등이 켜지더니 운전자가 커다란 종이를 앞 유리
창에 대고 손짓을 했다. 종이를 자세히 들여다보니 자기는 사복 경찰

관인데 왜 길에 멈추어 서 있냐고 묻는 내용이었다고 한다. 그들은 경찰관의 도움으로 주유소로 가는 안전한 출구를 찾아갔다.

경찰관은 자신의 신변 안전을 위해 운전자에게 다가가 말을 거는 대신 종이에 그렇게 써가지고 다닌 것이다. 미국에는 정복 경찰관도 많지만 사복을 입고 활동하는 경찰관도 많다. 고속도로에서 과속 운전을 단속하는 경찰관 중에는 경찰차 대신 일반 차량을 이용하는 경우도 있다. 이들은 차량 단속도 하지만 사고 차량이 있을 경우에는 도움도 준다. 그런데 사고 차량에 무턱대고 다가갔다가는 변을 당하는 수도 있기 때문에 사복 경찰관은 함부로 차에 다가가지 않는다. 그 대신 자기가 경찰관임을 알리는 안내판을 가지고 다닌다. 그야말로 안전을 생각한 노하우다.

미국에서는 잘 단장된 도로에서 한 블록만 안으로 들어가도 위험스러운 곳이 많다. 미국 택시에는 기사와 승객 사이에 플라스틱 판이 가로막혀 있다. 택시 강도로부터 기사를 보호하기 위해서다. 어떤 지역에서는 모텔의 카운터에도 종업원과 손님 사이에 안전판이 설치되어 있다. 위험 지대의 주유소는 요새를 방불케 한다. 현금을 많이 다루는 데다가 바로 외부에 노출되어 있어 범죄의 표적이 되기 때문이다.

그런 지역의 주유소는 셀프서비스로 운영되는데 요금을 받는 곳은 외부와는 완전히 밀폐된 철옹성이다. 사무실 안쪽의 관리인이 스위치를 누르면 돈을 집어넣는 철제 서랍이 자동으로 튀어나온다. 돈을 그 안에 넣으면 서랍이 닫혔다가 잠시 후에 영수증이 나온다. 기계식 서랍 사이로 칼이나 총을 들이댈 수 없도록 설계되어 있다. 이건 사람 사는 곳이 아니고 죽느냐 사느냐가 불안한 살벌한 생존의 전쟁터이다.

시카고 여행을 가는 도중 우리 가족은 톨레도라는 도시의 작은 모텔에 묵은 적이 있는데 밤새 차 안의 물건을 도둑맞았다. 훔쳐간 물건은 겨울 점퍼 두 벌과 아내의 안경, 약간의 동전뿐이었지만 운전석 유리창을 깨뜨려놓아 정비소를 찾아 갈아 끼우느라 여러 시간을 소비했다. 슬럼 지역에서는 동전 몇 개 때문에 자동차 유리를 깨는 경우도 있고, 별 이유 없이 지나가는 차량 운전사에게 권총을 발사하는 사고도 발생한다. 중고생들이 학교에서 총기를 난사하여 학교 급우들을 쏘아 죽이는 비극적 범행이 끊이지 않고 일어난다.

미국의 수도 워싱턴은 세계 정치의 중심지로서 전 세계의 이목이 집중되는 장소이지만 백악관과 국회의사당의 화려한 건물 뒤편에는 집 없이 떠돌아다니는 노숙자들이 많다. 나는 워싱턴을 여행하던 중 무인 세탁소를 이용하다 세탁소 한 구석에서 추위를 피해 있던 여자 노숙자와 한참 동안 이야기를 나눈 적이 있다. 그녀는 25년째 집 없이 떠돌아다니고 있었다. 당시 그녀는 개 한 마리를 데리고 따뜻한 남쪽 지방을 향하는 중이었다. 그녀는 노숙자 생활을 하는 동안 7명의 아이를 낳았는데 아이들은 모두 낳는 즉시 남의 집에 입양되었다고 했다. 그때도 임신 중이었던 그녀는 "미국은 망할 놈의 나라"라고 욕을 해댔다. 주머니에 남아 있던 동전 한 움큼을 건네주자 눈을 크게 뜨고 무척이나 고마워했다.

미국의 어두운 뒷골목만 들여다보면 얼마 가지 않아 무너질 것 같다. 그렇지만 서브프라임 모기지 사태로 인한 금융위기가 닥치기 직전까지 미국 경제는 사상 최장기간의 호황을 누렸다. 지속적인 경제 성장률, 1퍼센트 수준의 저물가, 낮은 실업률 등 인플레 없는 고성장을 계속했다. 경제학의 일반 이론을 뛰어넘는 경제 현상에 '신경제'라는 용어까지 등장했다. 2008년도 월스트리트로부터 촉발된 국제금융 위기로 비틀거리는 상황에서도 14조 2,043억 달러의 GDP로 세계 1위의 경제규모를 차지하고 있으며 GDP 4조 9,092억 달러의 2위인 일본과는 격차가 상당하다.

미국은 대도시보다도 중소도시와 시골이 더 살기 좋아 보였다. 교외의 집들은 자그마하지만 깔끔하게 단장되었고 집 앞의 잔디밭도 잘 가꾸어놓았다. 작은 읍내에도 극장, 슈퍼마켓, 은행, 박물관 등 없는 것이 없었다. 소도시의 미술관에서도 피카소나 마티스의 진품들을 구경할 수 있었다. LA는 예외였지만 다른 지역은 모두 공기가 깨끗하고 산림이 우거졌다. LA는 사막 지대에 건설되어 일 년 내내 비가 내리는 날이 거의 없지만 집집마다 마당에는 푸른 잔디가 깔려 있고 가로수도 잘 조성되어 있었다. 멀리 취수 지역에서 물을 끌어와 스프링클러를 통해 충분한 물을 공급해주기 때문이다.

중부와 동부 지역 고속도로 가에는 숲이 우거져 있는 곳이 많았다. 고속도로에서는 교통사고를 당해 죽은 노루와 사슴 등 야생 동물들의 사체들을 곳곳에서 발견할 수 있었다. 사람이 사는 인근 지역에서도 야생 동물들을 어렵지 않게 볼 수 있었다. 내가 살던 동네에서도 야생 거위와 오리 들이 떼 지어 살고 있는 곳이 많고, 다람쥐나 사슴도 볼 수 있어 아이들이 신기해했다. 그만큼 숲과 맑은 공기 보존을 위하여 노력을 기울이는 것으로 보였다.

국립공원도 잘 가꿔져 있었다. 국립공원 입구에서 나눠주는 안내 팸플릿 내용도 충실했지만 무엇보다 인상적인 것은 그곳을 지키는 공원 관리 경찰관들이었다. 연한 황토빛 유니폼에 카우보이 모자를 썼는데, 관광객들에게 친절하게 대하다가도 공원 규정을 어기는 행위에 대해서는 엄하게 주의를 주었다.

드넓은 영토가 펼쳐지는 미국을 자동차로 여행하다 보면 미국은 정말 복 받은 땅임을 실감하게 된다. 광활하고 비옥한 국토, 그 안에 들어 있는 엄청난 자원, 세계 각국에서 똑똑한 사람들은 모두 불러모아 그들의 두뇌를 자기 나라 이익을 위해 100퍼센트 활용하는 시스템, 새로운 창조적 아이디어만 있으면 그 창의력을 발휘할 수 있도록 해주는 벤처기업 지원 체제, 법치주의와 민주주의를 근간으로 하는 안정적인 정치 문화, 이 모든 것들이 오늘의 미국을 만들어낸 원동력이 된 것으로 생각되었다.

미국은 야누스적 얼굴을 갖고 있는 국가다. 미국의 모습을 한마디로 이야기할 수는 없다. 우리나라에서 미국을 소개하는 책자들을 보면 미국이 좋다, 싫다, 훌륭하다, 나쁘다 여러 상반되는 이야기들을 하고 있는데 모두가 맞는 이야기이기도 하면서 틀린 이야기일 수 있다. 어느 한 면만을 부각시킨 것이기 때문이다. 어느 나라나 강점과 약점이 있고, 좋은 면과 나쁜 면이 있겠지만 미국의 경우는 넓은 땅덩어리만큼 그 편차가 크다. 우리에 대한 미국의 의미 역시 마찬가지이다.

우리는 미국과 인연을 끊고서 살 수는 없다. 수출 없이는 석유 한방울 살 수 없는 우리의 경제 상황을 생각해봐도 그렇고 미국이 차지하고 있는 동아시아에서의 역학 관계를 봐도 그렇다. 자력갱생의 기치 아래 독자적인 실험을 감행했다가 수백만의 국민을 굶어 죽게 만든 처량한 나라가 바로 우리 옆에 있다. 문제는 우리가 얼마나 국제관계를 폭넓게 통찰하면서 우리의 주관을 잃지 않고 당당한 관계를 맺을 수 있느냐 하는 데 있다.

정보화와 세계화 시대를 가장 앞서 가고 있는 미국의 좋은 점은 배워서 취하되 나쁜 점은 단호하게 배격해야 한다. 그러기 위해서는 먼저 무엇이 좋고 나쁜지 가릴 수 있는 우리 스스로의 안목을 길러야 한다.

4부

나에게로 떠나는 여행

나에게로 떠나는 여행

1997년 8월 13일. 예일 로스쿨 연수를 마치고 귀국했다. 공항에 내려 올림픽대로를 타고 오는데 아스라이 북한산의 곧게 선 자락이 눈에 들어왔다.

'어, 저런 산이 저기 있었던가?'

숱하게 그 길을 다니면서도 그곳에 산이 있음을 느끼지 못했다. 그 준수한 모습이 유명한 외국 산들에 비해 조금도 빠지지 않았다. 우리나라를 떠나 있었던 짧은 세월이 안겨준 예기치 않은 즐거움이었다.

귀국 후 며칠 되지 않아 새로운 근무지로 발령을 받았다. 법무부 검찰국 검찰 제2과. 발령을 받자마자 특별 사법 경찰 관리 체계를 새로이 갖추고 가정 폭력을 근절하기 위한 특별법 제정에도 관여하게 되었다. 국회가 열려 정치인 사정과 공직 기강 확립과 관련하여 법무부에 대한 정책 질의가 있을 때면 아침 일찍부터 밤늦게까지 여의도 국회의사당 구석에서 자료를 들추며 답변 준비로 진땀을 흘리기도 했다.

숨가쁜 업무 속에서도 예일 로스쿨이 남긴 인상과 예일 법대생들

숨가쁜 검사 업무 속에서도 예일 법대생들과 함께 했던 추억들은 머릿속을 떠나지 않았다

과 함께했던 추억들은 내 머리를 떠나지 않았다. 철거민 문제를 해결하기 위해 주민들과 머리를 맞대고 애쓰던 모습들, 중국과 우리나라의 인권 문제를 자기들 문제인 양 심각하게 토론하는 그들, 밤새워 책을 읽어 충혈된 눈으로 교실에 들어서는 친구들, 교내 식당에 모여 열띤 토론을 벌이는 모습들, 밀입국 멕시코인들의 인권 문제를 개선해보겠다며 멕시코 국경 지대로 떠나던 1학년 학생들, 레즈비언의 권리를 찾겠다고 얼굴을 공개하고 나선 여학생들, 남미의 대법원장과 중국 판사 및 반체제 인사들을 초청해 질문을 퍼붓던 모습들. 그 모든 경험들은 내가 앞으로 살아가는 데 소중한 자산이 될 것이다.

　미국 연수 이후 나를 뒤돌아보는 시간이 많아졌다. 이제껏 무엇을 하며 살아왔는지. 초등학교, 중·고등학교, 대학교, 사법연수원, 군법무관, 검사로 지내오면서 무엇을 꿈꾸며 지내왔는지, 그저 안주하면서 살아오지는 않았는지, 목소리는 크게 내면서 행동은 주저하지 않았는지, 조금 아는 것에 자만해서 다른 사람들의 의견을 소홀히 듣지는 않았는지…….

　마음을 다지는 일도 많아졌다. 높은 곳에서 멀리 보기 위해 노력해야지, 열정을 갖고 살아야지, 매사를 긍정적으로 생각해야지, 머뭇거리지 말고 작은 것부터 바로 행동해야지, 세상에 조금이나마 도움이 되어야지, 그러나 나를 높이려 하지는 말아야지…….

　예일 로스쿨에서 보고 듣고 경험하고 느꼈던 소중한 체험들은 힘들고 지칠 때마다 내 정수리 위에 부어지는 차가운 아침 샘물이 되었다.

공부하는 검사, 연구하는 검찰

연수를 마친 후 검찰의 정책 부서와 수사 부서에서 10여 년의 시간을 보냈다. 법무부 검찰국, 청와대 민정수석비서관실, 대검찰청 기획조정부에서 근무하며 우리나라의 형사정책과 반부패정책 업무를 담당했다. 깨끗하고 투명한 사회, 법이 살아 있는 건강한 나라를 만들기 위해 검찰이 무엇을 할 수 있는지 고민해야 했다. 서울북부지검 반부패특별수사부, 대검찰청 중앙수사부, 서울중앙지검 금융조세조사부에서는 금융·기업범죄와 부패범죄를 수사하며 동료들과 밤을 지새우기도 하였다. 대전지검 형사부와 제천지청, 여주지청에서는 내가 처리하는 사건에서 억울한 사람이 없도록 사건 기록과 증거들을 꼼꼼하게 짚어보기 위해 노력하였다.

1997년 봄 코네티컷주 검찰청의 미국 검사가 언급했던 한국 경제에 대한 우울한 전망은 그해 겨울 IMF 외환위기를 통해 바로 실현되었다. 경제범죄에 대해 이야기를 나누던 미국 검사는 국제금융계와 한국 경제의 심상치 않은 상황을 거론하며 대한민국 환율은 1달러당

2,000원까지 가야 한다고 강변했었다. 1997년도 3월 당시 환율이 1달러당 800원대였으므로 납득하기 어려웠는데 그해 12월 IMF 외환위기가 닥치자 환율은 천정부지로 솟고 우리나라의 국민소득은 반토막이 되었다. 실업자가 150만 명까지 늘어나면서 서울역 광장에는 일자리를 잃고 집을 나선 중년 가장들이 할 일 없이 불을 쬐며 소주잔을 기울였다. '생계형 범죄'라는 용어도 등장했다. 사회에서 버림받았다고 느끼는 실업자들이 저지른 범죄에 대해 국가가 어떻게 대응하는 것이 맞는지를 놓고 뜨거운 토론이 벌어졌다. 안타까운 형편을 참작해서 선처해야 하는지? 마냥 용서했다가 더 큰 범죄로 발전하여 상황을 악화시키는 것은 아닌지? 정답을 찾기 쉽지 않았다.

IMF 경제위기 상황에서 검찰이 무엇을 할 수 있을지 고민되었다. 제대로 모르기 때문에 국제금융 세력에게 터무니없이 당한 것은 아닌지 의구심이 생기기도 했다. 위기를 극복하기 위해서는 무엇보다 우리가 처한 상황을 정확히 이해하고 해결방법을 찾아야 한다는 생각이 들었다.

세계 각국의 인권 문제와 법치주의 확립을 위해, 민주주의와 자본주의의 조화로운 발전을 꾀해보겠다며 치열하게 토론을 벌이던 예일 로스쿨 학생들의 모습이 떠올랐다. 육법전서에만 매달릴 것이 아니고 경제와 국제관계에 대해서도 공부해야겠다고 다짐했다. 혼자서는 힘들기에 함께 모여 책을 읽기 시작했다.

대검찰청에는 '책사랑 동호회'라는 독서 토론 모임이 발족했다. 검찰 내 첫 번째 생긴 지식 동호회였다. 다양한 책들이 논의 대상으로 꼽혔다. '용기 있는 검사들, 검찰독본, 10년 후 한국, 조선의 부정부패

2005년 6월 《사람과 책》이라는 잡지에 검찰 '책사랑 동호회'를 소개하는 내용이 실렸다

어떻게 막았을까, 조직의 성쇠, 상사가 귀신 같아야 부하가 움직인다, 미국의 검찰과 한국의 검찰' 등. 미국과 일본의 검찰, 과거 조선시대 사헌부의 활약상을 놓고 대한민국 검찰의 모습을 반성하는 시간을 가졌다. '공부하는 검사, 연구하는 검찰'을 모토로 검찰 전문지식 연구회 시스템이 구축되기 시작하였다. 검사들을 위한 필독서 10권이 발표되기도 했다.

대검찰청 중앙수사부의 '첨단범죄 수사전문 아카데미'에서는 2년간 매주 월요일 저녁 3시간씩 금융경제, 회계, 조세, 자금추적, 심리분석, 디지털 포렌식 분야 전문가를 초빙해 토론을 벌였다. 이제는 서울중앙지검 금융조세조사부의 '금융증권범죄 연구회'를 비롯하여 전국에서 34개의 전문지식 연구회가 활발히 운영되고 있다. 신임 검사들은 임관 후 2개월의 실무 교육을 받고 나면 시험도 치러야 한다.

수백억 원을 삼킨 금융사기범들은 세계 곳곳에 돈을 빼돌려놓고 자신들은 선진 금융기법을 활용했을 뿐이라고 변명한다. 범죄가 점점 더 고도화, 전문화, 국제화되고 있어 수사하는 검사도 제대로 알아야 진실을 밝혀낼 수 있다. 법률 지식뿐 아니라 경제현상과 사회변화, 인간 심리에 대한 지식도 요구되고 있다.

한 분야의 전문가로 발돋움하려면 1만 시간의 열정을 투입해야 한다는 분석이 있다. 하루 3시간씩 10년이다. 대한민국 법률가들이 각 분야의 세계 최고 전문가가 되어 지구촌 곳곳의 젊은이들이 한 수 배우러 찾아오는 그날을 기대해본다.•

• '나에게로 떠나는 여행' 편과 에필로그에 실린 내용 중에는 2009년 3월 5일부터 4월 28일까지 《매일경제신문》에 게재된 저자의 '매경춘추' 칼럼에서 인용된 부분들이 있음을 밝혀둔다.

우물 밖 세상을 향하여

대검찰청 중앙수사부에서 근무할 때 미국 법무부 자금세탁과의 린다 새뮤얼 검사가 방문해 공동 워크숍을 벌였다. 그 과에서만 17년을 근무해온 새뮤얼 검사는 자금세탁에 관해서는 국내외 수사, 정책 수립, 법률안 작성, 국제회의 발표 등 모든 업무에 정통했다. 자금세탁 분야에서는 자신이 세계에서 다섯 손가락 안에 꼽힐 것이라고 자부심을 표명하기도 했다. 쉰 살을 넘긴 나이에도 국제공조를 위해 세계를 누비고 다녔다.

법조계에는 '깡치사건'이라는 용어가 있다. 사건 처리에 품은 많이 들지만 해결은 어려운 사건을 뜻한다. 종래 가장 어려운 3대 난제로는 문중 땅 사건, 계^契사기사건, 교회 재산 분쟁이 꼽히곤 했다. 가까운 사람들 사이의 이해관계가 복잡하게 얽혀 있고 서로 감정의 골이 깊어 해결의 실마리를 찾기 어려웠다.

오늘날 가장 해결하기 어려운 사건은 '글로벌 범죄'다. 피해자는 대한민국 국민인데 범죄인은 남미에 살면서 미국을 근거지로 활동하여 증거가 미국에 있는 경우가 한 예다. 서울중앙지검 금융조세조사1부에서는 재벌가 주가조작 사건을 수사하는 과정에서 50억 원이 미국으로 불법 유출되었다가 홍콩을 거쳐 국내 반입되어 주가조작에 사용된 사실을 밝혀냈다. 외국계 펀드 관련 주가조작과 배임 사건에서는 주요 인물과 자료가 국외에 있어 수사가 장벽에 부딪힐 때가 많다. 우리나라의 국부國富가 허망하게 해외로 빠져나가지 못하도록 하고 선량한 국민의 피해를 막기 위해서 검찰도 국제역량을 갖춰야 한다. 범죄자들은 국경없는 '평평한 세계'를 만끽하는데 법 집행기관은 엄격한 국경 관할에 손발이 묶여서는 곤란하다.

예일 로스쿨 연수를 마치고 귀국하고 보니 세계는 점점 더 가깝게 다가서고 있었다. 예전에는 검찰의 활동 범위가 국내에 머무는 경우가 대부분이었는데 범죄가 국제화되면서 활동 무대가 점차 국외로 넓어지게 되었다. 범죄 수사뿐만 아니라 반부패 이슈도 국내 문제를 넘어 세계적 차원으로 논의 수준이 올라섰다.

예일 로스쿨의 전산자료실에서 만난 인도네시아 문학에 정통한 학생, 동아시아 전문가가 되기 위해 중국, 일본에 이어 한국을 찾아 한국어와 한국법을 배우던 여학생 앤, 아프리카 신생국가 에리트레아 정부의 법률 자문 역할을 담당하고, 남미와 중국의 법률가들을 초청하여 날카로운 질문을 퍼붓던 예일 로스쿨의 젊은 학생들의 모습들이 더욱 절실하게 느껴졌다. 이제 우리도 커다란 세계지도를 앞에 놓고 고민해야 할 때가 다가왔다.

2000년 11월 서울에서 열린 '아시아 태평양 지역 반부패 국제회의'는 내가 참석했던 첫 번째 국제회의다. 국무총리실과 외교부가 함께 주관한 회의였는데 당시 반기문 외교부 차관이 회의와 만찬을 부드럽게 주재하는 모습이 인상적이었다. 세계은행과 OECD 관계자들을 비롯하여 아시아 태평양 지역의 반부패 전문가들이 한자리에 모였다. 캄보디아에서 참석한 관리와 아르헨티나 대사관 직원과 나누었던 격의 없는 대화가 기억에 남는다. 캄보디아 공무원은 자신의 나라가 공산주의에서 자본주의로 방향을 틀었지만 갈피를 제대로 잡지 못해 국민들이 이웃 베트남, 태국, 중국에 가서 허드렛일을 하고 있다며 탄식했다. 아르헨티나 관리 또한 20세기 들어 주저앉을 수밖에 없었던 나라의 운명을 한탄했다. 두 사람 모두 혼란스러운 국내 정치 상황과 국민들의 개혁 에너지가 부족한 점을 안타깝게 이야기하였다.

2001년 5월 네덜란드 헤이그에서 열린 '반부패 글로벌포럼'과 그해 10월 체코 프라하에서 개최된 '국제반부패회의'에는 대한민국 대표로 참석하였다.

헤이그 회의는 정부가 주관하는 회의로 세계 각국 정부의 대표들이 공식적인 입장을 발표하는 자리였다. 이제 부패 문제도 지구촌 차원에서 문제 삼게 되었다. 시장경제의 세계화에 따라 한 나라의 부패가 다른 나라에도 영향을 미치게 된 것이다. 한편 각국의 민주주의가 발달하면서 시민과 언론의 힘이 커져 과거에는 묻혀버렸을 고위 정치인의 부패 의혹들을 숨길 수 없게 되었다. 인도네시아, 필리핀, 페루 여러 나라에서 부패 스캔들로 최고 권력자가 권좌에서 물러났다. 헤이그 반부패 글로벌포럼에서는 첫째, 투명한 시스템의 구축. 둘째, 부패 예방을 위한 교육. 셋째, 엄정한 형사 처벌을 위한 독립적인 사법기구의 필요성에 대해 공감대가 형성되었다. 귀국 후 부패방지법 제정과 반부패 종합대책 수립 과정에 참여하면서 헤이그에서 논의되었던 반부패 대응 방안들을 되새겨보았다. 그해 6월 28일 부패방지법이 국회를 통과하였다.

체코 프라하 회의는 민간 반부패 기구들이 중심이 되어 정부기관과 공동으로 개최하는 국제회의였다. '반부패 사정기관 사이의 협력을 강화하는 것이 부패 척결의 좋은 해결방안이 될 수 있는가'라는 주제의 워크숍에 발표자로 나섰다. 미국 검사, 아프리카 케냐의 판사, 멕시코의 감찰 담당 장관, 폴란드의 반부패 협력위원회 담당관 등이 함께 토론을 벌였다. 나는 검찰을 비롯해서 감사원, 국세청, 금융감독원, 공정거래위원회 등 관련되는 기관들의 적극적인 협력이 중요하다는 점을 지적했다. 이제는 부패 문제도 복잡하게 얽혀 있어 어느 한 기관의 힘만으로는 해결하기 어렵게 된 점을 강조했다. 이에 대해 싱가포르의 부패행위조사국 담당관은 여러 기관들의 협력보다는 확실한 조사기구 하나에 힘을 실어주는 것이 효과적이라고 목소리를 높여 서로 논박을 벌이기도 했다. 자리를 함께 했던 멕시코의 감찰 담당 장관은 기회가 닿으면 자기 나라를 방문하여 한국의 반부패 노하우를 자세히 알려달라고 요청하기도 했다.

프라하 회의에 참석한 멕시코의 폭스 대통령과 헤지펀드의 대부로 불리는 조지 소로스는 부패를 허용하지 않겠다는 정치적 결단이 중요하다고 강조했다. 5개 대륙에서 온 참석자들의 다양한 발표 내용들을 들으면서, 세상에는 미국, 서부 유럽, 중국, 일본과 같이 영향력 있는 나라들 외에도 동유럽, 아프리카, 남태평양의 많은 나라들이 함께 공존하고 있음을 새삼 깨닫게 되었다. 아프리카의 한 작은 나라에서 참

2001년 10월 미국, 케냐, 멕시코, 폴란드 대표들과 함께한 프라하 '국제반부패회의' 워크숍. 이 회의에서 반부패 협력 방안을 주제로 열띤 토론을 벌였다

석한 여성 대표자가 어눌한 영어에도 책상을 두 손으로 땅땅 치면서 강대국들의 횡포를 지적하고 자기 나라의 입장을 대변하던 모습이 인상적이었다.

이후에도 여러 국제회의와 세미나에 참여하여 세계 각국의 전문가들과 부패 범죄를 비롯하여 새롭게 등장하는 국제 범죄에 대한 실질적인 해결 방안을 찾기 위해 노력했다. 우리나라에서 열린 제3차 반부패 글로벌 포럼, 국제검사 협회 총회, APEC 사이버범죄 전문가 회의, UN 사이버범죄 대응팀 세미나, 중국 광저우에서 개최된 POLCYB 국제 사이버 범죄 대책 회의, 이탈리아 로마의 첨단범죄 24시간 네트워크 협력 회의 등 여러 국제회의에 발표와 토론자로 참석했다.

국제화, 조직화되는 범죄에 효과적으로 대응하기 위해 우리나라는 25개국과 형사사법 공조조약을 체결했으며 중국, 러시아, 베트남, 우즈베키스탄, 몽골, 카자흐스탄, 우크라이나 등 7개국과는 직접적인 검찰 협력협정을 맺었다. 검찰총장을 수행하여 중국 베이징과 우즈베키스탄 타슈켄트를 찾아 양국 간 검찰총장 회담을 통해 실질적 협력 방안을 논의하기도 했다. 검찰의 국제수사 역량을 강화하기 위해 2008년 초에는 대검찰청에 국제협력센터를 만들었다.

외국을 방문하게 될 때는 몇 가지 사전 준비를 했다. 첫째는 방문하는 나라의 역사책 한 권을 읽는 것이다. 네덜란드, 체코, 중국, 우즈베키스탄, 이탈리아 역사를 수박 겉핥기 식으로 들여다볼 수 있었다. 둘째는 그 나라 말을 최소 열 마디 이상 익히는 것이다. 중국 방문에 앞서서는 예정과 달리 열 달간 중국어를 공부했다. 원래 한 달만 하기로 했었는데 검찰총장 중국 방문이 뒤로 연기되는 바람에 내친김에 중국어 학습을 계속했다. 이탈리아어와 우즈베키스탄에서 사용되는 러시아어는 최소한의 생존용 대화가 가능하도록 준비했다. 우즈베키스탄 고유어도 몇 마디 익혀갔다. 국제회의장에서 발표를 하거나 해당 국가의 관리를 만나게 되면 맨 처음 인사말은 꼭 그 나라 말을 사용했다. 상대편은 놀라는 표정을 지으면서도 금방 웃는 얼굴이 되어 호감을 표시하곤 하였다. 덕분에 친하게 된 우즈베키스탄 카디로프 검찰총장으로부터는 '와호브'라는 고유 이름을 선사받았다.

외국에서 열리는 국제회의에 참가했을 때는 국제회의장과 숙소 사이를 걸어다니는 것을 원칙으로 했다. 숙소와 회의장소가 보통 한 시간 내외 거리에 떨어져 있는 경우가 많았는데, 바쁜 회의 일정으로 별도의 시간을 낼 수 없어도 아침 저녁으로 큰 거리와 뒷골목을 걷다 보면 그 나라의 진짜 속살을 조금이나마 엿볼 수 있게 된다.

외국 검찰과의 관계가 긴밀해지면서 우리의 수사시스템이 수출되

기도 한다. 대만 검찰은 대검찰청 중앙수사부를 벤치마킹하여 부패범
죄 특별수사부를 만들었는데 천수이볜 총통이 부패 혐의로 구속되어
1심에서 종신형을 선고받았다. 구소련연방 체제에서 독립한 국가의 법
률가들이 우리나라를 방문하여 국가발전 전략과 법치주의 확립에 대
한 우리의 노하우를 전수받았다. 2004년 국제검사협회 총회가 서울
에서 열렸을 때에는 14개국 검찰 총수들이 대검찰청을 찾았다. 일본
검사총장은 한국의 앞선 정보통신 수사시스템을 일본에도 조속히 갖
출 것을 독려하기도 했다.

그러나 주요 국가의 국제수사 역량에 비하면 대한민국 검찰의 국제
수사시스템은 아직 초기 걸음마 단계에 불과하다. 전문성과 인적 물
적 시스템 측면에서 보완해야 할 내용들이 너무나 많다. 하루가 다르
게 글로벌화되는 범죄에 발 빠르게 대응하기 위해 선진국에서는 어떤
노력을 기울이고 있는지, 우리가 벤치마킹해야 할 것은 무엇인지, 공
동 대응을 위해 우리가 할 수 있는 일은 무엇인지 그 해답을 찾기 위
해 늘 고민해야 할 것이다. 두 발은 굳건히 우리 땅에 서되, 두 눈은
멀리 세계를 향해야 한다.

눈물 닦아주는 검사

성폭력 피해자로 증언하던 중년 여성이 재판 도중 실신하는 상황이 벌어졌다. 합의하에 성관계가 이루어진 것 아니냐는 상대편의 집요한 추궁에 극도로 흥분한 나머지 정신을 잃은 것이다. 홀로 법정에 온 피해 여성을 돌보는 이가 아무도 없어 공판검사가 급히 119에 연락을 취해 병원으로 후송하였다. 우리나라 피해자 보호시스템이 구축되기 전 일이다.

범죄 피해자 자신은 물론 가족들까지도 심한 스트레스와 장애로 고통을 겪는다. 어머니와 단둘이 살아가던 고등학생이 교통사고로 어머니를 잃게 되자 열흘 만에 스스로 목을 매어 눈시울을 뜨겁게 만든 일도 있었다. 살인이나 성폭력 같은 중범죄뿐 아니라 주변에서 일어나는 교통범죄도 예기치 않은 피해를 만든다.

우리 헌법은 세계적으로 드물게 피해자의 권리를 헌법 차원에서 보장하고 있지만, 형사사법 현장의 피해자인권은 오래도록 사각지대에 놓여 있었다. 수사나 재판과정에서 피해자가 주눅 들어 고개를 푹 숙이고 있는 모습을 어렵지 않게 볼 수 있었다.

검찰의 사명으로 '거악^{巨惡}'이 편히 잠을 자지 못하게 하는 것'이 자주 거론되지만, '힘없고 억울한 사람의 눈물을 닦아주는 역할'도 그에 못지않게 중요하다. 2008년도에 뒤늦게나마 대검찰청에 피해자인권과가 신설되고 피해자지원센터의 활동도 조금씩 활성화되고 있지만, 인적·물적 시스템은 아직 턱없이 부족한 실정이다.

검찰 실무수습을 했던 미국 코네티컷주 검찰청에는 20여 명의 검사 중 중견 검사 한 명이 피해자 지원 업무를 전담하고 있었다. 전담 검사는 수사와 재판 과정에서 피해자의 권익을 보호하기 위해 다방면으로 노력하였으며, 일자리를 잃게 된 피해자에게는 일할 수 있는 취업 기회까지 알선해주었다. 담당 검사는 범죄피해자들이 일하려는 의욕마저 상실해버리는 경우가 많다며 안타까움을 표시하기도 했다.

미국의 형사사법제도가 운영된 변천사를 살펴보면 1960년대에는 범죄자의 인권에 치중하는 모습을 보이다가 1970년대 이후로 실체적 진실과 정의 실현 쪽으로 시계추가 상당히 움직이는 것을 발견하게 된다. 이 시기에 인기를 끈 영화로 클린트 이스트우드 주연의 '더티 해리_{Dirty Harry}' 시리즈물이 있다. 1971년에 1편이 나왔는데, 극악한 범죄인들을 형사소송 절차를 통해서 제대로 처벌할 수 없게 되자 분노한 주인공 경찰관이 범죄자에게 직접 무자비한 폭력을 행사하며 응징한다는 내용들이다. 그 무렵 팽배해 있던 범죄 피해자들의 소리 없는 분노를 담아낸 영화로 평가되고 있다. 그 후 범죄 피해자들의 목소리가 조직화되고 사회적으로도 크게 문제되면서 미국 사회는 인권과 실체적 정의의 균형점을 찾기 위해 노력하게 된다. 그 결과 1980년대 초에는 약

30개 주에서 헌법을 개정하여 범죄 피해자 보호 규정을 명문화하고, 범죄 피해자를 보호하는 법률과 함께 범죄 피해자 기금도 마련된다.

피해자 보호 시스템이 발달된 영국의 민간 피해자지원센터는 1,100명의 유급직원과 1만 2,000명의 자원봉사자가 활동하며 연간 예산이 600억 원에 이른다. 미국의 피해자지원 기금은 연간 8천억 원에 육박한다. 우리나라의 2009년도 범죄 피해자 지원예산은 37억 원에 불과하다. 이 중 범죄 피해자 지원센터를 돕는 예산은 15억 원이다. 반면 범죄자 지원을 위한 예산은 국선변호사 선임 비용을 포함해서 총 2,140억 원이다. 범죄 피해자 지원 예산이 범죄자 지원 예산 규모의 1.7퍼센트밖에 되지 않는다.

우리나라의 피해자 예산을 획기적으로 늘릴 방법이 없을까? 범죄로 얻은 이득을 범죄인으로부터 환수해서 피해자에게 주는 방안이 해결책으로 떠오르고 있다. 범죄수익을 거두어 피해자를 위한 값진 밀알로 사용하는 것이다. 미국, 영국, 호주, 이탈리아, 스페인에서는 범죄수익을 몰수해서 피해자펀드를 만들고 있으며, UN도 각국에 도입을 권장하고 있다.

내가 근무한 여주지청에서는 매달 직원들의 마음을 십시일반으로 모아 피해자를 돕기 위한 작은 기금을 마련하고 있다. 아무 잘못 없이 범죄 피해자가 되어 고통 속에 눈물짓는 분들에게 조금이나마 위로가 되길 소망해본다.

파수꾼의 꿈과 고민

검사는 사회 공동체의 질서와 시민의 평온한 생활을 지켜야 하는 파수꾼이다. 새로 마련된 검사선서는 '정의와 인권을 바로 세우고, 범죄로부터 이웃과 공동체를 지켜야 하는 사명'을 되새길 것을 강조한다. 파수꾼은 자신의 직무를 충실히 수행하기 위해 눈을 부릅뜨고 있어야 한다.

힘들고 고달플 때도 적지 않다. 형사부에 근무할 때면 한 달에 300건 정도의 사건을 처리해야 한다. 2008년 한 해 전국에서 210만 건의 형사 사건이 발생했으니 검사 한 명당 매월 평균 330건, 하루 11건을 처리한 셈이다. 음주 운전이나 단순 교통사고처럼 간략한 사건도 있지만, 살인이나 경제범죄를 다룰 때는 시간과 정열이 많이 든다. 사기, 무고, 위증, 허위사실 유포와 같이 '거짓말'로 인한 사건도 많아 진실을 밝히는 데 애를 먹는다. 사기죄의 경우 일본에 비해 13배가 더 많고, 무고죄는 34배나 된다.

허허벌판에서 기적을 일궈낸 아버지 세대처럼 검찰 선배들은 오로

지 직장과 일에 온몸을 투신했다. 초임 검사 시절, 선배들의 전설적인 이야기를 많이 들었다. 석 달 넘게 집에 들어가지 못하고 야전 침대를 놓고 수사에 전념한 일, 살인 사건 수사에 몰두하다가 꿈속에서 범인을 계시받았다는 무용담, 섬으로 소풍을 갔다가 긴급히 검찰청으로 돌아오려고 폭풍우에 조각배를 탔다는 이야기도 있다. 검사 두 명 이상이 만나면 업무 이야기뿐이었다. 밤샘수사도 며칠씩 이루어지곤 하여 아침이면 부스스한 얼굴로 마주치는 경우가 적지 않았다.

　대부분의 시간을 사무실에서 보내는 만큼 집과 가족에 대한 배려는 소홀할 수밖에 없었다. 투병생활 끝에 삶을 마감한 부인의 빈소에서 평생 아내의 생일을 한 번도 챙겨주지 못했다며 눈물짓던 선배, 오래도록 아이들과 대화가 끊겨 전화를 해도 "잘 지내지"라는 말밖에 할 수 없어 마음이 쓰렸다는 분도 있었다. 나 역시 구속사건 수사 때문에 둘째의 출산을 지켜보지 못했다. 아이들과 못 놀아주는 것이 미안해서 테이프에 옛날이야기를 녹음해서 아내가 대신 들려주었는데 어린 아들이 녹음기에 다가가 "아빠, 아빠" 하고 불렀다는 말을 듣고 마음이 아팠다.

　세월이 흘러 이제는 검사들끼리 만나도 일 이야기 외에 자식들 교육 문제가 단골 화제로 등장한다. 딸을 데리러 밤늦게 차를 몰고 학원에 가야 하기 때문에 술을 마실 수 없다는 핑계도 용납된다. 젊은 검사들이 아내의 출산에 휴가를 얻어 분만실에 함께 있는 것도 새로운 풍속도다. 비록 두툼하게 쌓인 사건 기록 때문에 며칠 밤을 더 지새워야 할지라도…….

　이제 '직장과 가정'은 정의와 인권 못지않게 검사가 좇아야 할 두마리 토끼가 되었다. 여주지청에서 함께 근무한 젊은 검사들 또한 지역 신뢰를 해치는 범죄를 엄벌하기 위해 밤을 낮 삼아 일하면서도 100점짜리 남편, 200점짜리 아내가 되기 위해 최선을 다한다. 속절없이 늦게 귀가할 때면 야속해서 부부싸움을 벌이기도 하지만 남편을 나라에 바쳤다고 생각하며 스스로 위로하기도 한다.

부패범죄나 경제범죄를 수사할 때는 언론의 스포트라이트를 받기도 하지만 그만큼 고민도 많다. 뇌물수수, 주가조작, 내부자거래, 금융사기 같은 범죄는 치밀하게 이뤄진 경우가 많아 밝혀내기가 만만치 않다. 정밀한 자금추적과 압수수색을 통해 물증을 확보해도 제3자에게 책임을 전가하여 교묘히 빠져나가고, 수사 착수 직전 외국으로 도피하여 허탈한 심정으로 범죄인 인도청구에 나서기도 한다. 심증은 있지만 물증이 부족해서 법정에 세우지 못하거나 관련 법규의 공백으로 법의 그물을 벗어나기도 한다. 자금과 증거 서류가 외국에 빼돌려진 경우 국제공조가 필수적인데 엄청난 시간과 노력이 든다.

수사가 미칠 영향에 대한 고민도 적지 않다. 수사 대상 기업이 문을 닫거나 국가신인도가 악화되지는 않을까, 수사 대상 인물이 쓰러지거나 극단적인 경우 목숨을 끊는 일이 있지는 않을까 걱정도 된다. 압수수색이나 체포 과정에서 나이 어린 자녀에게 상처를 주지 않도록 집밖에서 조심조심 기다릴 때도 있다.

인정人情 때문에 발생하는 범죄를 수사할 때에는 안타까운 심정이 들기도 한다. 우리나라 인간관계지수는 세계에서 가장 높아 몇 다리만 건너면 누구와도 통할 수 있다고 한다. 이웃이나 친척의 부탁에 못 이겨 재판에서 허위증언을 했다가 위증죄로 처벌되는 사례가 빈발한다.

2007년도에 우리나라에서 1,544명이 위증죄로 기소되었는데 같은 해 일본에서는 9명만이 재판에 회부되었다. 돈을 건네주는 상대방의 체면 때문에 차마 거절하지 못하는 바람에 평생 몸담아온 공직에서 쫓겨나거나 쇠고랑을 차는 일이 적지 않다. 공무에 대한 정당한 민원과 사적인 청탁 사이의 한계 또한 애매할 때가 많다.

검사실에서 수갑을 채우게 되는 범죄인일지라도 가족들에게 줄 아픔을 생각하면 마음이 무거울 때도 많다. 횡령죄로 구속될 처지가 되자 평생토록 법이 무섭다는 것을 생각지 않고 살아온 것이 후회된다며 울먹이던 전직 방송사 고위간부, 오랜 기간 다투다가 무고죄로 구속영장이 발부되자 마비증상을 일으켜 병원에 실려 갔는데 꾀병으로 판명된 사채업자도 있었다. 형기를 마친 사람이 검사실로 불쑥 들어와 '저, 교도소에서 나와 인사드립니다' 할 때는 가슴이 서늘하게 내려앉기도 한다.

어렵고 힘들다고 해서 포기하거나 방심할 수는 없다. 부패범죄와 경제범죄는 암세포와 같아 적기에 수술을 해야지 방치하면 돌이킬 수 없기 때문이다. 국가나 기업이 쓰러지는 원인으로 외부의 적 못지않게 내부 부패가 손꼽힌다. 구한말 조선의 부정부패는 한계상황에까지 이르렀다. 매관매직과 재판매수가 횡행하여 이사벨라 버드 비숍 여사는『조선과 그 이웃나라들』이라는 책에서 조선의 관리들을 '양민을 수탈하는 흡혈귀'로 표현했다. 당시 일본은 조선의 부패상황을 철저히 악용해서 '한국인들이 너무나 타락했기 때문에 스스로 독립국가로 있기보다는 일본의 통치를 받는 것이 낫다'고 여러 나라 지도자들에게 선전해댔다. 이와 같은 악의적인 논리가 통한 탓인지 1910년 우리나라가 국권을 완전히 빼앗기는 상황에 대해 동서양의 어떤 나라에서도 일본을 비난하는 성명을 발표하지 않았다.

세계의 주요 국가들은 부패범죄와 경제범죄 수사시스템을 대폭 강화하는 추세다. 미국 연방검찰청과 FBI에서는 국제금융위기를 초래한 월가에 대한 수사가 한창이다. 20년 가까이 한 분야에 전념하여 최고 수준의 전문성을 자랑하는 법률가들이 단단하게 포진해 있다. 일본 도쿄지검 특수부도 무라카미 펀드 비리와 라이브도어 주가조작사건 수사로 이름을 높였다. 영국의 중요경제범죄 수사청, 프랑스의 재정경제범죄 거점수사부도 높은 수준의 수사 역량을 자랑한다.

우리나라의 대검찰청 중앙수사부도 부패범죄 전문 수사기구로 외국에서도 널리 알려져 있다. 2004년 개최된 국제검사협회 연례총회에서는 여야 거물급 정치인 수십 명이 연루된 불법 대선자금 수사를 담당했던 안대희 중앙수사부장과 수사팀을 그해의 최고 수사 부서로 선정하고 특별공로상을 수여했다.

대검찰청 중앙수사부와 전국 검찰청의 특별수사부는 부패범죄에 맞서 힘겨운 싸움을 벌이고 있다. 굵직한 부패 사건을 수사하는 도중에는 밖으로 나가지 못하고 점심과 저녁 식사를 조사실에서 해결하는 경우가 많다. 48시간의 압축 수사 과정에서 사건 피의자와 여러 끼 식사를 함께하면서 서로의 인생을 바닥까지 터놓다 보면 "집사람과도 나누지 못했던 이야기를 했다"는 말을 듣기도 한다.

우리나라의 '경제범죄 파수꾼'은 서울중앙지검 금융조세조사부다. 대기업의 분식회계와 부당내부거래, 대규모 주가조작사건 등 중요 경제범죄와 기업범죄 수사를 담당한다. 경제와 금융의 중요성이 커짐에 따라 2003년 신설된 이래 부장검사 3명과 평검사 15명, 검찰수사관

대검찰청 마당에 서 있는 해치는 검찰을 상
징한다. 옳고 그름을 판단하는 상상의 동물
로 여겨졌으며 조선시대 사헌부 관헌의 관복
에 새겨져 있었다

30여 명으로 인원이 대폭 확충되었다. 삼성 에버랜드 사건, SK그룹 분식회계 등 사건, 재벌가 테마주 주가조작 사건, 세계적 투자은행 리만 브라더스 한국지사 임원 비리 사건 등을 수사하여 이름을 높였다. 국세청, 금감원, 예금보험공사, 한국거래소, 예탁결제원에서 파견된 전문가들도 함께 땀을 흘린다.

대형 부패범죄나 경제범죄를 수사하고 나면 이 사건을 마지막으로 다시는 이런 범죄가 일어나지 않기를 기원해본다. 법질서를 확립해서 서로 믿고 신뢰할 수 있는 나라를 만들고, 부패범죄와 경제범죄 수사를 통해 정의롭고 건강한 사회를 이루는 데 미력하나마 기여하고 싶은 것이 모든 검사들의 꿈이다. 검사들의 노력만으로 범죄가 모두 사라질 수는 없겠지만 내가 하는 일로 세상이 조금이나마 살기 좋은 곳이 되기를 소망하며 하루하루 맡은 과제를 위해 묵묵히 땀방울을 흘린다.

깨끗하고 투명한 경제 질서를 바탕으로 대한민국이 명실상부한 선진국으로 발돋움하는 그날이 올 때까지 파수꾼의 고민은 계속될 것이다.

에필로그

세상을 바꾸는 따뜻한 리더십

 검사 임관에 앞선 시보 시절, 아침이면 거울을 보며 눈매를 날카롭게 만들어보곤 했다. '지금 얼굴로는 검사 역할을 제대로 하기 어려우니 매일 인상 쓰는 훈련을 하라'는 지도 검사의 조언에 따른 것이다. 검사는 매서운 얼굴을 가져야 한다고 생각했다.

 대검찰청에서 검찰의 이미지에 대해 설문조사한 적이 있다. 엄정한 호랑이와 독수리, 무섭고 냉정한 표범과 불독 같다는 응답도 있었지만, 비인간적인 박쥐와 뱀이 떠오른다는 내용도 있어 담당자들을 당혹케 했다. 어느 노동자 시인은 '죄인을 만들 수도 살릴 수도 있는 판검사님은 무서운 하늘이다'고 했다.

 조선시대 부패 척결은 '사헌부'에서 담당했는데 추상 같은 기개로 왕과 세도가의 횡포를 막아내 백성들의 신망이 두터웠다. 세계사에서 드물게 500여 년의 역사를 지속했던 조선은 후기 들어 세도정치 아래 사헌부와 사간원이 무너지게 되자 부정부패로 국운이 기울게 된다. 프랑스대혁명 이후 출범한 근대 검찰제도에 관해 법사상가 몽테스키외는 그의 저서 『법의 정신』에서 "검찰관이 있기에 시민은 평온하다"고 했다.

오늘날의 법률가에게 필요한 필수 덕목은 무엇일까? 검사들은 '정의
감, 인간애, 사명감'을 순서대로 꼽았다. 전문 지식에 앞서, 정의를 바로
세우고 진실을 밝혀내려는 힘찬 기백과 열정이 없다면 짠 맛을 잃은 소
금이 되고 만다. 소금이 짠 맛을 잃으면 땅에 내던져져 짓밟히고 만다.
옳은 것은 옳다고 하고 그른 것은 그르다고 이야기할 수 있어야 한다.

권력의 부패에 맞서기 위해서는 강단 있는 패기가 필요하지만 다른
사람 말에 귀 기울이는 겸손한 자세와 사건 관계인의 아픔을 이해할
수 있는 따뜻한 마음가짐도 요구된다. 죄는 미워하되 죄인을 미워해서
는 안 되고, 정의를 추구하면서도 범죄인의 인권을 보호해야 한다. 두
마리 토끼를 쫓는 것이 검사의 숙명이며, 진실을 추구하다가 악연을
만들어내는 일이 없도록 끊임없이 자신을 연마해야 하는 것이 검사의
책무다.

국민이 원하는 검사상은 '권력에는 강하고 약자에는 따뜻한 검찰'
이 아닌가 싶다. 얼굴은 저승사자일지언정 부처의 마음도 요구된다.
자신에게는 가을 서리와 같되 다른 사람을 대할 때는 얼굴에 봄바람

이 붙어야 한다는 말도 있다.

예일 로스쿨의 학생들은 학교 부근 철거민 문제를 해결하기 위해 머리를 맞대고, 밀입국자와 에이즈 환자의 인권을 보호하기 위하여 자기 일처럼 발 벗고 나섰다.

'따뜻한 정의감'과 '사람의 체취가 느껴지는 법집행'을 통해 법질서와 인권이 함께 살아 숨 쉬는 나라를 만들기 위해 헌신할 때, 대한민국 검찰은 '정의로운 검찰, 따뜻한 검찰, 신뢰받는 검찰'로 확고하게 자리매김할 것이다.

세계는 지금 미국 월스트리트에서 파급된 국제금융위기로 경기침체의 고통에 허덕이고 있다. '과도한 탐욕과 자제력을 잃은 이기심'이 위기를 초래한 근본 원인으로 질타당하고 있다. 바뀐 경제 상황에서, 자기중심적이고 이기적인 인재보다는 공동체와 조직을 먼저 생각하고 사회적 책임감을 중요시 하는 '따뜻한 리더십'이 부각되고 있다. '공익을 위한 봉사, 공동체에 대한 책임, 희생할 줄 아는 리더'를 강조하는 예일 로스쿨이 배출한 미국의 인재들이 과연 경제 위기를 어떻게 극복하여 어떤 모습의 미국으로 변화시킬지 주목해볼 일이다.

　30년 후 대한민국의 모습은 우리의 젊은 청년들이 만들어낼 것이다. 우리의 젊은이들이 다함께 노력해서 우리 민족의 창조적인 기백과 힘찬 에너지를 마음껏 발산할 수 있는 미래를 만들어 가길 기대해본다. 그들이 따뜻한 마음으로 봉사하며 넓은 세상을 향해 힘찬 발걸음을 내딛는 날이 반드시 올 것으로 확신한다.

　도산 안창호 선생의 말을 다시 한 번 새겨 본다.

　그대는 나라를 사랑하는가?

　그러면, 먼저 그대가 건전한 인격이 되어라.

　우리 중에 인물이 없는 것은

　인물이 되려고 마음먹고 힘쓰는

　사람이 없는 까닭이다.

　인물이 없다고 한탄하는 그 사람 자신이

　왜 인물이 될 공부를 아니하는가?

부록

• 로스쿨에는 어떤 과정들이 있나

미국의 로스쿨은 학부를 졸업한 후 입학하는 대학원 과정이다. 학부에는 법학과가 없다. 로스쿨에는 여러 과정이 있는데 그중 기본이 되는 것은 J.D. 과정이고 그 외 LL.M., S.J.D. 과정 등이 있다.

▪ J.D.(Juris Doctor)

과거에는 LL.B(Bachelor of Law)라고 불렸는데 1960년 이후 J.D.로 명칭이 변경되었다. 미국 또는 외국에서 학부를 마친 사람들이 입학할 수 있다. 로스쿨의 기본 과정으로 3년간의 수업을 마치고 졸업하면 J.D. 학위를 받는다. 이 과정을 졸업하면 미국 모든 주에서 실시하는 변호사 자격시험을 볼 수 있다. 미국에서는 법대에 입학한다고 하면 이 J.D. 과정에 들어가는 것을 뜻한다. 미국에서 활동하고 있는 변호사나 교수들은 대부분 이 과정만을 거친다. 학교마다 매년 100명에서 600명의 신입 생을 뽑는다. 예일 로스쿨은 180명가량의 학생을 선발한다.

▪ LL.M.(Master of Laws)

법학 석사 과정이다. 미국 로스쿨의 J.D. 과정을 마쳤거나, 미국 외 다른 나라에서 법과대학을 졸업한 사람들이 입학할 수 있다. 1년 과정을 마치면 석사 학위를 받을 수 있고, 뉴욕, 캘리포니아, 노스캐롤라이나, 뉴햄프셔, 버지니아 등 5개 주의 변호사 시험을 볼 수 있다.

LL.M.에는 일반 LL.M.과 전문 분야 LL.M.이 있다. 전문 분야 LL.M.은 조세, 특허, 국제 거래, 금융 거래, 행정 절차, 에너지법, 환경법, 독점 규제법 등 특정 분야를 집중적으로 공부하는 과정이다. 특정 분야를 심층적으로 전공하려는 J.D. 졸업생이나 미국 변호사들이 많이 입학하지만 외국의 법조인이나 법대 졸업생, 관련 분야 공무원도 입학할 수 있다. 직장인을 위해서 저녁과 주말에 강의가 있는 경우가 많아 직장을 다니면서 학위를 취득하려는 사람들에게 편리하다. 다만 강의 강도가 높아 이 과정을 마치려면 많은 노력이 필요하다.

일반 LL.M.은 법학 전반에 걸쳐 수업이 진행된다. 미국 학생들은 전문 분야 LL.M.이 아닌 일반 LL.M.에 입학하는 예는 별로 없다. 일반 LL.M.의 경우 대부분의 학생들이 외국에서 온 법학도들이다. 이들은 S.J.D 과정에 입학하기 위한 전 단계로 들어오거나 영어와 미국 법률에 익숙해진 다음 J.D. 과정에 도전하기 위해 입학하기도 하며, 뉴욕주 등 일부 주의 변호사 자격을 취득하기 위해 수료하는 사람들도 있다.

예일 로스쿨의 경우 LL.M. 학위 취득을 위해 최소 24학점을 이수해야 하는데 그중 18학점은 강의를 통해, 6학점은 연구와 논문 작성을 통해 취득해야 한다. 예일 로스쿨에는 매년 15명 안팎의 학생들이 입학한다.

▪ S.J.D.(Doctor of Juridical Science)

법학 박사 과정이다. J.S.D.(Doctor of Science of Law), DCompL(Doctor of Comparative Law), Phd(Doctor of Philosophy) 등으로 불리기도 한다. S.J.D. 학위는 그 학교에서 LL.M.을 마친 학생 중에서 우수한 사람만을 뽑는다. 논문을 제출하면 박사 학위를 받을 수 있다. 주로 교직을 원하는 사람들이 이 과정을 거치지만, 변호사 희망자 중에도 특정 분야에 대한 전문적 지식을 얻기 위해 입학하는 경우가 있다. S.J.D 과정에 지원하기 위해서는 논문 지도교수와 논문 심사 교수들의 잠정적인 내락을 받아야 한다.

예일 로스쿨의 경우 예일에서 LL.M.을 마친 사람을 우선적으로 선발하고, 다른 학교 출신은 특별한 경우에 한하여 입학을 허락한다. S.J.D. 과정에 입학을 원하는 학생은 박사 논문 계획서를 제출하여 심사를 통과해야 한다. 학위를 받기 위해서는 2년이 필요하다. 1년은 예일 로스쿨에 머무르면서 연구해야 하지만, 나머지 1년은 자유롭게 연구 활동을 해도 된다.

▪ M.S.L.(Master of Studies in Law)

M.L.S.(Master of Legal Studies), M.C.L.(Master of Comparative Law) 등 여러 가지 명칭으로 불린다. 주로 외국 법학도들을 위한 과정인데, 배우는 내용은 일반 LL.M. 과정과 차이가 없다. J.D. 과정에 들어가기 위한 전 단계로 입학하거나 변호사 자격시험을 위해 입학한다. 일부 학

교는 이 학위를 받더라도 변호사 시험 응시 자격이 주어지지 않으므로 미리 확인해야 한다. 또한 M.S.L.이나 M.C.L.을 졸업하여 학위를 받더라도 S.J.D. 과정에 들어가기 위해서는 LL.M.을 다시 거치도록 하는 학교도 있다.

예일 로스쿨에는 학사 학위 이상의 자격을 갖춘 사람만이 지원할 수 있고, 27학점을 수료해야 학위를 받을 수 있다. 특별히 예일 로스쿨은 언론인을 위한 M.S.L. 과정도 두고 있다.

■ 객원 연구원(Visiting Scholar)

학위를 받지 않는 과정으로, 자유롭게 수업에 참여할 수 있고, 연구 활동에 전념할 수 있다. 주로 외국의 법조인이나 대학 교수들이 이 자격으로 공부한다. 한 학기만 머무를 수도 있고, 1년 동안 체류할 수도 있다.

• 로스쿨의 어떤 과정을 택할까?

로스쿨의 J.D. 과정에서는 사례 중심 수업과 실무수습, 법률 문서 작성 훈련과 법률 문헌 검색 훈련 등을 받을 수 있기 때문에 기초적인 미국법 지식과 함께 각종 실무 능력을 갖출 수 있다. 졸업 후 변호사 자격시험을 치르면 로펌 변호사나 개업 변호사로 활동할 수 있고, 법대 교수나 검사가 될 수도 있다. 그 외에 기업에 취직하거나 공공 분야에 종사할 수도 있다. 다만, J.D. 과정에 입학하기 위해서는 LSAT라는 시험을 미국 학생들과 똑같이 치러야 하고 입학 여부도 미국 학생들과 같은 기준으로 결정되기 때문에 언어 장벽이 있는 우리나라 학생들의 경우 상위권 로스쿨에는 입학 자체가 쉽지 않으며 등록금이 비싸 3년간의 유학 생활을 하기에는 재정적 부담이 크다.

LL.M. 과정은 1년이며 단기간에 변호사 자격을 취득할 수 있고 LSAT 시험을 보지 않아도 되므로 입학이 쉽다는 장점이 있다. 그러나 LL.M.은 법대를 졸업한 학생만이 입학할 수 있고, 1년간의 짧은 과정으로는 폭넓은 법률 지식과 실무 능력을 갖추기 어렵다는 단점이 있다. 교수가 되려면 대개 S.J.D. 학위까지 필요하다. LL.M. 과정을 마치면 뉴욕주 등 5개 주에서 변호사 자격을 취득할 수는 있지만 LL.M. 학위와 변호사 자격만으로는 미국이나 한국의 로펌에 취직하기가 쉽지 않다. 따라서 많은 한국 학생들은 LL.M. 과정은 S.J.D. 과정이나 J.D. 과정에 입학하기 위한 준비 단계로 활용한다. 다만, 한국에서 이미 사법 시험에 합격한 경우에는 로스쿨의 LL.M. 과정을 졸업한 후 뉴욕주 변호사 자격을 취득하면 충분한 경우가 많다.

미국 로스쿨에 유학 가려는 학생들은 무엇보다도 졸업 후 무엇을 할 것인지 마스터플랜을 세워야 한다. 미국에서 변호사로 활동할 것인지, 한국의 로펌에서 일할 것인지, 교직을 선택할 것인지, 한국에서 검사나 판사로 근무할 것인지 등 자신이 하고 싶은 일이 무엇인지 구체적으로 계획이 있어야 한다. 미국이나 한국의 로펌에서 일하려면 우리나라의 사법 시험에 합격하지 않은 경우 J.D. 과정을 마쳐야 한다. 교직을 택할 경우에는 LL.M.과 S.J.D. 과정이 적당하다. 우리나라 학생들이 택할 수 있는 길은 다음과 같다.

1. 한국의 로펌에서 일하고 싶은 경우

- 한국에서 법대를 졸업 - 3년의 J.D. 과정 - 변호사 자격 취득 - 미국 로펌에서 1년간 근무 - 한국로펌 근무(미국 체류 기간 4년).
- 한국에서 영문학을 전공 - 미국 대학 영문학 석사 과정 입학하여 LSAT 준비 - J.D. 과정 - 변호사 자격 취득 - 미국 로펌에서 1년 근무 - 한국 로펌 근무(미국 체류 기간 5년).
- 한국에서 경영대학 졸업 - 국내 LSAT 전문 학원에서 LSAT 시험 준비 - J.D. 과정 - 변호사 자격 취득 - 미국 로펌 근무 - 국내 로펌 근무(미국 체류 기간 4년).
- 국내에서 법대 졸업 - 미국에서 1년간 LL.M.이나 M.S.L. 과정 - J.D. 과정 - 변호사 자격 취득 -미국 로펌에서 근무 - 한국 로펌 근무(미국 체류 기간 4년 이상).
- 국내에서 사법시험 합격 - J.D. 과정 - 변호사 자격 취득 - 국내 로펌(미국 체류 기간 3년).
- 국내에서 사법시험 합격 - 검사나 판사로 4년간 근무 - LL.M. 과정 이수 - S.J.D. 과정 - 국내 로펌 근무(미국 체류 기간 3년).
- 법대 졸업 - LL.M. 과정 - 변호사 자격 취득 - 조세 전문 LL.M. 과정 수료 - 미국 로펌 1년 근무 -국내 로펌에서 조세 전문 변호사로 근무(미국 체류 기간 3년).

2. 한국에서 교직을 원하는 경우

- 한국에서 법학 학사 및 석사 학위 취득 - LL.M. 과정 - S.J.D. 과정 수료 - 박사 학위 취득 - 국내에서 교직에 종사(미국 체류 기간 3년).

- 한국에서 사법 시험 합격 - 사법연수원 수료 - LL.M. 및 S.J.D. 과정 수료 - 국내에서 교직에 종사(미국 체류 기간 3년 반).

- 국내에서 법대 졸업 - LL.M. 또는 M.S.L. 과정(1년) - J.D. 과정(3년) - S.J.D.(2년)에서 박사 학위 취득 - 국내에서 교직에 종사(미국 체류 기간 6년).

- 한국에서 공학 전공 - 미국 랭귀지 코스(1년) 밟으며 LSAT 준비 - J.D. 과정 - 특허 전문 LL.M. 과정 - 미국 로펌 근무(2년) - 국내에서 교직에 종사(미국 체류 기간 7년).

3. 검사나 판사로 근무하고 싶은 경우

- 국내 사법 시험 합격 - 사법연수원 수료 - 검사로 4년 근무 - LL.M. 과정에서 국제거래, 국제형사법, 형사정책 등 전문 분야 집중 공부 - 법무부 등 유관 부서에서 근무(미국 체류 기간 1년).

- 국내 사법 시험 합격 - 사법연수원 수료 - 판사로 5년 근무 - 미국의 LL.M. (1년)과 S.J.D. 과정(2년) - 국내에서 근무(미국 체류 기간 3년).

4. 미국 로펌에서 일하고 싶은 경우

- 국내에서 법대 졸업 - LL.M.과 J.D. 과정 - 미국 로펌 근무.

- 국내 사법 시험 합격 - 국내 로펌 근무 - LL.M. 과정 - J.D. 과정 - 미국 로펌 근무.

- 한국에서 공학 학사 자격 취득 - 미국에서 석사 학위 취득 - J.D. 과정 - 변호사 자격과 특허 변호사 자격 취득 - 특허 전문 변호사로 활동.

로스쿨 지원 절차

1. 로스쿨 선택

현재 미국에는 200개의 공인 로스쿨들이 있다. 예일, 하버드, 스탠퍼드 로스쿨과 같이 세계적으로 이름난 대학들도 많지만 그렇지 못한 대학도 많다. 유명하지 않다고 해서 교육의 질에 큰 차이가 있는 것은 아니다. 어느 대학을 선택할 것인지는 1차적으로 합격 가능성에 달려 있다. 같은 값이면 예일, 하버드, 스탠퍼드, 뉴욕, 컬럼비아 등 'Top 5' 대학에 입학할 수 있으면 좋겠지만 쉽지가 않다. LL.M.의 경우에는 주로 외국 학생들이 입학하기 때문에 명문 로스쿨에 입학할 수 있는 가능성이 높지만 J.D. 과정의 경우에는 미국 학생들과 똑같은 조건에서 경쟁해야 하기 때문에 정말 어렵다.

합격 가능성과 함께 고려하여야 할 것은 자신의 재정 상태이다. 명문 사립학교의 경우에는 등록금도 매우 비싸지만 학교가 있는 위치가 뉴욕 등 대도시 부근이라 생활비 부담도 크다. 대체로 동부의 경우에는 중부나 남부보다 두 배 가까운 생활비가 든다.

다음으로 관심 분야가 있다면 그쪽에 강점이 있는 학교를 우선 고려할 수 있다. 지적재산권 분야는 버클리, 스탠퍼드, 프랭클린 피어스 로스쿨, 환경법 분야에는 버몬트 로스쿨, 의료법 분야에는 세인트루이스, 휴스턴 대학 등을 지원하는 것이 그 예이다.

그 밖에는 학교 주변 환경, 학생 수, 도서관 시설, 외국인에 대한 태도, 한국 학생 수 등도 고려해야 한다.

2. J.D. 과정 지원 절차

① 제출 서류

J.D. 과정에 입학하기 위해서는 지원서, 자기 소개서, 추천서를 준비하여야 하고, LSAT 성적, 토플 성적, 학부 성적(GPA) 등을 제출하여야 한다. 그리고 I-20 비자 발급을 위해서 재정 보증 또는 은행 잔고 증명서를 추가로 제출해야 한다.

지원서, 자기 소개서, 추천서, 토플 성적, 학부 성적 등은 미국에 유학하기 위해서는 다 필요한 서류들이다. 로스쿨을 지원하기 위해 특별히 치러야 하는 시험이 LSAT인데 Law School

Admission Test의 약자다. LSAT는 Law Service라는 기관에서 주관하는데 1년에 네 번 시행된다. LSAT의 구체적 내용에 대해서는 인터넷 사이트 www.lsac.org, www.kaplan.com, www.princetonreview.com 등을 참고하면 좋다.

② LSAT와 토플 시험 준비와 응시

J.D. 과정에 입학하기로 마음먹은 사람은 가장 먼저 LSAT와 토플 시험 준비를 해야 한다. 학부 성적은 이미 결정되어 있는 경우가 대부분이므로 결국 중요한 것은 LSAT와 토플에서 좋은 점수를 받는 것이다. 두 시험 모두 단기간의 공부로는 고득점을 하기 어려우므로 1년 또는 그 이상의 시간을 투자해야 한다.

토플과 LSAT 시험은 가능한 한 빨리 보는 것이 좋다. 토플의 경우에도 여유 있게 신청하지 않을 경우 지원자가 많으면 자신이 원하는 일자에 볼 수 없을 수도 있다. LSAT의 경우에도 12월 초보다는 10월 초에 응시해야 입학 원서 제출 기한에 쫓기지 않는다. 로스쿨 지원 마감은 보통 1월이나 2월 정도 되므로 12월이나 1월에는 지원 서류들을 발송해야 한다. 그런데 12월 초에 시험을 보면 성적 통보가 1월 하순경에야 나오므로 매우 촉박하다. 로스쿨의 경우에는 입학 원서를 먼저 제출하면 제출 순서에 따라 입학 여부를 그때그때 결정하기 때문에 합격 가능성도 훨씬 높아진다. J.D. 과정의 경우 10월 초 LSAT 시험에 응시하고 12월까지는 지원 원서가 학교에 도착하도록 하는 것이 바람직하다.

③ 자기 소개서 작성

LSAT, GPA, 토플 성적이 당락의 기본이 되는 것은 사실이지만 그 외에 자기소개서와 추천서도 중요한 역할을 한다. 자기소개서에는 대학 생활과 사회 활동, 로스쿨에 지원하는 목적과 동기, 포부 등이 담겨야 한다. 특히, 유명 로스쿨의 경우에는 지망 학생이 앞으로 사회적으로 중요한 역할을 할 사람인지, 전도 유망한 학생인지 여부를 중요한 기준으로 삼는다. 그렇기 때문에 성적도 중요하지만 사회 활동과 봉사활동도 성적 못지않게 큰 비중을 갖는다. 우리나라 학생들의 경우 로스쿨 지원 동기가 추상적이어서 밋밋한 인상을 주는 경우가 많다고 한다. 따라서 자신이 로스쿨에 진학하여 법률가로서 활동하고 싶은 구체적인 동기를 생생하게 나타내는 것이 필요하다. 이와 함께 지원하려고 하는 대학에서 선호하는 유형이 있다면 이를 고려하는 것도 바람직하다. 예일 로스쿨의 경우 교직 진출이나 공공 분야 지망생들을 선호하는 경향이 있다.

④ 추천서 작성

추천서는 대학 때의 은사나 직장 상사 등 지원자와 가까운 사이로서 지원자의 성품과 능력, 장래성 등에 대해 구체적인 내용을 작성해줄 수 있는 사람이 좋다. 추천서 작성자가 지원하려는 학교와 일정한 관계를 맺고 있는 사람이라면 더욱 좋다.

⑤ 지원 서류 발송

토플과 LSAT 점수가 나온 다음 학부 학점(GPA)을 종합해보면 자신이 지원할 수 있는 대학들이 떠오르게 된다. 지원서를 작성하는 것이 힘들지만 가능하면 많은 대학에 지원하는 것이 좋다. 자기 점수보다 조금 높다고 생각되는 대학 5개, 자기 점수면 되지 않겠나 싶은 곳 5개, 안정적으로 갈 수 있다고 생각되는 대학 5곳 등 15개 가량의 대학에 지원서를 보내는 것이 바람직하다. 지원 서류 제출 시 로스쿨 데이터 서비스(LSDAS : The Law School Data Assembly Service)를 활용하도록 요구하는 학교들이 많으므로 유의해야 한다.

3. 석사 과정(LL.M., M.S.L.) 지원 절차

LL.M.과 M.S.L.의 지원 요건은 비슷하다. 지원서, 자기 소개서, 추천서, 법과대학 성적표, 토플 성적표 등을 제출해야 한다. 이들 서류들의 작성 요령이나 준비 절차 등은 J.D.과정과 동일하다.

4. S.J.D. 과정 지원 절차

LL.M. 과정을 수료하면서 논문 지도교수와 논문 심사 교수로부터 S.J.D. 과정에 입학할 만하다는 잠정 허락을 받은 다음 비로소 지원을 위한 절차를 밟게 된다. 상세한 논문 작성 계획서를 작성하고, 학교 성적, 추천서, 자기 소개서, 연구 업적, 토플 성적 등을 첨부하여 학교에 제출해야 한다.

5. 객원 연구원 지원 절차

방문 학자, 객원 연구원의 경우에는 정해져 있는 지원 절차는 없다. 보통 자기 소개서와 연구 계획서를 제출한다. 추천서가 필수적이지는 않지만 자신의 연구 능력과 사회적 배경 등을 보증해줄 수 있는 교수나 직장 상사의 추천서는 큰 역할을 하기도 한다.

로스쿨에서의 공부

로스쿨 과정에서 좋은 열매를 얻기 위해서는 자기만의 노하우를 개발하는 것이 좋겠지만 다음 내용들도 참고가 될 수 있을 것이다.

1. 철저한 예습

모든 학과에 대해서는 예습을 철저히 해야 한다. 진도 예정표에 따라 교과서를 미리 읽어 가지 않으면 미국 학생들의 경우에도 수업을 따라가기가 쉽지 않다. 교수는 학생들이 교과서를 모두 읽어왔다는 것을 전제로 하여 문답식 또는 토론식으로 수업을 진행하기 때문이다. 한국 학생들의 경우에는 누구나 어느 정도의 언어 문제를 안고 있기 때문에 예습은 특히 중요하다. 예습만 철저히 한다면 큰 어려움 없이 수업 내용을 이해할 수 있게 된다.

2. 정리하는 습관

예습을 하면서 또는 수업 시간 종료 직후에는 그날의 수업 내용을 바로 정리해두는 습관을 들이는 것이 좋다. 중요 판례는 사실관계, 쟁점, 양 당사자의 주장, 판단 결과 등의 내용을 요약해둔다. 학기 중간 중간에 복습하기도 좋고 나중에 시험 공부하기도 편리하다. 미국 학생들 중에는 수업 현장에서 노트북 컴퓨터로 바로 정리해두는 사람도 많다.

3. 활발한 수업 참여

책을 읽어서 이해가 되었다고 생각되는 내용들도 다른 사람에게 설명하려면 잘되지 않는 경우가 많다. 가장 좋은 공부 방법은 남을 가르치는 것이라고 한다. 수업 시간에 활발하게 발표하면 그 과정에서 자기가 정말 이해를 하고 있는지 확인할 수 있고, 자신의 생각에 대한 다른 사람들의 의견을 들을 수도 있다. 담당 교수에게도 좋은 인상을 남길 수 있으므로 일석삼조가 된다.

4. 실무연습 과정 참여

실무수습은 무미건조한 법대 생활에 활력을 불어넣어준다. 교과서에서만 배우던 내용들을 실생활에서 직접 활용해볼 수 있다. 살아 있는 현장에서 법률 지식을 적용시켜 볼 수도 있고, 실제 운용절차를 배울 수도 있다. 관계자들과 머리를 맞대고 논쟁을 벌여야 될 경우도 많으므로 영어 실력도 비약적으로 향상되는 것을 느낄 수 있다.

5. 동아리 활동 참여

모든 법과대학에는 학회지 편집, 각종 사회 봉사활동 및 인권 보호 활동, 친목 단체 등 여러 가지 동아리들이 많다. 1년간의 LL.M. 과정에서는 수업 부담으로 동아리 활동을 하기 어렵겠지만 J.D. 과정이나 방문학자 과정 중에는 참여해볼 만하다. 동아리 활동 자체도 법률 공부와 무관하지 않기 때문에 배우는 것이 많은 데다가 학교 밖에서 미국 학생들과 어울려 지내면서 이들의 생활 문화도 알 수 있게 된다.

6. 컴퓨터, 영어 공부

컴퓨터와 영어는 도구에 불과하지만 알찬 유학 생활을 위해서는 반드시 익혀야 한다. 컴퓨터는 워드프로세서, 엑셀 등 기본 프로그램과 함께 LEXIS, Westlaw 등 데이터베이스, 인터넷 사용에도 익숙해져야 한다. 가장 큰 문제가 되는 영어 실력 향상에는 말 그대로 왕도가 없다. 읽기, 쓰기, 말하기, 듣기 등 4가지 분야 모두를 입체적으로 공부해야 한다. '읽기'야 수업 준비를 하다 보면 점차 익숙해지겠으나 '쓰기, 말하기, 듣기'는 어떻게 하면 좋을지 각자 처해 있는 입장에서 여러 아이디어들을 짜내야 한다.

7. 잡지, 신문 구독

미국에서 오래 살아 영어에 익숙해지더라도 미국 코미디 프로그램을 보고 웃을 수 있기 위해서는 매일매일 미국 신문을 보아야 한다. 미국 문화와 시사 내용들을 알지 못하면 말 뒤에 숨어 있는 참뜻을 이해할 수 없기 때문이다. 법률 공부를 하는 경우에도 아무리 법률 문구에 능통하다 하더라도 그 법조문이 만들어진 배경과 문제 상황을 모르고서는 그 법을 제대로 이해할 수 없다. 경제법 쪽에 관심이 있는 사람은 월스트리트 저널을 구독하는 것이 좋고, 그렇지 않으면 《뉴욕타임스》나 《워싱턴 포스트》, 《시카고 트리뷴》, 《유에스에이투데이》지 등을 꾸준히 보는 것이 좋다. 잡지도 마음에 드는 것을 정해서 계속 읽어나가면 생활의 윤활유 역할도 되고, 문화 지식도 얻을 수 있어 유용하다.

변호사 자격시험

1. 개요

미국에서 변호사로 활동하기 위해서는 변호사 자격시험(Bar Exam)에 합격해야 한다. 위스콘신 주에 한해서 그 주의 몇몇 우수 로스쿨을 졸업하면 별도의 시험 없이 위스콘신주의 변호사로 활동할 수 있다. 변호사 자격시험에 합격하면 우리나라의 사법연수원과 같은 별도의 교육 과정을 거치지 않고 바로 변호사로 활동할 수 있다. 그러나 검사나 판사의 경우에는 변호사 자격시험으로 바로 자격이 주어지는 것이 아니고, 연방과 주에 따라 별도로 정해진 자격과 절차를 갖추어야 한다. 변호사 자격시험은 각 주마다 별도로 치러진다. 변호사 활동은 시험에 합격하는 주에서 해야 한다.

2. 시험 내용

주마다 내용이 조금씩 다르지만 기본적으로는 변호사 윤리 시험, 기본법 객관식 시험, 주별 시험 등 3파트로 나뉘어진다.

변호사 윤리 시험(MPRE: Multistate Professional Responsibility Exam)은 50문항으로 구성된 객관식 시험으로 미국변호사협회의 법조윤리규정, 법관윤리규정과 함께 일부 연방민사소송법과 연방증거법 내용들이 포함된다. 일정 점수 이상만 취득하면 되고 합격한 이상 다른 시험 성적에 합산되지는 않는다. 뉴욕주에서는 100점 만점에서 85점 이상을, 캘리포니아주에서는 79점 이상을 요구하고 있다. 다른 시험을 치르기 위한 자격과 같이 되어 있으며, 1년에 3월, 8월, 11월 세 차례 실시되므로 졸업 이전에 시험을 치러두어야 한다.

기본법 객관식 시험(MBE: Multistate Bar Exam)은 1년에 두 번 2월과 7월 마지막 수요일에 실시된다. 헌법, 계약법, 형법, 연방증거법, 재산법, 불법행위법 분야에서 출제되는데 계약법과 불법행위법은 40문제씩, 나머지 과목은 30문제씩 출제된다. 오전 오후 3시간씩 6시간 동안에 총

200문제를 풀어야 한다.

각 주별 시험은 서술형 주관식과 객관식 방식 중 한 가지를 채택하거나 두 가지 방식 모두가 함께 출제되기도 한다. 뉴욕주의 경우에는 서술형 주관식과 객관식 모두가 출제되며, 캘리포니아주에서는 서술형 주관식만 출제된다. 각 주의 법에서 출제되며, MBE 성적과 함께 당락을 결정한다.

각 주별 시험 대신에 또는 병행하여 Multistate Essay Exam(MEE)을 치르기도 한다. 이 시험은 전국적인 시험위원회에서 주관하는데 Business Organizations, Conflict of Laws, Family law, Federal Civil Procedure, Commercial Transactions 그리고 Wills, Estates & Trusts 등 과목에서 6문제가 출제된다. 응시자는 각 문제당 30분씩 3시간에 걸쳐 문제를 풀어야 한다.

뉴욕주와 캘리포니아주를 비롯하여 32개 주에서는 관련 판례와 법조문, 법률문서를 가상의 사실관계와 함께 소책자 형태로 나누어준 다음 주어진 자료를 활용하여 가상 법률 문제를 해결하고 법률문서 형태로 답안을 작성하게 하는 실무평가시험(MPT: Multistate Performance Test)도 치른다.

3. 시험 준비

4월 초쯤 각 주의 변호사 시험 주관 부서에 신청하여 응시 원서를 받고, 필요한 서류를 구비하여 원서를 접수한다. 시험 준비를 위해 대부분의 응시생들은 Barbri라고 하는 입시 전문 학원에 등록한다. 이곳에서는 각 과목별 기본 교재와 함께 강의 녹음 테이프 또는 비디오 테이프와 함께 각종 시험 자료도 제공한다. 시험 공부는 Barbri에서 제공하는 기본 교재들을 충분히 익히고 기출 문제와 예상 문제를 반복적으로 풀어나가는 것이 기본이다. 공부를 하면서 각 과목별로 정리 노트를 만들어놓으면 최후의 순간에 마지막 점검을 하는 데 큰 도움이 된다.

4. 자격 취득 후 활동 분야

미국 변호사 자격을 취득하면 미국에서는 로펌, 일반 기업체, 컨설팅 회사, 금융 기관, 정부 기관, 국제 기구 등에 진출할 수 있다. 그리고 미국에서 몇 년간 실무 경험을 쌓고 귀국하면 중대형 로펌 변호사, 대기업체 사내 변호사, 통상 분야 전문 공무원, 대학 교수 등으로 활동할 수 있다. 물론 구체적인 진로는 각자의 경력과 적성에 따라 결정해야 한다.

미국 로스쿨에서 다루고 있는 이슈들이 무엇인지 알아보기 위해 예일 로스쿨의 2009~2010년도 학과목 전체를 살펴본다(ABC 순서).

1. 첫 학기 필수 과목

헌법(Constitutional Law), 계약법(Contracts), 소송절차법(Procedure), 불법행위(Torts)

2. 가을 학기 수업 내용

- **Access to Knowledge Practicum**

  국내외 지적재산권과 정보통신법, 그에 관한 조약과 정책의 개혁을 통해 사회 혁신과 분배 정의를 촉진시키는 방법에 대해 탐구한다.

- **Administrative Law**

  근대적 행정국가의 법적 기반과 실질적 기초에 대해 고찰하고 행정기구의 탄생, 정부의 정책결정 과정, 공무원의 손해배상 책임, 행정법의 집행 등의 주제에 대해 논의한다.

- **Advanced Advocacy for Children and Youth**

  고급 세미나 및 실무수습 과정. 아동학대 및 청소년 폭력 피해자들을 상담하고 친권상실 소송을 돕는다. 국가가 가정에 어느 정도까지 개입하는 것이 정당한지 고찰한다.

- **Advanced Civil Liberties and National Security Post - 9.11**

  2001년도 맨해튼에서 발생한 9.11 테러사건 이후 시민의 자유와 국가 안보를 어떻게 조화시키는 것이 바람직할지를 찾아가는 실습 과정이다.

- **Advanced Civil Procedure and Legal Ethics: Complex Civil Litigation**

  민사소송에서의 증거개시 제도, 주 및 연방법원의 관할, 화해, 법조윤리 문제 등을 사례 중심으로 고찰한다.

- Advanced Deals Workshop: Public Company M&A

  적대적 M&A, 차입매수(LBO, leveraged buyouts) 등 M&A 과정에서 발생하는 각종 실무적,
  법률적 쟁점에 대한 워크숍 과정이다.

- Advanced Domestic Violence Clinic

  가정폭력 문제를 해결하는 실무 클리닉 고급 과정이다.

- Advanced Environmental Law Seminar: U.S. and EU Approaches to
  Regulating Chemicals, Biotechnology, and Nanotechnology

  화학약품, 생명공학, 나노기술 규제 등을 둘러싼 환경법과 정책에 관한 미국과 EU의 접근방
  식의 차이점을 연구 검토한다.

- Advanced Immigration Legal Services

  정치적 망명사건에 직접 관여하면서 미국 이민법에 대한 연구를 병행한다.

- Advanced Legal Services for Immigrant Communities

  라틴 아메리카, 카리브해 연안 국가, 아프리카 서부 국가에서 미국으로 이주한 사람들의 공
  동체를 법적으로 지원하는 고급 실무수습 과정이다.

- Advanced Legal Research: Methods and Sources

  판례 검색, 컴퓨터를 활용한 연구, 헌법과 역사, 행정법, 국제법, 입법사 등 다양한 분야를 대
  상으로 한 법학 연구 방법론에 대해 배운다.

- Advanced Legal Writing

  법률 문서 작성 기술을 익히는 고급 과정이다.

- Advanced Topics in Comparative Law

  미국 외 다른 국가들의 법률 시스템, 제도, 전통, 실무관행 등을 이해하기 위한 세미나 과정
  으로 초청 교수들의 강의도 함께 이루어진다.

- Advanced Worker and Immigrant Rights Clinic

  노동자 및 이민자들의 권익을 보호하기 위한 실무수습 과정이다.

- Advocacy for Children and Youth

  아동학대 및 청소년 폭력 피해자들을 상담하고 친권상실 소송을 돕는 실무수습 및 세미나

고급 과정이다.

- Alternative Dispute Resolution

  소송 이외의 분쟁 해결 방법을 모색한다.

- Anglo - American Legal History: Directed Research

  논문 작성 과정으로 미국법에 관하여 교수와 학생이 연구 주제를 정하고 논문을 작성한다.

- Antitrust and Regulation: Research Seminar

  독점금지법의 현대적 이슈에 대한 연구 및 논문 작성 과정이다.

- Behavioral and Institutional Economics

  행동경제학과 제도학파 경제학에 대한 이해를 통해 심리학과 사회학을 포괄한 관점에서 경제 현상을 바라보는 한편 각종 경제 조직과 법률 등의 진화 과정을 고찰한다.

- Business Organizations

  경영진과 주주의 권리 및 책임을 주된 주제로 하여 회사법에 대해 연구한다.

- Capital Punishment Clinic

  1심에서 사형선고를 받고 상소심이 계속 중인 사건을 법률적으로 지원하는 실무수습 과정이다.

- Civil Liberties and National Security Post - 9.11

  9.11 테러사건 이후 전개된 정부 정책으로 인한 인권 침해 소송에 관여하는 실무수습 과정. 고홍주 교수를 비롯한 5명의 교수들이 지도한다.

- Community and Economic Development/Community Development Financial Institutions

  지역 빈민들의 자활을 법률적으로 돕는 실무수습 과정. 교수 및 실무 변호사의 지도를 받으며 지역 NGO와 함께 활동하기도 한다.

- Comparative Corporate Capitalism

  각국의 기업 지배구조를 비교하여 고찰하는 세미나 과정이다.

- Comparative Law

  미국법, 유럽대륙법, 중국법, 이슬람법을 비교하여 법과 질서의 유지방법, 민사 및 형사 소송 절차, 비즈니스와 은행 시스템, 복지 및 실업 제도 등의 차이에 대해 고찰한다.

- Complex Federal Litigation

  주 및 연방 감옥의 수감자들이 제기하는 인권 침해 소송을 지원하는 실무수습 과정이다.

- Convicting the Innocent

  무고한 사람이 유죄 판결을 받을 수 있는 가능성에 대해 검토하는 세미나 과정. 무리한 수
  사, 무성의한 변론, 엉터리 전문가들, 빈곤 등의 문제를 다룬다.

- Corporate Environmental Management and Strategy

  환경문제와 지속가능한 성장에 초점을 맞추어 기업의 경영 전략과 경영 시스템에 대해 고찰
  한다.

- Criminal Law and Administration

  형사책임의 조건, 주요 범죄의 기본 구성요건, 형사 처벌의 관할 등 형사 실체법의 주요 이슈
  들에 대해 고찰한다.

- Criminal Procedure I

  형사소송법의 기본 이론을 다루는 과정이다.

- Disability Rights and Disability Policy

  1990년도에 제정된 미국 장애인보호법을 중심으로, 장애인 차별금지의 헌법적 고찰, 장애
  인 보호를 위한 구체적 법률내용, 정책적 개선 방안 등에 대해 논의한다.

- Domestic Violence Clinic

  주로 이민 온 서민층 가정폭력 피해 여성을 대상으로 광범위한 법률적 지원을 제공하는 실
  무 수습 과정이다. 이민법, 가족법, 공공복지, 주택법 등을 바탕으로 가정폭력에 관한 법적,
  사회적, 정책적 이슈들을 다루게 된다.

- Education Adequacy Project

  공립학교의 학부모를 법적으로 대리하여 코네티컷주 공립학교의 재정 시스템 개혁을 추구
  하는 현장 실습 과정이다.

- Employment Discrimination Law

  직장에서의 성 차별과 인종 차별을 주제로 하는 강좌이다. 이론적, 사회적 배경과 함께 실제

소송 사례를 중심으로 강의가 진행된다.

- Employment Law

  미국 노동자들이 가지는 기본적 법적 권리에 대해 고찰한다. 작업환경의 안전기준, 연금과 건강보험, 노동자가 가지는 언론의 자유, 유전자·성격 검사와 마약 테스트의 적법성 여부, 차별 금지 조항, 실업 보험 등 각종 이슈에 대해 논의한다.

- Environmental Protection Clinic

  지역에서 발생한 실제 환경 문제를 다루는 실습 과정이다. 환경 단체, 정부 기관, 국제 환경 기구 관계자들과 함께 작업을 해나간다. 정책 대안을 마련하거나 입법 제안을 하며, 이를 위해 환경 청문회를 열기도 한다.

- Ethics and the Government Lawyer

  정부 법률가의 역할과 윤리에 대해 고찰한다. 검찰총장, 법무부 법률담당관, 연방 검사, 국무부 법률자문관, 군법무관으로서 활동하면서 발생할 수 있는 윤리 문제에 대해 논의한다.

- European Convention on Human Rights

  유럽 인권 규약과 이를 근거로 설치된 유럽 인권재판소에 대해 고찰한다. 개인이 직접 제소할 수 있는 유럽 인권재판소의 조직, 인권보호 절차, 인권 판례와 개별 국가의 법률질서에 미친 영향 등에 대해 검토한다.

- European Union: Public Law and Institutions

  유럽연합의 여러 기구 및 제도들의 형성 배경, 의사결정 과정, 법적 원칙, 유럽재판소의 역할 등에 대해 상세히 논의한다.

- Evidence

  연방증거법을 중심으로 민사 및 형사 소송에서 증거를 제출하는 방법을 배운다.

- Federal Courts in a Federal System

  오늘날 미국의 정치적 쟁점과 관련하여 중요한 역할을 하고 있는 연방법원에 대해 고찰한다. 연방정부와 주 정부 간의 권력 분산, 상호 관계, 연방법원의 조직과 역할 등에 관해 논의한다. 인종문제, 종교, 낙태, 생명의 시작과 끝, 양성 평등, 인디언 종족의 권리 등에 대해서도 토론을 벌인다.

- Federal Crimes

  조직범죄, 뇌물범죄, 포르노그래피, 우편 사기, 마약범죄, 자금 세탁, 탈세, 증권 범죄, 사법 방해죄, 증인회유·협박죄 등 연방범죄에 대해 다룬다. 판결 선고와 범죄수익 환수 절차도 살펴본다.

- Federal Income Taxation

  연방 세법에 대한 기본 과정이다. 세법의 기본 원칙과 소득세를 둘러싼 법적 쟁점들에 대해서도 살펴본다.

- Financial Accounting for Lawyers

  법률가를 위한 회계 기본 과정이다.

- The First Amendment

  미국 수정 헌법 제1조에 의해 보호되는 언론의 자유에 대해 고찰한다. 반정부적인 선동 연설, 언론의 자유와 국가 안보 사이의 갈등, 인종 차별적인 연설, 음란물 문제, 선거자금의 규제, 인터넷과 방송 규제, 언론과 결사의 자유 등이 쟁점으로 등장한다.

- Groups, Diversity, and Law

  소수 인종 문제를 중점적으로 다루는 세미나 과정이다. 소수 인종 우대 정책(Affirmative Action), 정치적 대표의 문제, 언어 사용 권리, 주거지 차별 철폐, 이민법, 종교, 선거권 등이 주요 논점이다.

- Human Rights Workshop: Current Issues and Events

  인권 관련 최신 논문들에 대해 논의하는 한편 외부 연사의 강연도 이루어지는 워크숍 형태의 수업이다.

- Immigration, Citizenship, Secularization, and Antidiscrimination Policies and Laws

  미국, 프랑스, 유럽, 독일의 이민 정책, 국적 정책, 차별 철폐 정책 등을 비교법적 관점에서 논의하는 세미나 과정이다.

- Immigration Legal Services

  망명을 원하는 사람들을 법률적으로 지원하는 실습과정이다. 수업과 실습이 병행되며, 수

업 시간에는 관련 실체법과 절차법, 변론기법 등을 배운다. 실무수습도 지도교수의 엄격한
감독 아래 이루어진다.

- Incentives vs. Commitments

  행동심리학과 행동경제학에 대한 세미나 과정이다.

- International Criminal Court: Prospects for Global Justice

  2002년에 설립된 국제형사재판소의 활동 내용, 초기 채택한 재판 원칙들, 집단적 갈등과 관
  련된 재판소 활동의 성과 등을 살펴보며 국제적 형사재판의 장점과 한계점에 대해 논의한다.

- International Investment Law I

  국제적 투자가 증가함에 따라 분쟁도 증가하고 있다. 분쟁 해결과 관련된 국제법과 절차, 정
  책 이슈에 대해 고찰한다.

- International Law and Armed Conflicts

  국가는 언제 합법적으로 무력을 사용할 수 있는지, 무력 분쟁 과정에서 적용되는 법의 내
  용, 국제적 범죄에 대해 어떤 형사적 제재를 가할 수 있는지에 대해 논의한다.

- Islamic Law and Ethics

  이슬람 법과 윤리에 대해 논의하는 기본 과정이다

- Landlord/Tenant Law

  세들어 살고 있는 집에서 쫓겨날 위기에 있는 지역 빈민들을 위한 법률봉사 실무수습 과목
  이다. 상담, 소송, 협상과 중재 등 변론기법을 연마하며 관련 실체법과 절차법, 윤리적 문제
  등도 고찰한다. 담당 교수들의 엄격한 지도 감독 하에 이루어진다.

- Law and Globalization

  세계화가 진전되면서 발전한 새로운 법과 실무 관행, 법률 시스템 등에 대해 고찰한다. 7명
  내외의 외부 강사가 참여하여 그들 분야에서 이루어지는 변화하는 모습에 대해 이야기한다.

- Law and Prosperity: Seminar

  어떤 개인, 민족, 사회, 국가가 더 발전하는가? 법, 제도, 역사, 문화, 탄생 순서, 생활사 등 여
  러 관점을 통해 그 해답에 대해 고찰해본다.

- Law and the Reactive Attitudes

  비난, 분노, 원한과 같은 반응이 처벌, 책임, 계약파기 등의 법과 어떻게 연결되는지, 의무에 대한 일반 의식이 책임 이행을 요구하는 권위와 어떤 상관관계를 가지고 있는지 살펴보면서 법과 관행에 대한 이해를 넓힌다.

- Law, Economics, and Organization

  법, 경제, 조직 등 여러 학문 간의 대화를 통한 세미나 과정이다. 다른 대학의 분야별 전문 교수들이 연사로 참석한다.

- Laws of War

  무력 분쟁에 관한 국제법에 대해 고찰한다.

- Lawyering Ethics Clinic

  변호사 윤리 위반 사건에 대한 코네티컷주 감사담당관실의 징계 절차에 참여하는 실무수습 과정이다. 학생들은 실제 징계사건을 놓고 관련 증인 인터뷰, 서류 증거 수집, 법적 쟁점 검토, 징계절차 전 요약서 작성, 최종 의견서 제출, 징계 수위 결정에 대한 협의 과정 등에 참여하게 된다. 지도교수의 엄격한 지도 아래 수습 절차가 진행된다.

- Legal Assistance

  지역 법률 구조 단체와 함께 지역 빈민들을 법률적으로 돕는 실무수습 과정이다. 매주 8~12시간 정도 봉사하며 강의에도 참석한다. 주택 임대차 문제, 소비자보호 문제, 사회 복지, 가정 문제 등을 다룬다. 면접, 상담, 협상, 서면 작성, 변론 기술 등에 대해서도 익힌다.

- Legal Issues in Corporate Finance

  회사의 자금 조달을 둘러싼 회사와 투자자 간의 관계에 대해 고찰한다.

- Legal Practicum

  여름방학의 로펌 연수 및 각종 봉사활동 등을 통해 얻은 자신의 경험을 소재로 법률 제도에 대한 자신의 견해를 정리하여 논문을 작성하는 과정이다.

- Legislative Advocacy Clinic

  코네티컷주 의회의 입법과정에 참여하는 실무수습 과정이다. 쟁점 이슈를 찾아내서 법안을 만들고 그 법안이 제정될 수 있도록 노력한다. 최근에는 공공 교육, 청소년 범죄, 건강 및 재정 정책 등이 주요 이슈로 등장하고 있다.

- **LGBT Rights Litigation**

  지역 시민단체들과 함께 레즈비언(Lesbian), 게이(Gay), 양성애자(Bisexual), 성전환자(transsexual)의 권리를 보호하기 위해 법률 문제를 검토하고 각종 의견서 작성하는 일을 돕는다. 고용 차별, 혼인상 평등, 학생의 권리, 종교단체와 공공기관에서의 차별, 에이즈 환자에 대한 차별 문제 등을 다루게 된다.

- **Liman Public Interest Workshop: Detention**

  형사 피의자와 피고인, 불법이민자, 정신질환자, 비행 청소년 등 여러 상황으로 구금된 사람들과 관련하여 비교법적 관점에서 고찰하는 세미나 과정이다. 구금제도가 탄생한 이유, 구금의 조건, 소속 사회와 가정, 개인에 미치는 영향, 안전과 복지를 고려한 대체 방안 등에 대해 논의한다.

- **Local Government in Action: Workshop on Affirmative Litigation in the City of San Francisco**

  지방자치단체를 위해 일하는 변호사들의 업무에 관한 이해를 넓힌다. 민주주의 아래 지방자치 단체가 무슨 일을 해야 하며, 어떤 소송을 수행하게 되는지 논의한다. 샌프란시스코 법무담당관실 변호사들과 함께 실제 사례를 다루기도 한다.

- **Lowenstein International Human Rights Clinic**

  다양한 인권 관련 프로젝트에 참여하는 실무수습 프로그램. 인권의 이론과 실무적 측면을 배우며 인권변호사로서 효과적으로 활동하기 위한 기술도 연마한다.

- **Military Justice**

  군사재판 제도의 기본 시스템에 대해 이해하고 외국과의 비교를 통해 바람직한 발전 방향에 대해서도 논의한다.

- **Natural Resources Law**

  천연 자원의 획득과 규율에 관한 법제도에 관해 논의한다. 물, 숲, 농토, 광물, 야생동물 등에 관한 주제를 다룬다.

- Nonprofit Organizations Clinic

  비영리 시민단체의 설립과 세금 문제 등 각종 법률적 지원 활동을 수행하는 실무수습 과정이다.

- The Origins of "Public" and "Private"

  공공 부문과 사적 영역의 역사적 기원에 대해 고찰한다. 18세기 미국에서는 그 구분이 모호하였다. 처와 아이들, 노예는 투표권을 가지지 못했으며 집의 가장만이 투표권을 행사했다. 공무원들은 그들 서비스의 대가로 수수료를 징수하기도 했다. 형사소송제도는 사적인 복수에서 공적인 재판제도로 발전하였다. 역사적으로 사적 영역과 공공 부문이 어떻게 분화되고 발전되어왔는지 논의한다.

- The Philosophy of the Rule of Law

  미국에서의 '법의 지배' 원칙은 권력 분립, 연방주의, 보통법 체계 등을 의미한다. 선례를 중시하는 판례법 체계를 중심으로 한 법률 체계의 철학적 배경과 정치적 시스템에 대해 고찰한다.

- Political Theology

  현대적 정치 이론의 방법론과 실질에 대해 토론하는 세미나 과정이다.

- Professional Responsibility and the Legal Profession

  법률가로서의 직업윤리와 전문직업 수행 방법 등에 대해 논의한다. 여러 분야와 관련된 실무 작업, 여러 주에 걸친 개업 활동에 대한 제한, 법률구조 활동 자금 마련, 변호사 전문화의 장점과 위험성, 새로운 과학기술의 활용법, 변호사의 열악한 삶의 질 향상 문제 등에 대해 논의한다.

- Property

  재산권의 연원으로부터 시작하여 취득, 이전, 몰수, 제한 등에 대한 법률 관계를 고찰한다.

- Property and Identity: The Case of "Race" and "Space"

  미국 역사를 통해 주거지 소유권과 인종문제에 대한 법률 규범에 관하여 고찰한다. 인종 외에 종교적, 정치적, 그 밖에 다른 정체성과 주거지역 문제에 대해서도 논의한다.

- Property, Social Justice, and the Environment

  재산권 행사와 환경문제, 사회정의 문제 등에 대해 고찰한다. 지역사회 개발과 환경 보호 문제, 숲과 천연 자원에 대한 지역 공동체의 소유권 문제, 지적재산권의 확장이 후진국에 미치는 영향 등 여러 관련 주제들에 대해 토론한다.

- Prosecution Externship

  검찰 업무 실무수습 과정으로 주 검찰청 또는 연방 검찰청에서 실무수습 과정을 거친다. 교도소 및 경찰서 방문 기회도 주어진다.

- Public Order of the World Community: A Contemporary International Law I

  국제법에서의 각종 쟁점들에 대해 논의한다. 국가, 국제조직, 압력 단체, 다국적 기업, 사적 조직체, 사적 무장단체와 폭력조직, 개인 등 국제법 형성에 관여하는 여러 주체들에 대해 고찰한다.

- Quantitative Corporate Finance

  기업회계와 경제학에 대해 배우며 회계 관련 컴퓨터 프로그램도 익힌다.

- Regulating Love, Sex, and Marriage: Seminar

  동성애, 동성 결혼, 결혼제도 등을 둘러싼 각종 현대적 이슈에 대해 논의하는 세미나 과정이다.

- Remedies

  징벌적 손해배상, 금지명령, 원상회복 등 손해를 구제하는 다양한 방법에 대해 논의한다.

- Research Methods in American Law

  주 및 연방 판례, 입법례, 행정 법규 및 2차적 자료 등을 검색하고 연구하는 방법론을 배우는 과목이다.

- Rights in Comparative Perspectives

  인권의 역사적 기원, 법적 분석, 구조 등에 대해 비교법적으로 고찰한다. 표현의 자유, 인간의 존엄성, 사회적, 경제적, 문화적 인권 개념에 대해서도 논의한다.

- The Role of a Judge in a Democratic Society

  민주주의 사회에서의 대법원 또는 헌법재판소의 역할에 대해 비교법적으로 고찰한다. 법과 사회의 괴리 현상을 메우고 헌법과 민주주의를 지키기 위한 법관의 역할에 대해 논의한다. 테러와의 전쟁에 있어 법관의 역할에 대해서도 생각해본다.

• Secured Transactions

미국 통일상법전 제9편에 의해 규율되는 담보부 거래와 자산 증권화 등의 기본 구조와 목적, 각종 이슈 등에 대해 논의한다.

• Securities Regulation

증권의 발행, 증권사기, 내부자거래, 투자회사, 금융감독 시스템 등 증권거래 관련 전반적인 법규에 대해 배운다.

• Sentencing

형사 처벌을 둘러싼 각종 쟁점에 대해 논의한다. 권고적 양형기준제도 아래서 법관의 재량을 얼마나 인정할 수 있는지, 인종과 계층, 성별이 판결에 미치는 영향은 어떠한지, 비례와 형평의 원칙 등에 대해 검토한다.

• Six Books on Law, Religion, and Culture

법과 종교에 관한 책 6권을 읽고 토론하는 과정이다. 미국 사회의 발전 과정에서 세속과 종교의 역할에 대해 다룬 '크리스마스를 위한 전투', 마녀 재판을 파헤친 '세일럼 마녀 재판', 나이지리아 출신 노벨문학상 작가가 나이지리아 식민지 당국의 정책과 부족 마을 관습과의 충돌을 그린 '죽음과 왕의 마부' 등이 교재로 채택된 책자들이다.

• Specialized Legal Research in Foreign and International Law

미국을 비롯한 여러 국가 및 주요 국제조직과 관련된 국제법들을 찾아 검토한다.

• Supreme Court Advocacy

대법원의 판결이 어떻게 결정되는지, 변호사들의 변론 방법은 어떠한지 세미나를 거친 후 실제 사례에 참여하는 실무수습 과정이다.

• Topics in Advanced Constitutional Law

교수직을 원하는 학생들을 위한 헌법 세미나 강좌이다. 1년간의 세미나 과정 후반부에는 수준 높은 논문을 작성하여 세미나에서 발표해야 한다.

- Topics in Behavioral Law and Economics

  법률, 인간행동, 경제학의 교차점에 서서 불확실한 상황에서의 인간의 행동, 사회와 동료에 의한 압박, 차별 문제, 사법적 행동 등 여러 쟁점들을 살펴본다.

- Topics in Intellectual Property Law: Trade Secrets

  불법 기술유출과 관련된 판례들을 중심으로 하여 기술유출 문제와 지적재산권 보호와 관련된 주요 이슈들을 고찰한다.

- Trusts and Estates

  유산 상속, 증여, 재산 신탁 등에 관한 강좌이다.

- The Two Bibles and Injustice: Seminar

  구약과 신약에서 바라보는 정의와 불의의 문제, 범죄에 대한 응보와 용서의 문제에 대해 살펴본다. 유대교의 성서와 기독교의 성서 중 발췌된 부분을 비교하여 읽고 토의한다.

- Worker and Immigrant Rights Advocacy Clinic

  노동자와 이민자의 권리와 관련된 실무수습 클리닉 과정이다.

- Workshop on Chinese Legal Reform

  중국 법제도의 현대적 발전 과정에 대해 논의하는 워크숍 과정이다. 미국 내 다른 대학의 교수들과 중국에서 방문한 교수들이 워크숍에서 논문을 발표하고 현안 과제들에 대해 토론을 벌인다.

3. 봄 학기 수업 내용

- Access to Knowledge Practicum

  국내외 지적재산권과 정보통신법, 그에 관한 조약과 정책의 개혁을 통해 사회 혁신과 분배 정의를 촉진시키는 방법에 대해 탐구한다.

- Administrative Law

  뉴딜 정책 이후 발전된 행정 시스템을 중심으로 행정기구법, 행정절차법, 행정소송법 등에 대해 고찰한다.

- Administrative State: Seminar

  정부기구의 활동과 법적 근거를 중심으로 논의하는 세미나 과정이다.

- Advanced Advocacy for Children and Youth

  아동학대 및 청소년 폭력 피해자들을 상담하고 친권상실 소송을 돕는 고급 실무수습 과정
  이다.

- Advanced Civil Liberties and National Security Post - 9.11

  9.11 테러사건 이후 시민의 자유와 국가 안보를 어떻게 조화시키는 것이 바람직할지를 찾아
  가는 실습 과정이다.

- Advanced Civil Litigation

  재판 실습 과정을 마친 학생들이 참여할 수 있는 실무수습 과정이다.

- Advanced Domestic Violence Clinic

  가정폭력 실습 과정을 마친 학생들이 참여할 수 있는 실무수습 과정이다.

- Advanced Immigration Legal Services

  이민자들을 위한 실습 과정을 마친 학생들이 참여할 수 있는 실무수습 과정이다.

- Advanced Legal Research: Methods and Sources

  판례 및 재판 규칙, 사례 찾기, 행정법, 국제법, 입법례, 법률안 등 여러 분야를 대상으로 한
  법학 연구 방법론에 대해 배운다.

- Advanced Legal Writing

  법률 문서 작성 고급 기법에 대해 배운다.

- Advanced Worker and Immigrant Rights Clinic

  노동자와 이민자의 권리에 관한 실무수습 과정이다.

- Advocacy for Children and Youth

  고급 세미나 및 실무수습 과정. 아동학대 및 청소년 폭력 피해자들을 상담하고 친권상실 소
  송을 돕는다.

- American Legal History

  미국 식민시대로부터 20세기 초까지 형성된 미국법의 역사에 대해 고찰한다. 연방제도, 노

예제도, 재산법, 헌법의 형성, 지적재산권의 형성, 여성의 권리, 회사법 등의 발전과 근대 규제국가의 탄생에 대해 살펴본다.

- Antitrust
  독점금지법을 법적 관점과 경제적 관점에서 고찰한다.

- Bankruptcy
  파산법의 목적과 효용성, 관련 판례 등에 대해 논의하고 정책적, 경제학적 관점에서도 고찰한다.

- Business Organizations 1
  회사법에 대한 기본 과정이다.

- Business Organizations 2
  경영자와 주주 간의 이해관계를 어떻게 조절할 것인가, 회사 경영 관계에 초점을 맞추어 회사법을 고찰한다.

- Capital Markets and Financial Instruments Regulation Clinic
  기업 지배구조와 자본 시장과 관련된 각종 규제에 대해 고찰한 후 관련 기관에 검토 의견을 제시하는 실무수습 과정이다.

- Capital Punishment Clinic
  1심에서 사형선고를 받고 상소심이 계속 중인 사건을 법률적으로 지원하는 실무수습 과정이다. 코네티컷주 퍼블릭 디펜더 센터의 사형수 재판 담당팀과 함께 업무를 수행한다.

- Capital Punishment: Race, Poverty, and Disadvantage
  사형선고에 있어 인종과 빈곤의 문제에 대해 살펴본다. 형사재판에서의 인종 차별 문제, 검사의 재량, 재판의 독립, 정신장애 문제, 변호인을 선임할 권리 등에 대해 논의한다.

- Choice of Law: Theory and Practice
  법의 선택 문제에 대해 논의하는 세미나 과정이다.

- Civil Liberties and National Security Post - 9.11
  9.11 테러사건 이후 전개되는 정부 정책으로 인한 인권 침해 소송에 관여하는 실무수습 과정이다.

- Colloquium on Contemporary Issues in Law and Business

  기업 지배구조와 금융을 주제로 하여, 대학교수, 기업 전문 변호사, 기업인, 투자기관 관계자, 판사, 규제 관련 공무원 등 다양한 전문가들이 강연을 실시하며 이를 통해 비즈니스법의 실제 모습을 이해한다.

- Commercial Transactions

  미국 통일상법전에 의한 상거래 관련 기본 과정이다.

- Community and Economic Development/Community Development Financial Institutions

  지역 빈민들의 자활을 법률적으로 돕는 실무수습 과정. 교수 및 실무 변호사의 지도를 받으며 지역 NGO , 뉴헤이븐시, 지역 내 중소기업, 지역발전 은행 등을 대리하여 활동한다. 부동산 금융, 빈민 주택 정책, 금융법, 도시 개발 정책, 소액대출제도 등을 다루게 된다.

- Comparative Sentencing Law: Research Seminar

  세계 각국의 형사재판 절차와 관행에 대해 논의하는 세미나 과정. 미국 외에 영국, 캐나다, 오스트레일리아, 스코틀랜드, 프랑스, 독일, 이탈리아, 이스라엘, 남아프리카, 일본, 중국의 제도에 대해 살펴본다.

- The Constitution: Philosophy, History, and Law

  미국 헌법의 성립과 이후의 변천사에 대해 살펴본다. 남북 전쟁, 대공황, 1960년대 시민권 운동 등 결정적인 역사적 상황에서 헌법이 어떻게 변화하였는지 고찰한다. 각 역사적 단계에서 헌법의 역할은 어떠했는지 본다.

- Constitutional Litigation Seminar

  연방 항소심과 대법원의 헌법 재판 실무와 관련된 각종 쟁점에 관하여 논의하는 세미나 과정이다. 학생들은 2개 사례를 택해 의견서를 작성해야 한다.

- Constitutions and the Environment

  헌법과 환경보호, 천연자원 보호 등의 관계에 대해 논의한다. 강의 수강, 프리젠테이션 발표, 연구 논문 발표 등이 함께 이루어진다.

- Contemporary Legal Issues in Africa

  아프리카와 관련된 국제법을 주제로 하는 독서 토론 과정이다. 학생들은 아프리카의 특정 지역을 배정받아 그 지역의 주요 이슈에 대해 정리하여 발표한다.

- Contracts, Markets, and Social Unity

  시장과 계약이 사회를 어떻게 통합하는지 살펴본다. 법, 철학, 사회학, 경제학, 역사학적 관점에서 고찰하며 논문을 작성해야 한다.

- Corporate Taxation

  회사와 관련된 세법에 대해 전반적으로 살펴본다. 정책과 실무적인 관점에서, 대기업과 중소기업, 회사와 개인, 경영자와 회사 주주, 흑자 기업과 적자 기업, 탈세자와 정부 간의 갈등 관계에 대해 고찰한다.

- Corruption, Economic Development, and Democracy

  부패문제가 경제발전과 민주주의 성립에 미치는 영향에 대해 고찰하는 세미나 과정이다.

- Criminal Law and Administration

  형법 총론과 각론 강좌이다. 살인, 강간, 고의에 관한 문제, 형법과 관련되는 헌법적 원칙, 심신 상실 문제 등을 다룬다.

- Criminal Procedure: Pretrial and Trial

  수사와 재판 관련 형사소송법에 대해 살펴본다. 용의자와 증인 조사, 보석, 대배심 절차, 변호인의 조력을 받을 권리, 배심 재판을 받을 권리, 증거개시제도, 범죄 인부, 이중 위험 금지의 원칙, 기타 각종 재판 절차 등에 관해 논의한다.

- Criminal Procedure: Research Seminar

  형사소송법에 관한 논문 작성을 목표로 하는 세미나 과정이다.

- Democracy and Distribution

  민주주의와 분배 문제의 연관성에 대해 고찰한다.

- Domestic Violence Clinic

  주로 이민 온 서민층 가정폭력 피해 여성을 대상으로 광범위한 법률적 지원을 제공하는 실무 수습 과정이다. 학생들은 지역 시민단체와 함께 일하게 되며 지역 주민들이 자신의 권리를 찾을 수 있도록 도와준다. 법정에 직접 출석하기도 한다.

- The Education Adequacy Project

지역 내 학교 이사회, 자치단체, 학교 노조, NGO, 학부모회 등으로 구성된 '올바른 교육기금 운용을 위한 연대'를 위해 활동하며 코네티컷주 공립학교의 재정 시스템 개혁을 추구하는 현장 실습 과정이다.

- Education and the Law

교육과 관련된 각종 법규에 대해 고찰한다. 무엇을 가르칠 것인가, 누가 가르칠 것인가, 학생들이 학교에서 기도를 드릴 수 있는가, 학생들의 의견 개진권, 학생 징계절차, 소수 인종, 소수 종교, 장애 학생 등을 위한 특수교육 문제 등에 관해 논의한다.

- Empirical Law and Economics

법과 공공정책에 활용하기 위해 각종 경제적 통계를 활용하는 방법에 대해 논의한다. 각종 학문적 논쟁의 경제적 이해관계에 대해서도 고찰한다.

- Entrepreneurship, Private Vehicles, and the Global Growth of Wealth

세계화 시대에 '기업가 정신'과 '과학기술 혁신'은 경제성장에 핵심적인 요소이다. 이에 영향을 미치는 기업 형태와 자본 조달 시스템에 대해 고찰한다. 각종 기업 형태의 재정 시스템과 법적 장치, 자산 평가 방법, 경쟁 전략, 초국가적 법과 세계 질서에 미치는 영향 등에 대해 논의한다.

- Environmental Law and Policy

현행 환경규제법에 대하여 고찰한 후, 환경문제에 접근하는 새로운 시각에 대해 논의한다. 지역, 국가, 전 지구적 관점에서 환경 문제를 새롭게 바라본다.

- Environmental Protection Clinic

환경과 관련된 법률 제정이나 현안 해결 등에 관하여 토론하는 세미나 과정으로 학생들은 학기말에 법률 제정안 초안이나 정책 제안서 등을 제출해야 한다.

- Ethics in Literature

문학작품 속에 나타난 윤리적 딜레마 상황을 놓고 전문 직업인으로서의 윤리문제에 대해 토론하는 세미나 과정이다.

- Evidence

  미국 증거법 기본 과정으로 증거법의 인식론적, 도덕적, 경제적 기반에 대해서 살펴본다.

- Executive Compensation

  봉급, 스톡옵션을 비롯한 기업 경영인에 대한 각종 보상과 관련된 회사법과 세법, 증권거래
  법, 기업 지배구조 등에 대해 살펴본다.

- Family Law

  가족과 관련된 법과 정책에 대해 고찰한다. 헌법상 프라이버시, 결혼과 이혼, 부모와 자녀와
  의 관계, 가정 폭력, 동성 결혼 등에 대해서도 논의한다.

- Federal Courts

  연방주의, 권력분립, 자유민주주의의 관점에서 연방법원에 대해 고찰한다. 다른 연방 기관
  과의 관계, 위헌법률심사권, 주 법원과의 관계, 연방법원의 관할문제, 연방 보통법, 국제법의
  해석과 적용 문제 등에 대해서도 논의한다.

- Federal Income Taxation

  연방 세법에 대한 기본 과정이다. 세법을 정독하며 기본 원칙과 정책 분석에 대해서도 살펴
  본다.

- History of the Common Law: Procedure and Institutions

  영미법에서 기원한 배심재판 제도를 비롯하여 영미의 민사재판과 형사재판 제도의 연원에
  대하여 살펴본다.

- Human Rights Workshop: Current Issues and Events

  인권 관련 최신 논문들에 대해 논의하며 외부 연사의 강연도 듣는다. 참석 학생들은 리포트
  를 제출해야 한다.

- Immigration Legal Services

  망명을 원하는 사람들을 법률적으로 지원하는 실습과정이다. 수업과 실습이 병행되며, 수
  업 시간에는 관련 실체법과 절차법, 변론기법 등을 배운다.

- The Information Society

  인터넷을 비롯한 새로운 정보통신 기술이 시민의 자유, 민주주의, 민주적 문화에 미치는 영

향에 대해 논의한다. ① 인터넷상에서의 언론의 자유, ② 가상 세계를 규율하는 법규범, ③ 인터넷이 정치와 언론에 미치는 영향, ④ 오픈 소스 운동과 정보 생산물 관련 정치경제학, ⑤ 지적재산권, 언론의 자유, 새로운 사업 모델 간에 발생하는 갈등 상황, ⑥ 정보에 대한 접근권과 국제적 지적재산권, ⑦ 통제와 감시 수단으로 활용되는 새로운 정보기술 등에 대해 고찰한다.

- **International Business Transactions**

  국제 상거래에 대한 기본 과정이다. 라틴 아메리카, 아시아, 구 소련 국가, 중동 지역과 관련된 사례들에 대한 연구도 진행된다. 시장, 민주주의, 문화의 상관관계에 대해서도 살펴본다.

- **International Commercial Arbitration**

  국제상사중재 관련 법규와 실제 사례들에 대해 고찰한다.

- **International Criminal Law**

  국제형법과 국제형사재판소에 대해 고찰한다. 집단학살, 전쟁범죄, 인간존엄성을 해치는 범죄, 침략범죄에 대해 상세히 살펴본다. 국제형사재판의 목적과 근거와 함께 국제형사재판의 절차와 증거법에 대해서도 논의한다.

- **International Human Rights: Law and Policy**

  국제 인권과 관련된 법, 정책, 이론, 관련 기구, 실무 관행 등에 대한 기본 과정이다. 고홍주 교수가 맡은 강좌이다.

- **Introduction to Microeconomic Theory for Law Students**

  법학도를 위한 미시경제학 기본 강좌이다.

- **Judges and Judging**

  법관의 역할, 판결에 이르는 의사결정 과정, 사법부와 정치권력과의 관계, 사법 판단의 본질, 법관 윤리 등에 대해 고찰한다. 법적 관점뿐만 아니라 역사적 관점, 비교법적 관점, 철학적 관점에서 살펴본다.

- **Landlord/Tenant Legal Services**

  세들어 사는 집에서 쫓겨날 위기에 있는 지역 빈민들을 법률적으로 돕는 실무수습 과정이다.

- Land Transactions

  건물 신축과 양도, 부동산 금융을 둘러싼 각종 제도와 운용에 대해 고찰한다.

- Law, Economics, and Organization

  법, 경제, 조직 등 여러 학문 간의 대화를 통한 세미나 과정이다. 주제는 일반적인 법률 문제
  로부터 사회과학 관련 이슈 등이 다양하게 채택된다.

- Law, Institutions, and Development in Early America

  법률가, 개발 전문가, 법학자들은 경제발전을 위해서는 법적 시스템이 정비되어야 한다고 강
  조한다. 미국의 헌법, 재산권제도, 금융회계 시스템을 예로 든다. 미국의 초기 경제발전 단
  계를 연구 대상으로 설정하여 경제발전을 위한 법과 제도의 역할에 대해 세밀하게 검토해보
  는 세미나 과정이다.

- Law and Globalization

  세계화에 따라 새로운 법과 관행이 정립되고 기존 법질서도 변화하게 된다. 올해의 법과 세
  계화 세미나에서는'다국적 기업의 윤리경영'에 초점을 맞춘다. 인권보장과 환경보호가 한 예
  가 될 수 있다. 강연과 함께 엄선된 자료들을 읽고 토론도 벌인다.

- Law and History

  법적 절차는 주어진 프로세스를 통해 진실을 찾아가는 과정이다. 이와 같은 법률적 방법론
  을 활용해서 특정한 역사적 사건을 대상으로 역사적 진실을 추적해보는 과정이다.

- Law and Psychology: Wrongful Convictions

  잘못 내려진 유죄 판결을 대상으로 그 이유를 심리학적 관점에서 추적해본다. 증인의 범죄
  인 지목 과정, 사건에 대한 증인의 기억, 수사기관의 조사 과정, 배심원들의 의사 결정 과정
  등을 심리학적 관점에서 고찰한다.

- The Law and Regulation of Banks and Other Financial Intermediaries

  은행을 비롯하여 헤지펀드, 투자은행, 사모펀드 등 각종 금융기관을 규율하는 법과 규정에
  대해 고찰한다.

- The Law of Climate Change

  기후변화와 관련하여 정책 방향, 규제 대상 및 방법, 규제 법규의 내용 등에 대해 논의한다.

한편 장기적으로 기후변화가 우리의 법과 생활을 어떻게 변화시킬 것인지에 대해서도 예측해본다.

- The Law of Democracy

  미국 정치를 규율하는 각종 법제도에 대해 고찰한다. 미국의 정치제도, 민주주의 절차, 현대 정치, 선거권법, 정당에 대한 규율, 직접 민주주의, 대안 선거 제도 등에 대해서도 검토한다.

- Legal Assistance

  지역 빈민들을 법률적으로 돕는 실무수습 과정이다.

- Legal Services for Immigrant Communities

  미국으로 이주한 사람들의 공동체를 법적으로 지원하는 실무수습 과정이다. 이민법, 노동법, 복지제도, 가족법, 담보부 주택문제, 세입자 문제, 소비자 사기 문제 등을 다루게 된다.

- Legislation

  1964년도에 제정된 민권법(Civil Right Act)에 대한 사례 연구를 통하여 입법 절차에 관하여 다각도로 고찰한다.

- Legislative Advocacy Clinic

  코네티컷주 의회의 입법과정에 참여하는 실무수습 과정이다. 쟁점 이슈를 찾아내어 법안 초안을 작성한 후 그 법안이 제정될 수 있도록 의회 의원을 만나 설명하고, 설득을 위해 필요한 증인을 찾아내고, 의회 위원회 진행상황을 모니터링한다.

- Local Government in Action: Workshop on Affirmative Litigation in the City of San Francisco

  지방자치단체를 위해 일하는 변호사들의 업무에 관한 이해를 넓힌다.

- Lowenstein International Human Rights Clinic

  인권 관련 프로젝트에 참여하는 실무수습 프로그램이다.

- Media Law

  전통적인 언론의 가치와 언론의 자유가 세계화, 국가안보, 인터넷과 만났을 때 어떻게 적용될 수 있는지 고찰한다.

- Native American Law

  미국 원주민들에 대응하여 어떤 법제도가 생겨났는지 고찰한다. 원주민 동화정책과 몰살정책과 관련된 법의 역할에 대해서도 논의한다.

- Nonprofit Organizations Clinic

  비영리 시민단체의 설립과 운영, 세금 문제 등을 법률적으로 지원하는 실무수습 과정이다.

- Partnership Taxation

  합명회사, 합자회사 등 각종 동업적 관계의 회사와 관련된 세법에 대해 고찰한다.

- Patent Law

  특허법 및 관련 정책에 대한 일반 과정이다.

- Prison Legal Services

  교도소에 수감되어 있는 수형자들에게 법적 조언을 해주는 클리닉 과정이다. 수형자의 권리와 실무 사례를 중심으로 세미나도 이루어지며, 수형자와의 면담, 조사, 법률 문언 작성 등을 담당한다. 실무 변호사의 감독 아래 법정에 출석하거나 행정 청문 절차에 참여하기도 한다.

- Privatization

  복지행정, 교도소 운영, 군사행동 등을 민간에 아웃소싱함에 있어 발생하는 각종 법률적 문제와 실제 사례들을 고찰한다.

- Property

  야생동물, 노동력, 물, 아이디어, 토지와 같은 각종 자원을 사회적으로 어떻게 배분해왔으며, 어떻게 배분하는 것이 옳은지에 대해 고찰하는 한편 다양한 소유관계에 대하여 살펴본다. 토지 소유권을 둘러싼 각종 법률관계에 대해서도 고찰한다. 헌법적 관점에서 소유권에 대해 논의하기도 한다.

- Property: Individual Research

  재산권에 대한 논문 작성 과정이다.

- Prosecution Externship

  검찰 업무 실무수습 과정이다.

- Public Order of the World Community II

  국가의 책임, 조약 제정, 외교, 전쟁법과 관할 등 국제법의 여러 쟁점에 대해 고찰한다.

- Representative Government, the Administrative State, and Social Change, 1860s-1950s

  영국, 프랑스, 독일, 미국을 대상으로 하여 1860년대부터 1950년대 사이에 발생한 각종 사회 변화와 국가의 기능에 대해 고찰한다. 사회 변화에 대응한 선거권의 확대, 행정법의 발전에 대해서도 살펴본다.

- Research Methods in American Law

  미국 판례, 입법례, 행정법규 등을 검색하고 연구하는 방법론을 배우는 과목이다.

- Research Methods in American Legal History

  미국 법제사 연구를 위한 자료 검색 및 방법론에 대해 논의하는 세미나 과정이다. 미국 건국 초기 단계의 입법 및 사법 자료, 법원의 통계자료, 행정부 문건, 변호사와 판사들이 작성했던 자서전적인 문건과 개인적인 노트, 초기 단계의 국제법과 민법 관련 자료 등을 살펴본다.

- Sources of Environmental Law

  기후 변화, 물 부족 현상, 글로벌 식량 문제 등은 기존의 환경법과 환경정책에 큰 변화를 가져올 것이다. 기존 환경법에 대한 역사적 고찰을 통해 새롭게 등장하는 문제들을 검토해본다.

- Specialized Legal Research

  세법, 이민법과 같이 특정 전문 분야에 대한 자료 검색과 연구 방법론에 대해 고찰한다.

- Supreme Court Advocacy

  대법원 판결과 변호사들의 변론방법에 대한 세미나를 거친 후 실제 사례에 참여하는 실무 수습 과정이다.

- Trial Practice

  법정 소송 기술과 변호사 윤리를 익히는 실무수습 과정이다. 민사 및 형사 모의재판을 통해 변론 기술을 익힌다. 지역 내 판사와 소송 전문 변호사가 강사로 활동한다.

- The Vanishing Trial: Seminar

  민사 및 형사 배심재판이 점점 줄어들고 있다. 형사 사건은 재판보다는 재판전 단계에서 플리 바게닝을 통해 처리된다. 민사재판 대신 중재, 행정 절차, 대안적 분쟁 해결절차 (Alternative Dispute Resolution)들이 더 많이 활용된다. 이와 같은 현상의 원인과 결과 등에 대해 고찰하는 세미나 과정이다.

- Worker and Immigrant Rights Advocacy Clinic and Fieldwork

  노동자와 이민자를 돕기 위해 소송 또는 소송 외적으로 지원하는 실무수습 클리닉 과정이다. 관련 시민단체를 도와 법률 개정, 언론 홍보, 전략 수립 등에 참여하기도 한다.

- Work and Gender

  직장에서의 성적 차별, 성희롱을 비롯한 성별로 인한 각종 법률적 문제에 대해 고찰한다.

- Workplace Theory and Policy Workshop: New Directions in Labor and Employment Law

  노동법과 고용법 분야에서 맹활약하고 있는 외부 학자들과 변호사들이 주요 현안에 대한 강연을 맡아 진행하는 세미나 과정이다.

- Workshop on Chinese Legal Reform

  중국 법제도의 발전과정에 대해 논의하는 워크숍 과정이다. 미국 내 다른 대학의 교수들과 중국에서 방문한 교수들이 논문을 발표하거나 최근 이슈들에 대해 토론을 벌인다.

- World Constitutionalism

  미국, 프랑스, 라틴 아메리카에서 혁명을 통한 입헌주의가 세계를 휩쓸었다. 여러 나라를 대상으로 한 역사적 고찰을 통해 입헌주의에 대한 이해의 폭을 넓히는 세미나 과정이다.

예일 로스쿨에서 현재 활동 중인 학생 그룹들을 소개한다.

1. 학회지 발간

- **The Yale Law Journal**

  예일 법학지는 예일 법대를 대표하는 법학 학술지이다. 편집부원 및 임원은 희망자 가운데 매년 초에 선거에 의해 선출될 정도로 권위를 갖고 있다.

- **The Yale Human Rights and Development Law Journal**

  인권문제와 국가발전에 대한 각종 이슈에 대한 학회지이다. 법학 교수와 실무가들의 논문이 게재되며, 학생들의 서평과 칼럼도 실린다.

- **The Yale Journal of Health Policy, Law, and Ethics**

  보건정책과 법, 윤리 등의 문제를 다루는 학회지이다. 로스쿨 학생뿐만 아니라 의과대학 등 여러 대학원 과정의 학생들도 함께 참여한다.

- **The Yale Journal of International Law**

  세계적으로 손꼽히는 국제법 저널이다. 국제법과 비교법 분야에서 문제되는 현안 이슈들에 대한 글이 실린다. 1년에 2회 발간된다.

- **The Yale Journal of Law and Feminism**

  여성의 권익을 보호하기 위한 각종 학술논문, 에세이, 시, 대담, 전기, 소설 등을 게재한다.

- **The Yale Journal of Law & Humanities**

  법과 문학, 역사, 철학, 성, 인류학, 음악, 종교, 정치학 등 여러 분야에 걸친 학술논문과 에세이, 서평 등을 담고 있다.

- **The Yale Journal of Law and Technology**

  법과 과학기술과의 접촉점과 관련된 다양한 주제들에 대한 논문과 산문 등을 싣는다.

- The Yale Journal on Regulation

  각종 규제에 대한 법률적, 정치적, 경제적 분석을 담은 학술지이다.

- The Yale Law & Policy Review

  교육정책, 의료보험 정책, 선거법 개정 등 각종 정책에 대한 담론을 담은 학술지이며, 각종 세미나와 강연도 주최한다.

2. 학술·연구단체

- The American Constitution Society for Law and Policy

  전국적 차원에서 조직된 로스쿨 학생, 교수, 실무 변호사, 판사, 정책 수립자들의 연구모임이다. 헌법상 보장되는 인간의 존엄성과 개인의 자유에 대한 가치를 판결과 입법을 통해 구현하기 위해 노력한다.

- The Alternative Resolution Society

  법정 외에서 분쟁을 해결하는 방법을 연구하고, 그 기법을 익힌다.

- Animal Legal Defense

  예일 로스쿨 학생들로 구성된 동물 애호 단체이다. 동물 보호 관련 주요 이슈에 대해 세미나를 개최하고, 동물 학대를 방지하기 위해 입법 촉구 활동도 전개한다.

- Asia Law Forum

  아시아와 관련된 법률 및 정책에 대한 연구 및 이와 관련된 특강, 세미나 개최와 각종 행사를 지원한다.

- Green Haven Prison Project

  교도소 연구모임으로 2주에 한 번씩 교도소 내 안전장치를 갖춘 특별 세미나실에서 수형인들과 함께 교도소 문제와 아울러 각종 법적, 정치적, 사회적 이슈들에 대하여 토의한다.

- The Initiative for Public Interest Law at Yale

  혁신적인 공익 활동을 재정적으로 지원하기 위한 기금 운용 단체로서, 학생, 교수, 졸업생들이 모금한 기금으로 운용된다. 학생들은 기금 마련 행사를 주관하고 기금 지원 요청서를 검토하여 선정하는 과정에도 참여한다.

- The Yale Entertainment and Sports Law Association

  연예 및 스포츠법에 대한 경력을 쌓고자 하는 모임이다.

- The Yale Environmental Law Association

  환경법 관련 세미나를 열고, 환경 관련 이슈가 발생했을 때 관계 부처에 편지보내기 운동을
  전개한다. 학교 내에서는 각종 물자절약과 재활용 촉진운동을 벌인다.

- The Yale Law and Technology Society

  생명공학, 컴퓨터, 우주법 등 각종 첨단과학과 관련된 법을 연구하는 모임이다.

- Latin America Law Forum

  라틴 아메리카에 관한 법률적 이슈에 대한 연구모임이다.

- The Project for Law and Education at Yale

  교육정책, 교육과 법에 대해 관심 있는 로스쿨 학생들, 교사, 학교 행정가, 학생들을 대변하
  는 변호사들, NGO의 네트워크를 통해 교육 정책과 법의 발전 방향을 모색한다.

- The Rebellious Lawyering Conference

  실무가, 학생, 지역 활동가들이 모여 법과 사회의 진보적 변화를 추구하는 연례 컨퍼런스를
  주관하는 모임이다.

- The Russia and East European Law Forum

  러시아와 동유럽 법률에 대한 연구모임이다.

- The Thomas Swan Barrister's Union

  민사 및 형사 모의재판 경연대회를 주관한다. 연방 판사와 주 법원 판사들이 재판관으로 참
  여한다. 법정 변론과 증인 신문도 이루어진다.

- The Morris Tyler Moot Court of Appeals

  대법원에 상정된 사례를 놓고 의견서를 작성하고 구두 변론도 실시하는 모의재판 경연 대회
  를 벌인다.

- The Yale forum on the Practice of International Law

  세계 각국의 저명한 실무가들과 정책 수립자들을 초빙하여 국제법과 국제정책 관련 전문
  분야에 대해 강연을 실시한다.

- The Yale Graduate Students'Association

  로스쿨의 LL.M, J.S.D 및 방문 학자들을 위한 친목 및 학술 모임으로 매주 1회씩 각자의 관심 분야에 대한 발표 모임이 있다.

3. 인권 및 봉사활동 단체

- The Capital Assistance Project

  사형수를 변호하는 모임으로 사형을 선고받은 사건에 대하여 상소장을 작성한다. 사형제도에 대한 워크숍과 강연도 주최한다.

- The Coalition for Faculty Diversity

  인종, 성별, 성적 취향 등의 관점에서 로스쿨 교수 구성의 다양성을 추구하는 단체로서, 관련 토론회를 주관한다.

- College Acceptance

  지역 내 저소득층 고등학생들과 1대1로 멘토링 관계를 맺고 전문대학 진학을 돕기 위해 상담 및 지원 활동을 벌인다.

- Domestic Violence Temporary Restraining Order Project

  가정폭력 피해자들에 대한 법적 보호활동을 전개하며, 가정법원 담당자 및 가정폭력 전문 변호사와 함께 활동한다.

- Jerome N. Frank Legal Services Organization

  사선 변호인을 선임할 능력이 없는 사람들에게 법률적 도움을 주는 모임이다.

- Law Students for life

  낙태 반대 운동을 위한 모임으로 낙태 반대를 위한 강연회, 지역 봉사활동 등을 전개한다.

- Law Talk, Community Legal Education Radio Show

  지역 주민을 위한 각종 법률상담, 법률소양교육을 위한 라디오 방송 프로그램. 2주에 한 번씩 라디오 방송을 내보낸다.

- Lowenstein International Human Rights Law Project

  인권 관련 논문을 작성하고 홍보활동을 벌이며 각종 인권 활동을 주관하는 인권단체이다.

법률가, 학자뿐만 아니라 인권운동가들이 함께 참여한다.

• New Haven Cares

뉴헤이븐시 지역 봉사단체와 연계하여 지역 내 빈민 구제 사업을 벌인다. 학생들은 단체에서 발행하는 쿠폰을 구입하여 빈민들에게 공급하며, 이 쿠폰으로는 술, 담배 등은 살 수 없고, 음식과 생필품, 교통비 등을 위해서만 쓸 수 있다.

• Outlaws

1970년대 초반에 결성된 동성애자, 양성애자, 성전환자들의 권익보호단체이다. 연설회와 파티를 개최하는 한편 동성애와 관련된 각종 법률 문제를 연구한다.

• The Pro Bono Network

공익 단체와 함께 공공 봉사활동을 전개하며 공익 단체를 도와 공익 활동 관련 연구도 수행한다.

• The Street Law Program

지역 내 고등학교에서 생활법률을 강의한다. 상반기에는 교수법을 익힌 후 하반기 8주간 직접 강의를 한다.

• The Student/Faculty Alliance for Military Equality

국방부가 신병모집 담당관이 로스쿨의 신병모집 절차에 참석할 수 없게 한다면 대학에 지원하는 기금을 축소시키겠다는 방침을 학교 측에 통보하자 이에 대응하여 국방부를 상대로 소송을 제기하기 위해 만들어진 모임이다. 군대 내에서의 각종 차별 금지 정책의 실현을 위해서도 활동한다.

• Students United Against Genocide in Darfur

아프리카 수단 다르푸르 지역에서 발생한 집단학살 사태에 대응하기 위해 2006년에 만들어진 학생 모임이다. 다르푸르 사태를 널리 알리고 적극적인 대응책을 호소하는 활동을 벌인다.

• Universities Allied for Essential Medicines

HIV/AIDS 질환의 국제적 확산에 체계적으로 대응하기 위해 예일 로스쿨 학생들과 예일대학의 다른 학과 학생들이 공동으로 대처한다.

- Women and Youth Supporting Each Other

  도움이 필요한 젊은 여성과 여학생들에 대하여 로스쿨 학생들이 1대1로 보호자가 되어 도움을 주는 모임이다. 학생들은 지역 고등학교 여학생들의 1대1 멘토가 되어 학교생활과 폭력문제 등 각종 문제들에 대해 조언해준다.

- The Yale Civil Rights Project

  시민의 인권과 관련하여 오늘날의 문제점에 대해 살펴보고 그에 대한 대처방안을 강구한다.

- YIPPIE! (Yale Incentive Program for Public Interest Employment)

  여름방학 때 공공 분야에서 일하기 때문에 적정한 수입을 얻지 못하게 된 로스쿨 학생들을 재정적으로 지원해주는 기금을 운영하는 모임이다. 여러 가지 친교 행사들도 주관한다.

- Yale Law School Worker's Rights Project

  미국 및 세계를 향하여 노동자의 권리를 적극 홍보하며, 실무 변호사의 도움을 받아 노동단체를 법률적으로 지원하는 활동을 벌인다.

- Yale Law Students for Reproductive Justice

  성교육, 임신과 의료보험, 낙태, 피임법, 육아 등 임신과 관련된 건강 문제에 대해 토론을 벌이고 행사를 주관하는 한편 독서 토론 모임도 운영한다.

- Yale Law Students for Social Justice

  미국의 사회제도 및 법률이 소수자의 보호에 실패하고 있으므로 사회 변혁을 통하여 이를 시정할 것을 주장하는 그룹으로 학술활동 뿐만 아니라 직접적인 사회활동도 벌인다.

- The Yale Law Woman

  학교 내 여학생 권익보호단체로서, 학교의 정책과 각종 활동이 여학생의 권익을 침해하지 않는지 감시하고, 여성 관련 이슈들에 대한 토론 및 세미나 활동 등을 벌인다.

- The Yale Veterans Association

  군복무 경험이 있는 학생들을 중심으로 국가 안보의 중요성에 관해 토의하고 관련 네트워크를 구축하는 모임이다.

4. 인종 및 민족 권익보호 그룹

- Korean Law Students'Association

  한국계 학생들 간의 친목강화 목적의 단체로서, 사회·문화적 행사 및 세미나 등을 개최한다.

- Black Law Students'Association

  흑인 학생 권익보호, 학교생활 적응 도와주기, 흑인 저명인사 초청 강연 활동 등을 벌인다.

- Chinese Law Students'Association

  중국 본토, 홍콩, 마카오, 대만 등 중국계 학생들의 친목단체이다.

- Latino Students'Association

  라틴계 학생들의 친목단체이다.

- The Muslim Law Association

  이슬람교를 신봉하는 학생들과 이슬람교에 관심을 가진 사람들이 모이는 친목단체이다. 이슬람 법적 이슈와 이슬람교도와 관련된 쟁점들에 대해 토론도 벌인다.

- PANA, the Pacific Islander, Asian, and native American Law Students' Association

  아시아계 학생들의 친목 도모단체이다.

- The South Asian Law Students Association

  남아시아 지역 출신 학생들의 친목모임이다.

- The Yale Jewish Law Students'Association

  유태인 학생들 간의 친목 및 학술 연구단체이다.

- The Yale Law International Association

  예일 로스쿨의 외국인 학생들 간의 친목 모임이다. 유명 연사를 초청한 토론회를 개최하고, 외국 영화 상영의 밤과 파티를 주관하기도 한다.

- Kaleidoscope

  혼혈인종, 혼혈민족 학생들을 위한 친목 및 연구단체이다. 각종 세미나 및 행사를 개최한다.

5. 종교모임

- Catholic Law Students'Association

  가톨릭 학생 및 변호사들 간의 유대강화를 위한 친목 모임으로, 각종 토론을 전개하며 예일 대학 내 다른 가톨릭 단체와의 연계 활동도 벌인다.

- The Yale Law Christian Fellowship

  개신교 학생들 간의 친목 및 학술단체이다.

- The J. Reuben Clark Law Society

  '말일 성도 예수 그리스도 교회' 학생들 간의 친목 및 학술단체이다.

6. 기타 그룹

- The Association of Law Students with Significant Others

  로스쿨 학생이 아닌 파트너들을 동반 초빙하여 친교 시간을 갖는 행사들을 주최한다. 학교 생활과 친목활동과의 건강한 조화를 지향한다.

- The Yale Federalist Society

  공화주의자 모임으로 자유주의를 기반으로 한 자유 시장 경제와 사법 소극주의를 신조로 하는 각종 세미나와 활동을 개최한다. 전국적인 조직과 연계되어 있다.

- The Yale Law Democrats

  미국 민주당의 이념에 동조하는 로스쿨 학생들의 모임이다. 강연을 주관하고, 정책을 개발 하기도 하는 한편 예일 로스쿨 출신의 민주당 정치인들과 네트워크도 구축한다.

- The Yale Law Republicans

  보수주의적 가치를 중심으로 하는 미국 공화당 이념을 전파하는 모임이다. 뉴헤이븐시와 코 네티컷주의 공화당 정치인과 연계하는 한편 보수주의적 연사를 초빙해 강연회를 개최한다.

- Habeas Chorus

  예일 법대의 아카펠라 합창단으로 리허설로 단원을 선발한다. 1년에 3회 공연한다.

- The Yale Law Revue

  예일 로스쿨 학생들이 만든 풍자극, 풍자 음악, 촌극 등을 공연하는 모임이다.

■■ 대검 중앙수사부 선정 검찰 필독서 10권

대검찰청 중앙수사부에서는 선인들의 지혜와 세계 각국 검찰의 발자취를 따라 대한민국 검찰의 현주소를 살펴보고 검찰인의 자세를 가다듬어 보자는 취지에서 2007년 검찰 필독서 10권을 발표 하였다.

『역주 흠흠신서』 다산 정약용 지음

다산 정약용 선생의 형사법철학과 조선시대의 형사 판결례들을 접해본다. 저자는 '형벌을 부과 함에 있어서는 삼가고 삼가며, 사건을 조심스레 다루고 사람을 가련하게 여겨야 한다'고 역설한다. 아울러 '죄 없는 자에게 죄 없음을 증명하지 못하고 죄 있는 자를 도리어 석방한다면 이는 악을 저 지르는 것이다. 참형에 처할 자를 유배시키고 유배할 자를 징역형에 처하고 징역형에 처할 자에게 장형을 내리면, 이는 곧 법조문을 농락하고 법을 업신여기는 자일 뿐 무슨 삼가고 동정하는 뜻이 있겠는가'라고 적고 있다. 고의와 과실, 주범과 종범, 무고죄의 판별, 정당방위, 인과관계론, 부검 론 등등의 주제 아래 엄밀한 조사를 통해 진실을 밝혀낸 사례들과 판단을 그르친 사례들을 풍성 하게 소개하고 있다. 그 시대 판관들의 고뇌와 빼어난 지혜를 배울 수 있다.

『조선의 부정부패 어떻게 막았을까?』 이성무 지음

조선시대 검찰과 언론의 역할을 담당하였던 사헌부와 사간원. 그들의 기개와 권력으로부터 독 립하기 위해 마련된 치밀한 시스템을 살펴본다. 저자는 조선이 세계사에서 드물게 500여 년을 유 지한 것은 사헌부와 사간원 관헌들의 추상 같은 활동으로 부패를 막을 수 있었기에 가능하였다고 한다. 권세가들은 물론 절대 권력자인 왕도 권력을 남용할 수 없게 만들었던 것이다. 그러나 조선 후기 접어들어 세도정치가 횡행하자 사헌부와 사간원은 유명무실화되고 부정부패로 결국 멸망의 길에 접어들었다고 한다. 오늘날의 검찰과 비교해서 읽다 보면 무릎을 치게 될 때가 한두 번이 아니다.

『용기있는 검사들』 제임스 스튜어트 지음

맥도넬 더글러스 항공회사 증뢰사건, 모건스탠리 증권사 내부자 거래사건, 노바스코샤 은행 탈세 음모 사건 등 특별수사 사례를 통해 미국 검사들의 활약상과 실체적 진실을 위한 제도적 장치들을 살펴본다. 내부자 거래를 밝혀내기 위해 검찰 수사팀이 7년간이나 사건을 추적한 사례에서는 그들의 집념을 읽을 수 있다. 비밀 요원에 의한 잠입 수사 제도, 플리 바게닝, 면책조건부 증언 취득제도, 허위진술죄, 참고인 구인제와 같은 제도들이 실제 어떻게 활용되고 있는지 수사 현장을 들여다볼 수 있다. 월가의 부패와 부정을 파헤친 뉴욕 연방검찰청의 엘리엇 스피처 검사는 '월가의 저승사자'로 불리며 2004년도 《파이낸셜 타임스》지가 뽑은 올해의 인물로 선정되기도 하였다.

『검찰독본』 제임스 스튜어트 지음

일본에서 '특별수사의 신'이라고 불리는 가와이 신타로가 풀어내는 검찰정신. 저자는 자본주의를 건강하게 육성하기 위해서는 기업과 관료의 부패를 막아야 하며 이를 위해서는 검사들이 치열하게 연구하고 진실을 파헤쳐야 한다고 주장한다. 검찰 수사로 내각을 무너뜨린 4대 의혹사건을 소개하고 있으며, 일선 검찰관과 지휘관의 자세에 대해서도 상세히 가르치고 있다. 일본 검찰이 국민신뢰 1위 기관으로 손꼽히는 이유를 알 수 있다.

『법의 정신』 몽테스키외 지음

모두가 제목은 알고 있지만 아무도 읽어보지는 못한 책이 '고전'이다. 근대 삼권분립 제도의 기초를 놓은 몽테스키외의 정치철학 및 법철학 고전. 저자는 법의 원리를 찾기 위해 고대 로마와 그리스 시대를 뒤돌아보고 게르만법과 영국법도 살펴본다. 국가 조직, 국가 형벌권과 적정 형벌, 조세 제도, 토지법, 노예제, 상법, 혼인법, 상속법 등 모든 영역에서 각국의 제도와 역사는 법 원리의 귀결에 불과하다는 것을 보여준다. 저자는 '공정한 검찰관이 있기에 시민은 평온하다'고 역설한다. 저자의 열정을 쏟은 20여 년 연구의 결과물을 직접 경험해보면 의외로 재미있다.

『레미제라블』 빅토르 위고 지음

프랑스 대혁명을 배경으로 형사 자베르와 전과자 출신 시장 장발장을 중심으로 펼쳐지는 대서사시. 법의 길과 사랑의 길은 엇갈리면서도 결국은 서로 만나야 한다는 교훈을 깨닫게 해준다. '법은 사랑처럼 어디 있는지 왜 있는지 모르는 것'이기도 하다. 검사들에 대한 여론조사 결과, 검찰인이 갖추어야 할 덕목으로 첫째 정의감, 둘째 인간애, 셋째 사명감이 꼽혔다. '인간애'가 두 번째로 꼽힌 의미가 적지 않다. 실체적 진실과 인권이라는 두 마리 토끼는 수사관이 '상대방의 마음에 정성을 쏟을 때' 잡을 수 있다.

『형사사법 개혁론』 김종구 지음

프랑스, 독일, 영국, 미국, 일본 등 주요 국가의 형사사법 제도와 검찰제도에 대한 비교법적 검토를 통해 바람직한 형사사법 시스템과 검찰제도의 재정립을 생각해본다. 저자는 공정하고 신속한 형사사법을 저해하는 가장 큰 원인은 과중한 업무 부담이라고 지적한다. 이를 해소하기 위한 실용적접근 방식과 비교법적 혜안이 두드러진다. 형사사법 시스템에 관한 비교법적 연구의 한 획을 그은 저작물로 평가되고 있다.

『검찰제도와 검사의 지위』 이완규 지음

대검찰청 검찰연구관으로 근무 중인 이완규 검사의 역작. 저자의 서울대학교 박사논문을 바탕으로 쓰여진 책으로, 검찰 제도의 역사적인 연원을 살펴보고 세계 각국 검찰 제도의 비교를 통해 대한민국 검찰이 가야 할 방향을 제시한다. 검찰은 법치국가를 지키는 중심 기관으로 자리매김해야 하고, 검사들 스스로가 검사에 부여된 지위와 기능을 영예롭게 생각하고 이를 수행하기 위한 자부심과 긍지를 가질 수 있도록 노력해야 한다고 역설한다. 저자의 박사학위 논문은 '검찰 지식리뷰 창간호'에서 최우수 지식으로 선정되었다.

『CEO 안철수, 영혼이 있는 승부』 안철수 지음

컴퓨터의사 안철수 박사. 피를 쏟는 고통 속에서 의사의 길에서 컴퓨터 바이러스 세계 최고 전문가로 태어난다. 새로운 분야를 개척하기 위해 밤을 지새운 생활들, 안철수 바이러스 연구소를 운영하면서 터득한 경영 철학, 변할 수 없는 핵심가치와 끊임없는 혁신 활동을 조화시키려는 노력 등을 들여다본다. 대검찰청 포럼 강연에서 느꼈던 잔잔한 감동을 보다 심층적으로 느껴본다.

『지도 밖으로 행군하라』 한비야 지음

저자는 아프가니스탄, 말라위, 이라크, 시에라리온, 네팔, 북한 등에서 긴급구호 팀장으로 봉사한 현장을 감동적으로 보여준다. 한 대학생이 물었다고 한다. "재미있는 세계여행이나 계속하지 왜 힘든 긴급구호를 하세요?" 저자의 대답이 이 책의 주제이다. "이 일이 내 가슴을 뛰게 하고, 내 피를 끓게 만들기 때문이죠." 검찰인으로 근무하면서 내 피가 뜨겁게 끓었을 때가 언제였는지 뒤돌아본다.